PRÁCTICAS PSICOANALÍTICAS EN LA COMUNIDAD

Blucher

PRÁCTICAS PSICOANALÍTICAS EN LA COMUNIDAD

Relactos en dos actos

Organizadoras

Sonia Terepins
Silvia Bracco

Prácticas psicoanalíticas en la comunidad: relatos en dos actos

Publisher Edgard Blücher
Editor Eduardo Blücher
Coordinación editorial Rafael Fulanetti
Coordinación de producción Andressa Lira
Producción editorial Alessandra de Proença
Preparación de texto Mariana Góis
Diagramação Iris Gonçalves
Revisión de texto Jade Bittencourt
Tapa Laércio Flenic
Imagen de tapa Felipe Ferraz

Blucher

Rua Pedroso Alvarenga, 1245, 4º piso
04531-934 – São Paulo – SP – Brasil
Tel.: 55 11 3078-5366
contato@blucher.com.br
www.blucher.com.br

Datos de catalogación en publicación internacional (CIP)
Angélica Ilacqua CRB-8/7057

Prácticas psicoanalíticas en la comunidad: relatos en dos actos / organizado por Sonia Terepins, Silvia Bracco. – São Paulo: Blucher, 2024.
369 p.

Vários autores
Bibliografía
ISBN 978-85-212-2278-1

1. Psicoanálisis 2. Problemas sociales I. Terepins, Sonia II. Bracco, Silvia

24-4296 CDD 150.195

Las puntuaciones de catálogo sistemático:
1. Psicoanálisis

Tabla de contenido

Prefacio
La democracia excluyente y la clínica psicoanalítica en tiempos de neoliberalismo

Bernardo Tanis
Sociedad Brasileña de Psicoanálisis de São Paulo

Nosotros, psicoanalistas, no estamos inmunes a formular o adherir a discursos anclados en ilusiones asumidas como verdades. Seducidos por el canto de las sirenas, por momentos fascinados por la inefable e inaprensible naturaleza del ser, en otros por teorías sobre las dimensiones más arcaicas del psiquismo y su constitución o al buscar formas de continencia para aquello que en el real escapa a la simbolización (al lazo social). Sin dudas, todos esos son asuntos relevantes y de interés para la investigación psicoanalítica y merecen nuestra atención. Sin embargo, observo que esa fascinación por momentos conduce a determinadas repeticiones de naturaleza narcisista sobre el saber (no asumido). Mientras tanto, vemos millones de individuos condenados a un desierto excluyente y solitario, para quienes nuestra escucha, o solamente una palabra en el contexto transferencial, grupal, institucional, vincular, podría ser una voz en medio a un desamparo social aplastante y traumático. ¿Por qué contraponer estos dos aspectos de la realidad que bien podrían no ser excluyentes?

No se trata aquí de un moralismo militante, sino de una invitación a la reflexión, a la interrogación sobre la ética psicoanalítica ante el desamparo social y el lugar que esa reflexión ocupa en nuestras instituciones, congresos y formación de analistas. Es necesario tener en cuenta la existencia en la modernidad de una democracia excluyente,[1] que en las últimas décadas se viene agudizando en función de las políticas neoliberales.[2]

> *Basado en un conjunto de prácticas de gestión del malestar – por ejemplo, la individualización de la culpa, el repudio al fracaso depresivo, la exaltación maniaca del mérito y la creación de un estado de crisis y reformulaciones, como también de anomía y transformaciones permanentes –, el neoliberalismo logra extraer un algo más de productividad de las personas (Da Silva Jr. & Safatle, 2021, traducción propia).*

Si el futuro es incierto, no podemos negar que en parte construimos ese futuro, al menos parcialmente. Reside en nuestras acciones concretas, nuestras intervenciones, actitudes y propuestas para sostener el vigor de nuestro campo. Así, se impone una indagación sobre el psicoanálisis que deseamos seguir construyendo y el lugar que en él ocupa la sensibilidad al dolor y al sufrimiento psíquico en todos los contextos en los que se manifiesta. A partir de esa perspectiva irreductible al intrapsíquico e intersubjetivo, la producción social de la subjetividad debe ser investigada con rigurosidad epistemológica e incluida en el modo en que afecta a las anteriores.[3]

---

1 Geneviève Fraisse, en su libro *Musa de la razón: la democracia excluyente y la diferencia de los sexos* (1989).

2 La bibliografía es inmensa. Destaco apenas un trabajo reciente de un grupo de investigación en Brasil: *Neoliberalismo como gestão do sofrimento psíquico*, de Nelson da Silva Junior y Vladimir Safatle (Autêntica, 2021).

3 Ver por ej. Silvia Bleichmar (2004). Límites y excesos del concepto de subjetividad en psicoanálisis. *Revista Topía*, año XIV, n. 40, Buenos Aires.

Este libro, organizado por Sonia Terepins y Silvia Bracco, directoras del departamento de Comunidad y Cultura de Fepal, nos ofrece una respuesta incuestionable, trayendo la diversidad de contextos e intervenciones a partir de una escucha psicoanalítica extendida, demostrando de esa manera el potencial transformador del psicoanálisis. Agradezco a ambas por la invitación para escribir el prefacio de este importante libro. Me siento honrado y las felicito por la iniciativa.

Las organizadoras solicitaron breves relatos de intervenciones en la comunidad en diferentes escenarios y mediante prácticas variadas. En sus capítulos suceden situaciones en múltiples contextos de sufrimiento psíquico. Los relatos solicitados fueron agrupados en cuatro ejes: Clínica en la comunidad, Clínica de la comunidad, Abismo social y Pandemia. A ese primer momento de los relatos le dieron el nombre de *primer acto*. Posteriormente fueron invitados notables analistas de diferentes países latinoamericanos para hilar reflexiones teórico-clínicas sobre cada uno de los relatos, denominado *segundo acto*.

El resultado es de una riqueza admirable y se constituye como una trama compleja, con muchos puntos de contacto y aperturas, que permite varias vías de entrada, como en el clásico *Rayuela*, de Cortázar. Las experiencias y las reflexiones convocadas constituyen una verdadera invitación a ampliar los límites a veces demasiado estrechos de la clínica y de la metapsicología. Ampliar la escucha en los diferentes escenarios nos convoca a nuevos interrogantes, como también a revisar caminos consagrados.

Cualquier lector promedio interesado en los fenómenos de nuestro mundo actual se confronta con un calderón de significantes: fronteras rígidas, exclusión, muros, comunidad, miseria simbólica, modernidad líquida, simulacro, sufrimiento, discriminación social, racismo, democracia excluyente, injusticia social, cuestiones de género etc. Citar autores en el campo de las ciencias sociales, filosofía, antropología y economía política sería redundante – es muy fácil encontrarlos en la lectura del libro siguiendo las preferencias de cada autor.

Sin embargo, todos sabemos que estos significantes aluden al malestar, a una realidad conflictiva en diferentes niveles, cuyas tensiones escalan de distintas maneras. Desde discriminaciones de género y manifestaciones de racismo estructural en nuestro cotidiano a los grandes movimientos como la Primavera árabe y a su ahogamiento en sangrientas guerras civiles, la consecuente pauperización de grandes grupos poblacionales que conducen a migraciones, reacciones nacionalistas y segregacionistas a estos movimientos, generando masas de excluidos. Racismos que adoptan formas postcoloniales y que revelan su dimensión estructural. Barreras urbanas que separan las periferias de las grandes ciudades de los barrios amurallados de las clases más aventajadas. Descredito de un orden institucional tan bien descrito por varios autores, que conduce a un escenario de anomía y desesperación. Haz justicia por tus propias manos o recurrí a líderes autoritarios o a soluciones mágicas o religiosas.

Coexisten en nuestro cansado planeta Tierra, ya dando señales de agotamiento, antiguas y nuevas formas de exclusión: una dimensión objetiva concreta y material de acceso a un mínimo de bienes necesarios para tener una vida digna, una dimensión de injusticia que hiere la ética del respeto a los derechos humanos básicos y una dimensión del sufrimiento subjetivo que se manifiesta de numerosas formas. Sea en nuestra cultura occidental, sea en las culturas orientales o en Medio Oriente, la opresión y el malestar asumen distintas formas, inherentes a las diferentes configuraciones sociopolíticas y culturales de las diferentes regiones y poblaciones del planeta.

En América Latina, territorio de promesas no realizadas, vivimos oscilantes entre momentos de esperanza que nos saludan con un futuro de justicia social y desarrollo económico más igualitario, y otros de obscurantismo político en el cual las fuerzas ya conocidas se organizan para someter a la gran mayoría de nuestra población, reforzando la concentración de riqueza y la pauperización de grandes masas poblacionales. Sean las promesas de la religión o de los distintos líderes populistas de izquierda o derecha, la alternancia de momentos democráticos con dictaduras militares hace de nuestro continente un espacio condenado a una compulsión a la repetición traumática. A un ciclo de ilusiones y desilusiones que pone en jaque nuestros sueños y utopías.

Las experiencias relatadas no pueden ser otra cosa que un reflejo de una historia de nuestro continente y del lugar que el psicoanálisis puede llegar a ocupar. Un psicoanálisis atento a esos movimientos y que oscila, por ser humano y pulsional, entre momentos de apertura y cierre.

Cuando asumí, en 2007, la directiva del departamento de comunidad y cultura de la Fepal, organizamos en la ciudad de São Paulo junto con Magda Khouri y un excelente y comprometido equipo el I Simposio de Comunidad y Cultura de Fepal, con el título *El psicoanálisis en las tramas de la ciudad*, del que resultó también un libro. Teníamos la plena convicción de que el psicoanálisis en América Latina debería trabajar para superar el trauma del periodo dictatorial y de terrorismo de estado de los años 1970 en distintos países y retomar su destino de un psicoanálisis inserto en el contexto amplio en el que vivimos y actuamos. Era necesario mapear junto a historiadores, antropólogos, sociólogos, arquitectos, filósofos y, claro, psicoanalistas y trabajadores de la salud el contexto de nuestras metrópolis y ciudades.

Vemos hoy con entusiasmo el crecimiento e involucramiento de esa iniciativa, que gana cada vez más cuerpo y envergadura. También la IPA reconoció, en la gestión de Virginia Ungar y Sérgio Nick, que sería necesario abrir un espacio para la comunidad. Espacio que no está libre de conflictos y resistencias, y que para muchos se trata solamente de un "psicoanálisis aplicado".

Esta formulación: "psicoanálisis aplicado" considera apenas el trabajo clínico en el consultorio como fuente exclusiva de producción de conocimiento. Insisto en este punto pues las ideas de método y objeto pueden ser reificadas en modelos que impidan una fluidez y apertura fruto do temor de perder el llamado "oro puro".

Eso hizo con que nuestros institutos en gran medida no incluyeran en sus programas de formación el estudio teórico clínico acerca de estas variadas prácticas. Esa misma concepción ha dificultado que también los seminarios clínicos puedan estar abiertos a la discusión y elaboración de estas intervenciones.

Esa "clínica extensa", como la llamó Fábio Herrmann en Brasil y que tuvo sus precursores en los años 1960 como Pichon Rivière, Bleger, Reinoso, Isidoro Berenstein y Janine Puget, goza hoy de un prestigio renovado y de nuevos exponentes. Nuestros analistas en formación en nuestros institutos deberían nutrirse de ese conocimiento y actuación. En mi experiencia, esta clínica extensa transforma la escucha del analista en todos los frentes de actuación, inclusive su escucha en la clínica de consultorio, ampliando su comprensión sobre la constitución, oyendo lo social y procesos constitutivos correlacionados, no reductibles al psiquismo precoz.

Esas breves palabras tienen apenas la función de reconocimiento a la actual directiva de Comunidad y Cultura de la Fepal y a todos los autores que componen este libro. Ojalá se transforme en lectura de todos los Institutos de nuestras Sociedades.

¡Les deseo a todos una excelente lectura!

Presentación

Sonia Terepins y Silvia Bracco
Sociedad Brasileña de Psicoanálisis de São Paulo

Al asumir la Dirección del departamento de Comunidad y Cultura de la Fepal (Federación Psicoanalítica de América Latina) en 2020, en respuesta a la invitación hecha por Andrés Gaitán elegimos como principal eje de trabajo la reflexión teórico-clínica acerca de las modalidades de intervención practicadas fuera del setting psicoanalítico tradicional. Nuestro objetivo era no solamente fomentar el diálogo entre los psicoanalistas de los diferentes países de América Latina como también – y principalmente – consolidar prácticas y conocimientos que se han construido sobre la extensión de la clínica.

Sabemos que esa construcción hereda mucho de lo que ya fue realizado por los pioneros del Río de la Plata. Las experiencias en los años 1960-70 en América Latina, donde autores como Bleger, Pichon Riviere y, más recientemente, Viñar, Puget, Herrmann y muchos otros, trajeron grandes contribuciones al campo de la salud mental y tomaron acciones importantes fuera de los consultorios. Somos herederos de una tradición y comprendemos nuestra tarea de dar continuidad y ahondar en el sendero abierto por ellos. La Fepal, a lo largo de varias gestiones, ha sido un foro fértil y creativo en ese debate, ampliando el espacio para pensar la relación entre el psicoanálisis y la comunidad y la cultura.

Durante el trabajo nos dimos cuenta de que la *extensión de la clínica* no es simplemente el psicoanálisis usado fuera del consultorio, donde la técnica estándar no es exequible, sino aquella que puede darse en la medida en que el método ultrapasa la técnica. Es una clínica ampliada y que demanda mucho de los analistas. Exige, entre otras cosas, que se abran unos a otros e intercambien experiencias más allá de las barreras de los idiomas y las distancias y más allá de los mismos idiomas psicoanalíticos – freudiano, kleiniano, bioniano, winnicottiano etc.

> *Quizás el Psicoanálisis sufra por ser demasiado fuerte y no demasiado débil, tan fuerte que nosotros los analistas no lo podamos manejar adecuadamente y nos ponemos a repetir modelos ya garantizados, solo raras veces ensayando un psicoanálisis original en una área nueva. (Herrmann, 2001, p. 23 – traducción propia)*

Precisamos de puentes y puntos de contacto: compartir experiencias de trabajo y profundizar aún más la reflexión teórica-clínica acerca de las modalidades de intervención. Es decir, reconocer o incluso crear dispositivos en los cuales la escucha psicoanalítica suceda y favorezca procesos de transformación subjetiva.

Cuando asumimos la Dirección de Comunidad y Cultura, estábamos inmersos en la pandemia del covid-19, viviendo los impactos y el sufrimiento derivados de esa situación. En las palabras de Birman (2020, p. 12), "el mundo enfrentó una ruptura y una discontinuidad radical de las prácticas de sociabilidad y los lazos intersubjetivos, de manera que fuimos llevados a relanzarnos y rearticular bajo nuevas bases las coordenadas del proceso civilizatorio." Eso marcó fuertemente lo que entenderíamos como algo urgente y necesario a ser logrado desde esa dirección.

Con el objetivo de garantizar y mantener un espacio para ese debate, organizamos, a lo largo de nuestra gestión, una serie de *webinars* en los que colegas de diferentes países e instituciones pudieron compartir y reflexionar sobre experiencias de atención extramuros. Estábamos construyendo la base de lo que se transformaría en el proyecto de este libro bautizado como Prácticas psicoanalíticas en la comunidad: relatos en dos actos. Se trata de un proyecto colectivo, hecho con las manos de muchos colegas psicoanalistas comprometidos con la realidad social latinoamericana.

Invitamos a los colegas de todas las sociedades integrantes de la Fepal a que escriban sobre sus experiencias clínicas en la comunidad. Pedimos que nos cuenten escenas de esa forma de trabajo, en particular las que generaron cuestionamientos e inquietudes a los analistas, privilegiando, en ese momento inicial, una narrativa descriptiva, dejando de lado a la teorización. Recibimos material diverso y proveniente de diferentes lugares de América Latina.

Llamamos a esa colección de textos *primer acto*, y la dividimos en cuatro ejes principales:

1. Clínica *en la* comunidad
2. Clínica *de la* comunidad
3. Abismo social
4. Pandemia

En un momento posterior, al que llamamos *Segundo Acto*, invitamos a colegas latinoamericanos a sumergirse en los textos recibidos, poniendo en relieve aquello que entendían como fundamental en esa forma de hacer psicoanálisis. Nuestro objetivo era elaborar un pensamiento metapsicológico que diera densidad a las experiencias relatadas.

Este libro reúne artículos con esa doble mirada. Los capítulos se inician con el texto reflexivo, al que se siguen los relatos de las experiencias extramuros. De esa manera, tenemos un trabajo colectivo en diferentes frentes.

Agradecemos a los generosos colegas-autores que nos enviaron material para el primer acto, como también a los analistas invitados que se dedicaron y contribuyeron con reflexiones ricas y atentas sobre el material recibido.

Nuestra Dirección estuvo durante dos años trabajando arduamente en esta propuesta, que fue consecuencia de la línea que adoptamos. Agradecemos la contribución inestimable de la comisión organizadora del libro, Adriana Nagalli, Eduardo de São Thiago Martins, Fryne Santisteban, Luiz Moreno Guimarães Reino, Mônica Sá y Susana Balparda, por el trabajo cuidado y creativo que ayudó a alumbrar el camino. Y también a los colaboradores de nuestra Comisión: Alice Lekowicz, Ana Huitizil, Ana Rozenfeld, Pablo Dragotto y Margarita Cervantes, que participaron en la idealización del proyecto. Y, finalmente, agradecemos a la Dirección de la Fepal 2020-2022, a Isabel Botter, que con su competencia nos ayudó a construir el libro, a la Editora Blucher por la colaboración y a todos los que contribuyeron para que este libro pudiera ser realizado.

Invitamos al lector a sumergirse en la ampliación del horizonte de la clínica, que desde nuestro punto de vista debe estar en el centro del psicoanálisis, vinculado a su vocación. La extensión de la clínica puede surgir, entonces, no como un simple excedente de la práctica en el *setting* tradicional, sino como productora de saber psicoanalítico y parte esencial del proceso de formación. Que el psicoanálisis usado fuera del consultorio pueda traer modificaciones externas e internas, fomentando el diálogo y desarrollando programas que lleven la práctica comunitaria para dentro de los espacios de formación, creando material que pueda servir de referencia para futuras iniciativas.

Bibliografía

Birman, J. (2020). *O trauma na pandemia do coronavírus*. Rio de Janeiro: Civilização Brasileira.

Herrmann, F. (2001). *O divã a passeio:* à procura da psicanálise onde não parece estar. São Paulo: Casa do Psicólogo.

0. Para esbozar un diálogo entre psicoanálisis y ciencias sociales: cambios socio-históricos y subjetividades

Marcelo Viñar
Asociación Psicoanalítica del Uruguay

En los paradigmas de la modernidad sólida, cada disciplina debía definir su objeto, su método y en ese territorio estudiar regularidades observables, causalidades y predicciones. El psicoanálisis privilegiaba la intimidad y la singularidad del individuo, las Ciencias Sociales exploraban los fenómenos sociales, colectivos, las consecuencias de vivir juntos. Este enfoque mostró sus logros e insuficiencias.

Felizmente, ha perimido la falacia del hombre aislado – somos seres relacionales e inconclusos: lo interior (endógeno) y lo social (exógeno) son campos heterogéneos. El par naturaleza y cultura es indisociable en la condición humana y coextensivo a la condición del hablante.

Dice Arendt:

> *Todo pensamiento es un diálogo entre yo y yo mismo, pero este diálogo interior de dos en uno no pierde contacto con el mundo de los semejantes que están representados en mi diálogo interior (1972, p. 227).*

La mente humana se organiza y estructura en una lengua y cultura, es decir, en una realidad socio-histórica, singular y precisa. De donde nuestra identidad inicial, originaria, nos es dada desde una fuente exógena y sólo más tarde el pensamiento primitivo, animista, de los comienzos es (parcialmente) reemplazado por una racionalidad crítica, que cuestiona las aristas asignadas por los padres y la cultura, construyendo – en el seno de las almas colectivas (conjuntos transubjetivos) – su parcela de singularidad.

El uso corriente de la expresión *psicosocial* para explicar diversas situaciones y conflictos de convivencia trivializa o da por resuelto un territorio complejo y problemático que alberga múltiples enigmas a resolver.

Demos un ejemplo brutal y telegráfico: la delincuencia infanto-juvenil tiene raíces psicológicas en un narcisismo maligno de indiferencia o placer frente al dolor ajeno o causas sociales derivadas del resentimiento que ocasiona la privación.

Estas dicotomías simplificadoras tienen hondas consecuencias en la comprensión de los fenómenos y en el diseño de procedimientos e instituciones para encarar el problema y combatir el mal.

Somos producto y somos agentes en la construcción de sentidos que orientan y organizan nuestros anhelos, proyectos y conductas, a nivel individual y colectivo.

La subjetividad es una cinta de Moebius, donde es difícil o imposible definir los límites del adentro y del afuera. Fuero interior y lazos sociales (vínculos interpersonales) crean un conglomerado (quizás debiera decirse un fino bordado) que define nuestro perfil identitario.

No se trata de diluir la especificidad de cada quehacer en un humanismo del vale todo ni convertir nuestros oficios y quehaceres en un potrero cerrado (como una cámara de grabación), sino de salir de nuestros senderos habituales y experimentar la alteración de la interdisciplina. Es saludable el impacto de descubrir que nuestras teorías no podrían dar cuenta de todo y percibir que el mundo es demasiado complejo para un solo narrador.

No tengo ni la capacidad ni el tiempo necesario para enumerar una lista exhaustiva de asuntos y, como dice Z. Bauman, cuando los temas a tratar son demasiado complejos, conviene acotarlos a nuestra capacidad de comprensión. Intentar, entonces, articular mundo contemporáneo y subjetividad, no con la pretensión de llegar a discernir lo verdadero de lo falso, sino apenas describir algunos algoritmos de un cambio entre un pasado precursor y un futuro (o presente) en vías de construcción.

En este espacio introductorio al libro sobre el trabajo de los psicoanalistas en la comunidad, quiero presentar un tema que considero de candente actualidad: el declive de los códigos y discursos normativos.

La noción de *Modernidad líquida* introducida por Zygmunt Bauman y retomada por Ida Lewkowicz señala la rapidez de cambios, donde ciertas reglas del pasado han perimido y las del presente no se han legitimado, dejando así, a los sujetos, librados a la necesidad de construir sus propios referentes, cuando antaño estos estaban constituidos y nos daban la opción u oportunidad de adherir a ellos o combatirlos.

Esto, actualmente, que – si mal no he entendido – se llama en Ciencias Sociales "declive de los grandes relatos" y en psicoanálisis derrumbe del Gran Otro de la modernidad sólida, se expresa en la vida íntima de los adolescentes y jóvenes de diversas maneras; en todas ellas un cambio de énfasis entre actos, imágenes y palabras.

Un rasgo relevante del enfoque freudiano ha sido y es el de articular el síntoma o el padecimiento psíquico del sujeto a las peripecias de su historia personal, superando la dicotomía entre normal y patológico que postula la psiquiatría, restableciendo la ecuación entre padecimiento neurótico (estéril) y una desadaptación creativa. La tentación de un enfoque antinómico binario entre lo normal y lo patológico se sustituye por el empeño de leer y comprender las aristas destructivas y las creativas que se expresan en los conflictos y conductas desadaptadas.

El centro de gravedad es la cultura y no la psicopatología, que queda relegada como otro recurso.

Es necesario tener en cuenta la velocidad de los cambios societarios. Cambios que en la sociedad occidental “tradicional” insumían décadas o siglos a partir de las revoluciones industriales parecen producirse vertiginosamente; y con la revolución digital, subjetividad, ciudad y cultura se conjugan de modo diferente.

Familia, parentalidad y filiación, sexualidades legitimadas o transgresoras, trabajo y ocio, norma y prohibición, tiempo vivencial interiorizado, etc. son referentes conceptuales de nuestras prácticas, que en las últimas décadas han modificado de manera contundente su significado y sus resonancias asociativas.

El crecimiento descomunal de la urbe produce anomias y soledades que antaño eran amortiguadas por los conjuntos transubjetivos, la afinidad o comunidad de intereses o sentimientos, de lealtades y pertenencias. Se conocía el nombre de vecinos y comerciantes y los vínculos interpersonales tenían cierta permanencia que permitía dirimir afinidades y rivalidades y tramitar los conflictos en la amistad o la aversión. La grupalidad local era un soporte relevante para organizar la singularidad de cada quien. Hoy el vecino es un extraño y la ciudad gigantesca – como dice Walter Benjamin: la desaparición de la comunidad de oyentes – se vuelve anónima. “La vida que nadie ve”, las llama Eliane Brum.

En todo caso, la importancia de los primeros años de vida en la construcción identitaria (o desarrollo de la personalidad), que nosotros llamamos estructuración psíquica, es un hecho capital, cuya eficacia simbólica difícilmente podría ser sobrevalorada.

La práctica y la reflexión freudiana evidenciaron que más allá del sujeto racional con sus propósitos intencionales y conscientes existía y operaba un sujeto descentrado que ponía en jaque a la razón con sus conflictos, ambigüedades y contradicciones.

De consiguiente no era la razón ni la voluntad consciente la que guiaba nuestros orígenes y definía algunos de nuestros destinos de una manera enigmática y a descifrar. La dimensión irracional del ser humano fue reconocida desde la noche de los tiempos, lo original del freudismo es enfocar esa arista para ensanchar la razón, para poder con ella atisbar lo que la desborda y excede.

Hoy, ya entrados en el tercer milenio, asumimos con asombro creciente que la racionalidad no prevalece en el determinismo histórico, sino la perplejidad y el desconcierto definen nuestro presente y futuro próximo.

Baudrillard lo resume con la frase contundente: "En el mundo actual no hay realidad y no hay historia, sino simulacro de una y negación de la otra." El mundo mediático es el constructor ideológico de una realidad virtual que oscurece a la realidad real a través del ejercicio retórico de una hiper-realidad. Esta es una ilusión radical: no se copia o imita lo que se quiere mostrar, sino que se crea un simulacro donde lo mediático desplaza y sustituye lo que es.

Bibliografía

Arendt, H. (1972). *El sistema totalitario*. Points.

PARTE I
Clínica en la comunidad

1. Sufrimientos a la espera de simbolización[1]

DEL PSICOANÁLISIS COMO INTERVENCIÓN EN EL CAMPO SOCIAL: LAS DIFICULTADES DE SIMBOLIZACIÓN, SU PRIMER PUNTO DE ENTRADA

Alejandro Beltrán
Sociedad Psicoanalítica de México

El sufrimiento,
¿Es derrota o es batalla?
Juan Gelman

1 El artículo que abre este capítulo, elaborado por Alejandro Beltrán, fue realizado en base a los trabajos de las colegas Alicia Beatriz Dorado de Lisondo y Claudia Janette Boutros Carvalho, de Campinas, São Paulo; Gracia Maria Fenelon y Delza Maria da Silva Araújo, de Brasilia; y Cristiane Paracampo Blaha Rangel, de Río de Janeiro. Sus respectivos trabajos también integran este capítulo.

A modo de introducción

Quise abordar estos trabajos de intervención comunitaria con la misma escucha que pongo en juego el material analítico. Por este motivo no pedí a las editoras del presente libro ninguna aclaración sobre el contexto y programa institucional que subyace a cada intervención. Sin duda, con este método se pierde claridad sociológica, pero – he ahí mi apuesta – se pone en el centro el tipo de mirada y instrumentos que aportan el psicoanálisis al entender a un grupo institucionalizado. Los ejemplos que constituyen mi objeto, *dificultades de simbolización*, son tan paradigmáticos que el proceso en cuestión es el centro mismo de la humanización del *infans*. La forma de abordarlo por los analistas aquí es vista entonces como detonador, que evidencia el supuesto básico desde donde se construye la subjetivación del individuo.

Por evidente, no hay que obviar entonces el primer punto que sostiene esa mirada:

1. *El supuesto de lo inconsciente como dimensión imprescindible para comprender las relaciones intersubjetivas.* Ya aquí tenemos que enfrentarnos con un reto disciplinar. Desde la perspectiva de las ciencias sociales, los psicoanalistas hemos pasado demasiado rápido, sin un ordenamiento teórico y metodológico concienzudo, de lo inconsciente como explicación intrasubjetiva a su ampliación como factor decisivo de las relaciones sociales. Es evidente que en esta consideración no podemos olvidar la fortuna que los textos considerados antropológicos de Freud tuvieron por varias décadas, y que es indispensable retomarlos como fuente, referencia y incluso como recurso actual en la reflexión del psicoanálisis comunitario. La sociología, la antropología, la etnografía, la historia de las mentalidades y la filosofía del siglo XX han sido influidas por diversas corrientes del psicoanálisis y, a su vez, la forma en que el mismo psicoanálisis puede entender lo social y comunitario puede explicitarse a partir de ese diálogo ya centenario (Pasqualini, 2016). Por ello, se hace necesario aclarar que:

2. *Hay que presentar las raíces disciplinares que sostienen la mirada psicoanalítica hacia la comunidad.* Las fuentes y encrucijadas del diálogo y el debate entre el psicoanálisis y las ciencias sociales son complejas tanto en profundidad como por la multiplicidad de sus vertientes. Sin embargo, el psicoanalista que emprende un trabajo comunitario no puede aducir inocencia teórica, pues su mirada está atravesada por perspectivas sobre la naturaleza del vínculo del individuo consigo mismo y con el otro que provienen del debate señalado. Dada la naturaleza del presente ensayo, solo podré enunciar algunos de ellos, dejando para un trabajo posterior su necesaria reflexión a mayor profundidad:

- En sociología, el intento de integración que hizo Talcott Parsons (1967) en su teoría general de la acción; la inclusión de la dicotomía de lo latente y manifiesto en los patrones culturales que realizó Robert Merton (1968); además, es particularmente importante para la concepción contemporánea la influencia que Freud tuvo en la teoría crítica del sujeto, de la Escuela de Frankfurt (Whitebook, 2019), de forma quizá más explícita, pero no exclusiva, en la obra de Marcuse (1955; 1964; 1970) donde, para dar un solo ejemplo entre varios, el juego entre el principio de realidad y el principio de placer explica la culturalización de todos los aspectos de lo humano, incluso su supuesta dotación instintiva.
- En antropología, la búsqueda de la universalidad de la estructura edípica emprendida por Malinowski (1923) y su posterior debate con Jones son parte de la historia de nuestra disciplina (La Barre, 1989), y su comprensión ayuda a explicar la extinción de explicaciones psicoanalíticas en el campo de la etnografía hacia mediados del siglo pasado (Rivera, 2017).
- La problematización de la constitución subjetiva a partir del estructuralismo, en particular los desarrollos realizados por Levi-Strauss (1987), ha sido un eje de fertilización cruzada, pues el psicoanálisis lacaniano no puede entenderse sin considerar esta raíz intelectual.

Pero también la crítica sociológica francesa de la segunda mitad del siglo, así como la crítica cultural norteamericana de los últimos años, no pueden explicarse sin la contribución de principios elementales de Lacan, como el RSI (real, simbólico e imaginario) y la subjetivación del individuo. Un lugar significativo, por el papel que ha cobrado nuevamente en el pensamiento contemporáneo, es el estructuralismo marxista desarrollado por Louis Althusser (1988; 1996), cuyo diálogo con Lacan ha servido de puente entre el psicoanálisis y las ciencias sociales para una de las miradas críticas más populares en la última década: la escuela eslovena.

- La desaparición del sujeto como categoría con contenido inmanente, implícita en el postestructuralismo, que abarca un amplio abanico de autores que va desde Foucault (1990; 2002) hasta el duo sabio Deleuze-Guattari (1985), pasando sin duda por Derrida (1997; 2001), tiene una de sus raíces en el mismo psicoanálisis francés, en particular las evidencias del declive de la Ley y la condición circunstancial, histórica, de todo aquello que se consideraba trascendente en el canon occidental.
- Quiero resaltar una de esas raíces que, por hacer parte de movimientos sociales libertarios y antisistémicos, tiende a ser olvidada (en el sentido freudiano, censurada): al análisis institucional. Junto al trabajo seminal de Devereux (2008), que aporta algunas de sus fuentes epistemológicas, Georges Lapassade (1980) y, en mayor medida, René Lourau (1970; 1980; 1989) retoman la teoría de la transferencia y la contratransferencia para entender el lugar del observador y, en el caso de Lourau, explicar el funcionamiento inconsciente del profesional que interviene en proyectos comunitarios a través de la teoría de la implicación. En otra parte he desarrollado con más extensión la riqueza que esta perspectiva puede aportar para entender la dimensión transubjetiva del psicoanálisis (Beltrán, 2022), pero aquí quiero subrayar que el análisis de la implicación del analista en el grupo devela tanto sus

supuestos básicos teóricos pero también la lógica de intereses que están implícitos en cualquier intervención grupal. El socioanálisis ha estado presente en numerosos movimientos comunitarios en América Latina; la gran batalla por la memoria y el olvido de las últimas décadas ha relegado su lugar.

- En este mismo sentido se encuentran los movimientos sociales, sindicales y antisistémicos que han poblado el último siglo. Comedores comunitarios, cooperativas, comunas y un portentoso etcétera generaron estrategias de intervención y de autorregulación grupal que deben ser siempre estudiadas como fuente legítima de modelos de intervención colectiva.

Esta somera y, sin duda, incompleta enumeración tiene, por necesidad, un otro lado, la influencia, en algunos casos esencial, de las ciencias sociales en el psicoanálisis. De ello quiero resaltar no solo el trasvase entre un marco y otro, evidente en la enumeración ya realizada, como las implicaciones que acarrea asumir cierta perspectiva teórica y metodológica emanada de las ciencias sociales. Estas implicaciones son tanto una posición política entendida como la relación de poder que supone ciertos saberes institucionales y como esta relación de conocimiento se desdobla en una práctica donde se construye cierto tipo de subjetividad, dado el diseño mismo del encuadre metodológico. Lo político, como una relación institucional de saberes y sus prácticas como reproductoras de subjetividades – y no (solo) como expresión ideológica y partidaria – es una dimensión indispensable para entender el vínculo entre el analista y la comunidad en la que interviene, por lo que:

3. *Hay que hacer conscientes las implicaciones políticas de la perspectiva teórica elegida.* La otra cara de la moneda, la influencia de la sociología al psicoanálisis ha tenido consecuencias algunas veces lamentables. Desde un polo, estuvo el llamado freudomarxismo (Fromm, 1962; Reich, 1971; Pavón-Cuellar, 2017), en el otro, la introducción de cierto darwinismo social y la asimilación acrítica del funcionalismo

parsoniano, desembocó que a mediados del siglo XX la psicología del Yo impulsara un nuevo eje metapsicológico, la adaptación. El éxito que tuvo en círculos académicos la crítica pertinaz que Lacan hizo de este proyecto obscurece un hecho: que en la práctica, dentro de Institutos y libros de divulgación, la adaptación del individuo como imperativo del desarrollo es parte de las enseñanzas psicoanalíticas, aún más en países como el mío, México, donde el pensamiento norteamericano es particularmente hegemónico. Criterios como "tolerancia a la frustración", "línea del desarrollo", "normalidad" junto con la misma idea de adaptabilidad esconden una concepción donde la subjetivación supone una valoración del desempeño del individuo en su entorno institucional.

He dejado de lado la perspectiva teórica y clínica que Kaes, Puget, Berenstein, Krakov, entre otros importantes autores, han desarrollado al constituir el campo transubjetivo del psicoanálisis. Este modelo, por su enorme coherencia y potencialidades, merece un estudio específico, que voy a realizar en otro momento.

En esta breve enumeración, sin duda un intento imcompleto, no puede faltar una plataforma que sigue siendo poderosa en América Latina. Me refiero a las políticas asistencialistas. Por un lado, alimentado del pensamiento social de la Iglesia Católica, se generan intervenciones en el campo público desde el humanismo cristiano, que van desde las prácticas filantrópicas que consideran al otro como un menor de edad que debe ser protegido hasta los proyectos emancipatorios emanados del Concilio Vaticano II y la Teología de la Liberación. Del otro lado, el asistencialismo en América Latina hace parte de los programas corporativos de los gobiernos nacionalistas, como el cardenismo en México y el peronismo en Argentina. En varios casos, notoriamente el mexicano, el psicoanálisis fue considerado una disciplina individualista y burguesa – de hecho excluida como herramienta de reflexión y metodológica en las labores comunitarias. Esta es una de las razones, no la única, de por qué en México el psicoanálisis se encuentra fuera, con notables excepciones, de los proyectos sociales y es considerado solamente como clínica individual. En la mayoría de los casos, cuando los psicoanalistas mexicanos intentaron operar en el campo de lo social se vieron presionados a despojarse de su papel de psicoanalista y trabajar como "profesionales de la salud mental", perdiendo con ello la mirada crítica que aporta el psicoanálisis.

Entonces, cuando señalo que abordaré el material de este capítulo desde lo inconsciente, estoy poniendo en juego los distintos registros implícitos en tal dimensión: el institucional, cierta ontología – la concepción del sujeto –, cierta topología – la lógica de los lugares que ocupa el sujeto en un contexto – y la dimensión histórica que supone cada intervención, es decir, las determinaciones que suponen la ilusión de que ciertos rasgos individuales son universales.

De otro modo, supongo que las dificultades de simbolización pueden ser tanto un trauma en lo real – aquello que denominamos lo orgánico y el mundo afuera – , como una resistencia, con connotaciones políticas, pero no por ello menos inconsciente, a la configuración de las relaciones simbólicas del individuo así como un intento de diferenciación de las determinaciones históricas en las que ese individuo existe. Veamos si se sostiene esta presunción. Para seguir el mismo ejemplo de la variable histórica, si el analista determina como es una detención en el desarrollo, se supone que entiende al individuo como construcción diacrónica y si lo enfoca como un problema en la subjetivación, si supone también que la construcción del individuo se da a partir de una estructura simbólica. Así, los puntos esbozados más arriba en tan solo algunos de sus autores son continentes patrimoniales que están implícitos en las intervenciones comunitarias y cuya definición supone la determinación de cierto dispositivo por el cual se produce cierto tipo de subjetividad. La determinación del dispositivo es, entonces, fundamental para entender la reproducción ampliada de cierto proyecto subjetivo que corresponde a los saberes institucionales delineados más arriba.

Me detendré con mucho más detalle en la intervención que realizada en Rosa y su familia, para mostrar las determinaciones que luego daré por planteadas en los otros trabajos.

Título de la intervención: Proyecto S.O.S. Brasil

Primer punto de entrada, edad de la niña, que nos ubica de inmediato en una lógica de desarrollo, en este caso la latencia.

Segundo punto, condición migrante de la madre, que nos ubica que el portugués no es su lengua materna.

Tercer punto, el portugués es la marca del padre, ¿quién opera el rompimiento de la fantasía fusional con la madre?

Movimiento inaugural: la psicoanalista anuncia a la niña que ella atiende los dolores del alma, es decir, anuncia que hay un algo universal en la niña que escapa a las determinaciones sociales y históricas antes expuestas. ¿Esta forma de introducir la intervención tendrá efectos estructurantes?

La forma en que se estructura el problema "Rosa" es significativa: Rosa debe ser entendida como parte de una familia, y esa familia debe entenderse desde sus determinaciones sociales. La edad nos ubica la importancia que para la analista tiene la línea de desarrollo y la referencia al alma es sin duda reflejo de un diálogo, quizá inconsciente, con los proyectos emancipatorios de la teología de la liberación iniciados en la década de 1960.

La mención al alma es fundamental, pues Rosa es descrita como alguien sin espacio. ¿Dónde radico si no tengo espacio, Qué me representa? De entrada, entonces, la pregunta por el símbolo. La que no para de hablar es la madre. ¿Quién posee la lengua materna y dónde está su boca? Los hermanos se comen el espacio de Rosa. El padre, portador del portugués, no aparece en este primer momento.

De aquí se determina el tipo de intervención que realiza la analista: señalar un lugar posible para Rosa. La estructura familiar, ese entramado de lugares y intercambios simbólicos, como lo ha explicado Lévi-Strauss, era para Rosa un sistema excluyente donde solo podía ser eco del parloteo de su madre. Es la analista, que cumpliendo la función del padre, le da un lugar propio a Rosa separándola de la madre. Ya he señalado en otro espacio (Beltrán, 2021) cómo la asignación de un lugar en la estructura simbólica produce, en algunos casos, rápidos efectos en el niño y su familia, lo que explica en buena medida los cambios radicales en algunos de los casos tratados por Françoise Dolto.

La reproducción en la familia de la lógica de exclusión propia del capitalismo, donde uno o varios miembros son enajenados del sistema de intercambio simbólico, generalmente produce una miríada de efectos que desde la perspectiva de la – así llamada – salud mental son patologías. Pero aquí nos enfrentamos con un problema que podemos plantear desde la antropología estructural: la patologización supone congelar al individuo como el responsable – así sea por (d)efecto orgánico – de una supuesta incapacidad de participar en el sistema de intercambios simbólicos – en el ejemplo que estudiamos, la forma en que la madre parlotea y el tumulto de los hermanos que no le dejan lugar. Como Lévi-Strauss (1987a, 1987b) lo señala en su célebre trabajo sobre chamanismo, el miembro enfermo que está afuera de la estructura, ya sea por contaminación o por falla ritual; muchos de los padecimientos y su "rescate" descritos por la antropología se podrían definir como una forma de curar y incluso restaurar el alma que ha dejado al individuo, dejándolo en ser simple arcilla. El arte del chamanismo es, y recordemos la célebre polémica entre Lacan y el antropólogo (2003; 2007) restaurar el lugar del miembro enajenado dentro del sistema.

Por lo antes dicho, es altamente significativo que la presencia de la psicoanalista sea explicada como quien atiende "los dolores del alma". Ciertamente, Rosa pareciera desalmada, sin el espíritu vivaz que anima a los otros de la familia. Aquí abriré otra horquilla, pido paciencia pues está relacionada con el acto de "volver el alma el cuerpo" como cierta idea de psicoanálisis.

La elección que hacemos los analistas de los seudónimos de nuestros analizandos está cargada de significación. Así, el nombre de Rosa y su posterior vinculación con la piel y la arcilla no me parecen casuales. Recuerdo a Borges: "si [...] el nombre es el arquetipo de la cosa,/en las letras de *rosa* está la rosa." En el verso, Borges nos recuerda que el imperio de la escritura está acompañado en Occidente de una convicción esotérica. De acuerdo a Foucault (1968, p. 46):

> *Lo que Dios ha depositado en el mundo son las palabras escritas; Adán, al imponer sus primeros nombres a los animales, no hizo más que leer estas marcas visibles y silenciosas... antes de Babel, antes del Diluvio, hubiera una escritura compuesta por las marcas mismas de la naturaleza, de modo que estos caracteres tendrían el poder de actuar directamente sobre las cosas [...] Escritura primitivamente natural, de la que ciertos saberes esotéricos y la cabala del primer jefe conservaron una memoria dispersa y cuyos poderes, largo tiempo adormecidos, tratan de recoger.*

Si *en las letras de rosa está la rosa,* si el alma de la niña – en los parámetros que establece la analista que se denomina como quien se ocupa de los dolores del alma – es el nombre que le asigna un lugar, ¿quién denomina a esa niña como Rosa? Estamos en un primer planteamiento del problema de intervención a partir de la palabra que designa a la niña: es Rosa, que señala a una flor pero, significativamente, por homonimia que funciona tanto en castellano como en portugués, dicha palabra también suena como roza, del verbo rozar, que describe el contacto entre superficies.

No es casualidad que Rosa, cuando roza, viva en la *bidemensionalidad* de la identificación adhesiva con la madre (Bick, 1968). Su existencia como Yo piel (Anzieu, 2010) le impedía ocupar un lugar en el espacio tetradimensional propio de un contexto simbólico como es la familia. El roce de las pieles psíquicas de la madre y la hija creaba una severa dermatitis que, gracias a la mirada analítica, podría ser pensada como un rudimentario protossímbolo que señalaba el *malestar* de la niña en la cultura de la familia. Aquí no es casual la acepción topológica del *estar mal* colocado en la lógica de intercambios familiares. Era sin duda un *malestar* que, de no atenderse, podía desembocar en el *no estar* de la locura privada.

A su manera, la analista señala precisamente a ese sarpullido como una suerte de señal, de comunicación no verbal de parte de la niña: no es sólo un problema orgánico, es una bandera que anuncia un dolor psíquico. Al hacerlo, propone una operación de alto contenido simbólico: la niña es vendada y la venda, puesta por la madre, la separa de la inmediatez con la misma madre, del roce casi físico con la madre. No es tampoco casualidad que la prueba documental de esa operación sea una imagen sostenida por el padre, que ahora aparece como figura simbólica: esta niña vendada ya no roza en la madre, es la madre quien la cuida para que sea presentada a un tercero por el padre. Triangulación sin duda, que forma parte de todo intercambio simbólico, comparable con pleno derecho con cualquier rito de paso que supone la entrada de un individuo a una comunidad.

Una vez que el padre aparece en la escena con pleno derecho de actor que cumple un papel fundamental, vale la pena recordar que el poema de Borges que cité más arriba se llama "El Golem". Tal como León de Judá de la leyenda, el padre "se dio a permutaciones/de letras.../y al fin pronunció el Nombre que es la Clave/.../sobre un muñeco que con torpes manos/labró, para enseñarle los arcanos/de las Letras, del Tiempo y el Espacio."

Así como el rabí, que en la figura de arcilla escribe el Nombre que da vida al Golem, el padre usa la arcilla como una forma que contiene un algo, el dolor psíquico de la niña, y a la niña como vasija que porta el nombre que designa un lugar en la familia. Ahora Rosa no es una superficie, es el nombre de un integrante de la comunidad.

Sería un error, por lo menos en este momento, distraerse en la posible crítica a la idea de que el psicoanálisis sana los dolores del alma. La elección, posiblemente inconsciente de la analista de las palabras y sus operaciones – alma, rosa, las vendas que figuran a una momia (recordemos que las momias preservan al cuerpo para una segunda vida, esta más verdadera que la material), y la arcilla – supone una compleja estrategia de intervención simbólica al grupo familiar. Como resultado de esa intervención, con el don de la palabra insuflado en la arcilla, el padre dota de un alma a la niña. No importa, insisto, el status que la palabra "alma" tenga para el lector y para quien esto escribe. La analista supo ubicar un eje que estructurara a la familia y desde ahí operó su intervención.

Podemos así resumir, y abrir un debate futuro, que el psicoanálisis como dispositivo de intervención en lo social tiene, como primer campo de acción:

La modificación del entorno o de los individuos en tanto estructura simbólica. Como el caso presentado, la psicoanalista cumple lo que suele llamarse función paterna al:

- Separar simbólicamente a la niña de la madre, donde por identificación adhesiva que supone un eje de contacto con el Yo Piel, su nombre solo significaba ser un roce entre superficies. La niña vivía en un espacio bidimensional.
- Darle un lugar al llenar de contenido simbólico su nombre al propiciar la intervención del padre, quien por medio de la operación del juego (en el sentido kleiniano) de la arcilla convierte el nombre Rosa en una vasija que tendrá que ser llenada en el intercambio simbólico con el resto de la familia. Se puede instalar la identificación proyectiva y Rosa podrá habitar en un espacio tridimensional (Meltzer, 1982; 2018).

Título de la intervención: breve reporte de una experiencia con padres en una UTI neonatal

Primer punto, la analista plantea un marco de ritmos naturales: las estaciones, el clima, la vida misma.

Segundo punto, las manifestaciones corporales de los padres y posiblemente de ella misma.

Así que el primer elemento que tenemos para pensar la intervención es que ha ocurrido un evento de lo real que rompe el tejido del continuo del grupo, la pareja y su hijo soñado, dejando a la intemperie a los padres. Dicho de otra forma, el impacto de lo real rompe o daña la barrera de contacto, dejando a los miembros con la dificultad de metabolizar tanto los sucesos externos – la emergencia médica – como internos – la ansiedad catastrófica de perder un hijo –, quedando ante la imposibilidad de simbolizar el acontecimiento (Bion, 1980; Meltzer, 1998).

La conversión de los estímulos en elementos alfa se presenta severamente dañada, situación que es descrita por la analista con las imágenes somáticas que emplea y las referencias constantes a eventos naturales. Entonces, la simbolización es precaria, con dicotomías polarizadas, como "noche y día", evidente referencia a la polarización vida y muerte en el que se debaten los bebés.

El trauma rompe la ilusión que, para emplear la expresión de la analista, había construido un nido donde el bebé, investido de la energía narcisista de los padres, crecería cumpliendo los ideales, supone un daño de la función alfa. Dicho desde otro vector, la pareja parental que estructura la matriz simbólica, cuya función es metabolizar las ansiedades en cada uno de los padres, se fractura.

Aquí, como en el caso anterior, vemos a la analista incidiendo en el contexto simbólico de la familia, en este caso, intentando restaurar la función alfa de los padres, ayudarlos a que puedan sostener la convicción imaginaria de que un deseo puede tener efectos en lo corporal.

Dejo también para un debate posterior sobre las implicaciones que podría tener este modelo de intervención, pero lo que podemos plantear es que hace parte de una estrategia terapéutica con sofisticadas implicaciones en el grupo a intervenir, pues supone evitar la instalación de un supuesto básico de ataque y fuga – la unidad médica está contra nosotros, esto es un complot – a uno de trabajo –cooperación con la labor médica, pero también un trabajo de duelo (Bion, 1961).

Aquí tenemos el segundo campo de acción:

- modificar el supuesto básico del grupo hacia un modelo de trabajo.

Intervención sin título

Primer punto, es el único texto que se me envía sin un título y tampoco se aclara el género del(de la) psicoanalista.

Segundo punto, todo comienza con cierto estado confusional, desde la naturaleza de la prestación del servicio como del mismo contrato, pasando por la falta de un título.

La mujer declara que "tenía que estar todo bien". ¿A qué debemos este mandato superyoico? Desde su experiencia subjetiva, ella estuvo a punto de morir, aunque la obstetra piense diferente, por qué, entonces, tendría que estar todo bien. Aquí de nuevo la confusión, quizá la confusión inicial con el(la) analista sea un desdoblamiento de esta primera discrepancia.

Pronto la imagen de la sangre que no parece inundar la narración. Recuerdo el cuento de García Márquez, "El rastro de tu sangre". De seguir, un evento sin nombre, pues ni los médicos parecieran poder nominarlo, provocaría que la analizanda se desangrara, perdiera su vitalidad. A pesar de ser una intervención diseñada para tener pocas sesiones, por lo que entiendo del contexto, el(la) analista, con entereza, espera a que el material se desenvuelva. No tiene prisa y ese gesto sirve de contención para la analizanda. La sangre, evento somático, sigue sin explicación, pero hay un primer signo de darle un otro sentido que sea el desangrarse sin sentido, como la Nena Daconte. En la pausa soportada por la analista aparece la madre (e imperceptiblemente le he dado el género femenino, evidente resulta que es por la madre invocada en la conversación telefónica).

Y aparece una de las historia más antiguas de todas: el duelo por la madre. Ahora entendemos con la analista las confusiones de la analizanda, éstas son un eco del tumor cerebral de la madre. Atrapada en esa ecuación imaginaria, donde la cabeza enquistada de la madre era figura del feto en el vientre, las confusiones zonales (Meltzer, 2014) comienzan a resolverse una vez que la analista con su escucha reintroduce la línea simbólica a través del linaje femenino: ese es el hilo de sangre.

Así podemos reconstruir aquello que desgarró el tejido simbólico de la analizanda. En primer lugar, el aislamiento del Covid-19 que la enajenó del despliegue social de la identificación con la madre como figura emancipada "tenía su propia vida". El embarazo no deseado y el aislamiento la empujan, sin elementos que la ayuden a elaborar un lugar distinto, a una identificación con una figura que aparentemente desconoce, pues supuestamente nunca tuvo ese tipo de madre: "mi mamá tenía su vida y nosotras que nos arregláramos".

Estamos, de nuevo, en que la intervención supuso una reintroducción al tejido simbólico, a través de la línea de sangre que supone el linaje femenino de la analizanda. Para otra ocasión, con pertinencia, la analista decide la posibilidad del trabajo de duelo. La analizanda ya no tenía que sangrar por su madre, pues encontró al otro donde contener aquello que la desbordaba.

A modo de conclusión

1. Como dificultades de simbolización debemos entender, en este caso, a las eventualidades que expulsan o colocan en un margen a por lo menos a un miembro del grupo.
2. Tales eventualidades son producidas por un trauma, entendido por una irrupción de lo real, porque el o los individuos rompen un código, o por el ritual del chivo expiatorio, entre otros procesos.
3. El resultado de estos distintos procesos es la marginación o exclusión de los procesos de intercambio simbólico del grupo.
4. Los casos aquí reunidos son claros en los efectos psíquicos y incluso somáticos que produce tales exclusiones. Para otro espacio multidisciplinario se dejará las evidentes implicaciones socioeconómicas.
5. En las sociedades contemporáneas se tiende a responsabilizar al individuo marginado de su condición: es una patología, debida a su dotación genética, o un accidente del caos que reina en el intercambio capitalista del que el propio sujeto tiene que salvarse. El excluido queda potencialmente sin un otro a quien recurrir o apelar la condición.
6. Así, dificultades de simbolización suponen los obstáculos o la imposibilidad de acceder al intercambio simbólico del grupo al perder un lugar como actor en la puesta en escena del mito fundacional del colectivo.
7. Las intervenciones aquí presentadas apuntan a una estrategia, que me pareció clara quizá por mi trabajo con niños autistas, donde se muestra este fenómeno con radical claridad. Tal estrategia es la reintroducción del individuo al tejido simbólico del grupo.
8. Esta reintroducción pone en juego una serie de fenómenos ampliamente estudiados en la clínica individual:

    - Al estar excluido el individuo, presenciamos eventos relacionados con la somatización sin que esta parezca tener la cualidad comunicativa del síntoma como lo entendemos en psicoanálisis.

- Al no habitar o radicar en los márgenes del grupo, la condición espacial de matriz simbólica no existe o es precaria.
- En este sentido, el individuo emplea identificaciones adhesivas privilegiando la superficie de la piel y el resto de los órganos, moviéndose en un espacio bidimensional. Aparecen por lo tanto confusiones de tiempo y espacio.
- El analista se propone como un otro privilegiado que restaura el lugar en los intercambios simbólicos, devolviendo la analizanda a su condición de sujeto del discurso grupal.
- Este fenómeno opera propiciando los fenómenos de identificación introyectiva de la figura del analista, así como interviniendo en los supuestos básicos del grupo para modular la calidad de las identificaciones proyectivas.
- La rapidez con que la psicanalista opera estas intervenciones es para mi convincente, pues en la clínica individual con algunos niños tenemos evidencias que esta estrategia tiene resultados cuya prontitud asombra a los desprevenidos.
- Sin duda, y al igual que en la clínica individual con niños, habría que pensar que este es parte del trabajo y falta todavía un buen trecho que recorrer. En el caso de los grupos sociales, por lo menos en este capítulo, se ha pasado por alto la condición enajenante que es efecto irremediable de la estructura socioeconómica que vivimos.
- Es pertinente en este sentido discutir la crítica de Lacan a la propuesta chamánica de Levi-Strauss pues apunta precisamente a esta operación terapéutica (Lacan, 2003, 2007; Ramírez, 2018; Peña, 2000). Adelanto una idea: el que un individuo devenga en sujeto de su discurso no es sinónimo de una mayor libertad. La libertad sería la distancia crítica

del sujeto ante la propia configuración del contexto en que se desenvuelve.

Bibliografía

Althusser, L. (1988). *Ideología y aparatos ideológicos del Estado*. Buenos Aires: Nueva Visión.

Althusser, L. (1996). *Escritos sobre Psicoanálisis*. Freud y Lacan. México: Siglo XXI.

Anzieu, D. (2010). *El Yo-Piel*. Madrid: Biblioteca Nueva.

Beltrán, A. (2021). "Es que yo no estoy ahí...": la construcción de sentido en el tratamiento de un niño autista. *Calibán*, 19 (1-2), 95-112.

Beltrán, A. (2022). Ser alguien más en algún otro lado: malestar y ilusión en el psicoanálisis contemporáneo. *Psicoanálisis*, XLIV.

Bick, E. (1968). *The experience of skin in early object relations*. In: *The Tavistock model*: papers on child development and psychoanalytic training (pp. 133-138). London: Karnac.

Bion, W. (1961). Experiences in groups. In: *The Complete Works of W. R. Bion Volume IV* (pp. 95-246). London: Karnac.

Bion, W. (1980). *Aprendiendo de la experiencia*. Barcelona: Paidós.

Deleuze, G., & Guattari, F. (1985). *El anti Edipo*. Barcelona: Paidós.

Derrida, J. (1997). *Mal de archivo*. Madrid: Trotta.

Derrida, J. (2001). *Estados de ánimo del Psiconálisis*. Buenos Aires: Paidós.

Devereux, G. (2008). *De la ansiedad al método en las ciencias del comportamiento*. México: Siglo XXI.

Foucault, M., (1968). *Las palabras y las cosas*. México: Siglo XXI.

Foucault, M. (1990). *Tecnologías del yo*. Barcelona: Paidós.

Foucault, M. (2002). *La hermenéutica del sujeto*. México: FCE.

Fromm, E. (1962). *Marx y su concepto del hombre*. México: FCE.

La Barre, W. (1989). The Influence of Freud on Anthropology. *American Imago*, 46(2/3), 203-245.

Lacan, J. (2003). Subversión del sujeto y dialéctica del deseo en el inconsciente freudiano. *En Escritos*, 2(773-807). México: Siglo XXI.

Lacan, J. (2007). *La angustia*. Buenos Aires: Paidós.

Lévi-Strauss, C. (1987). *Antropología estructural*. Buenos Aires: Paidós.

Lévi-Strauss, C. (1987a). El hechicero y su magia. In: *Antropología estructural* (195-210). Barcelona: Paidós.

Lévi-Strauss, C. (1987b). La eficacia simbólica. In: *Antropología estructural* (211-228). Barcelona: Paidós.

Lourau, R. (1970). *El análisis institucional*. Buenos Aires: Amorrortu.

Lourau, R.(1980). *El estado y el inconsciente*. Barcelona: Kairos.

Lourau, R. (1989). *El diario de investigación*. México: Universidad de Guadalajara.

Malinowski, B. (1923). Psychoanalysis and anthropology. *Nature* (112:650-1).

Marcuse, H. (1955). *Eros and Civilization*: A Philosophical Inquiry into Freud. Boston: Beacon press.

Marcuse, H. (1964). *One Dimensional Man*: Studies in the Ideology of Advanced Industrial Society. Boston: Beacon press.

Marcuse, H. (1970). The obsolescence of the Freudian Concept of man. In: *Five Lectures*. Boston: Beacon press.

Meltzer, D. (1982). *Exploración del autismo*. Buenos Aires, Paidós.

Meltzer, D. (1998). The clinical significance of the work of Bion. In: *The Klenian Development* (271-396). London: Karnac.

Meltzer, D. (2014). *El proceso psicoanalítico*. México: Paradiso.

Meltzer, D. (2018). *Estados sexuales de la mente*. México: Pardiso.

Merton, R. (1968). *Social Theory and Social Structure*. Glencoe, IL: Free Press.

Parsons, T. (1967). *The Structure of Social Action*. New York: McGraw- Hill.

Pasqualini, M. (2016). *Psicoanálisis y teoría social*. Buenos Aires: FCE.

Pavón-Cuellar, D. (2017, julio-diciembre). Del revisionismo al freudomarxismo: los marxistas freudianos en los orígenes de la revolución cultural occidental. *Culturales*, 1, 239-285.

Peña, F. de la. (2000, enero-abril). Más allá de la eficacia simbólica del chamanismo al psicoanálisis. *Cuicuilco*, 7, 1-16.

Ramirez, F. C. (2018). Lacan y Lévi-Strauss: una diferencia de estructura. *X Congreso Internacional de Investigación y Práctica Profesional en Psicología XXV Jornadas de Investigación XIV Encuentro de Investigadores en Psicología del MERCOSUR*. Facultad de Psicología – Universidad de Buenos Aires, Buenos Aires.

Reich, W. (1989). *Materialismo dialéctico y psicoanálisis*. México: Siglo XXI.

Rivera, P. (2017). *Freud's speculations in ethnology*: a reflection on anthropology's encounter with psychoanalysis, 98(3):755-778.

Whitebook, J. (2019). Psychoanalysis and Critical Theory. In: *The Routledge Companion to the Frankfurt School* (32-47). New York: Routledge.

***

PROYECTO S.O.S. BRASIL – ATENCIÓN DE EMERGENCIA

Alicia Beatriz Dorado de Lisondo y
Claudia Janette Boutros Carvalho
Sociedad Brasileña de Psicoanálisis de Campinas

El proyecto S.O.S. Brasil fue creado con el objetivo de ofrecer atención psicológica de emergencia frente a las situaciones de desamparo, angustia y incertidumbre que la pandemia de Covid-19 generó, y sigue generando, en las personas. El equipo de psicoanalistas y otros profesionales de salud ofrece entre tres y ocho sesiones *on-line*, en un trabajo interdisciplinario cuyo enfoque es la atención gratuita a bebés, niñas y niños, adolescentes, gestantes y cuidadores.

Rosa y la familia en S.O.S. Brasil

Rosa fue atendida con su familia por una psicoanalista, en tres sesiones, y conducida al *Eixo Corpo*, que está bajo la responsabilidad de Claudia J. B. Carvalho. El diagnóstico clínico de Rosa es dermatitis crónica aguda, rinitis importante y mala formación de las vías aéreas superiores (VAS). En este grupo multidisciplinario, Rosa fue atendida por los siguientes profesionales: pediatra, fonoaudióloga, odontopediatra y osteópata.

La atención a la niña que grita en el cuerpo su dolor psíquico

Rosa es una niña de ocho años, hermana mayor de otros tres hermanos varones (de cinco, cuatro y un año). Es hija de Sandra, una mujer de origen peruano, 30 años, pedagoga y actualmente estudiante de psicopedagogía. Se vino a Brasil a los diez años de edad. El padre de Rosa es Gustavo: brasileño de Rio Grande do Sul, 32 años, biólogo y profesor concursado de una universidad pública.

Primera entrevista con la familia de Rosa

Rosa está sentada en el sillón, en un rincón, sin mucho espacio, al lado de los padres. Me presento como la psicoanalista que se ocupa de los dolores del alma y presento el proyecto; Sandra le pide a su hija que dibuje, mientras habla sin parar. Ella hace lo que la madre impone sin dudar, parece no tener ni espacio físico ni psíquico.

Los hermanos gritan, se pelean entre ellos, agarran el material de dibujo de la niña. Todos solicitan la atención de los padres. Les muestro como es difícil para Rosa tener sus deseos, su espacio y pararse ante todos esos hermanos.

La madre me cuenta sobre las dificultades enfrentadas en el pasado, en su propia infancia: tuvo que cuidar al hermano menor en el conventillo donde vivían. "*Tenía que ser buena y no causar problemas*". Interpreto que la vida de Rosa puede ser distinta de esa vida tan sufrida. Ella no necesita ser adulta antes de tiempo. La niña me mira, coincidiendo conmigo.

El padre sale de escena y intenta entretener a los niños, que siguen gritando y peleándose, ofreciéndoles arcilla. Cuando retorna, cuenta que en 2020 nació el hijo más chico. Rosa se quedó durante meses en la casa de la abuela materna. El padre entonces reflexiona que debe haber extrañado a los padres.

La madre dice que Rosa se cobra mucho. Eso genera más picazón y pincha mucho la ropa en el cuerpo. Con la pandemia, no pudieron salir de la casa y ir a la escuela. A pedido de la madre, la niña me muestra la piel en carne viva. Cuando no aguanta el dolor, le pido a la madre que le ponga vendajes. El padre me muestra una foto. Parece una momia. Pienso en la Piel Psíquica.

Señalo que Rosa se queda toda enrolladita, calentita, protegida con los vendajes. Pero que lo más importante es el amor, la dedicación de la madre solo a Rosa en este momento, cuidándola.

Los hermanos entran en escena: gritan, lo más chico balbucea algo y luego tira de la falda de la madre. Muestro cómo todos quieren atención, pero Rosa también necesita eso, porque ella es una niña y no una adulta. Rosa me muestra el dibujo.

"*Sos vos.*"

¿Una copia y una creación? ¿Ella quiere quedarse con mi retrato como testigo de nuestro encuentro? ¿Ella busca identificarse con una figura femenina, fuerte? ¿Serían las diferentes direcciones del azul y la diferente apariencia del pelo, de cada lado del rostro, la presencia de emociones contradictorias? ¿Rosa que se porta bien, por un lado, y indócil, por otro?

Digo:

> *Guau, Alicia con anteojos para verte por dentro. ¡Una Alicia bien grande! Así me quedo con vos y dentro tuyo, haciéndote compañía y intentando comprenderte.*

Luego de mi intervención, ella le pide ayuda al padre para amasar arcilla. Él le abre espacio y ella modela una taza.

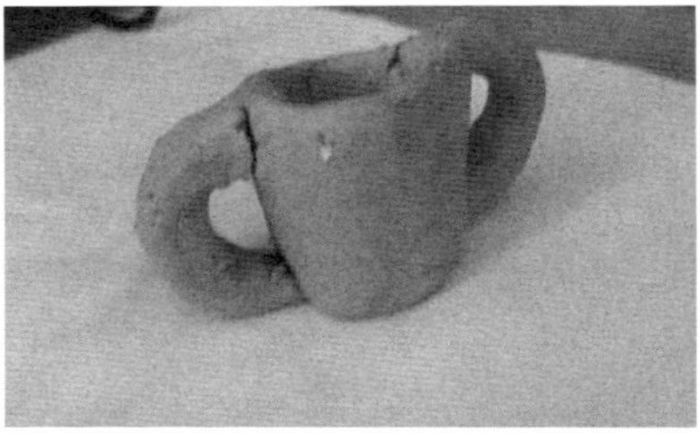

Vos querés tener dentro de vos un lugar... un lugar bien seguro en esta familia. Y necesitas mucho la ayuda de esa familia y mía para vivir sin todo ese sufrimiento. Yo les voy a pasar el contacto de una pediatra, Claudia, que te va a cuidar junto conmigo.

Trabajo en el eje cuerpo

Luego de la atención psicoanalítica, la madre (a quien no le gustaba medicar a los hijos con alopatía) acepta darle los remedios que la pediatra prescribe para aliviar la picazón y las lesiones de piel de Rosa. Una semana después de las medicaciones básicas, cuando su rinitis también había mejorado, las lesiones de la piel cicatrizaron, pero se mantuvieron inflamadas. Al prescribir que Sandra ponga su leche materna sobre la piel de Rosa (la madre amamantaba al más chico), ellas se miran con un placer compartido de que iban a estar bien, parece gustarles la idea. Una semana después, la piel de Rosa está totalmente sin lesiones.

La intervención transdisciplinaria de fonoaudióloga, osteópata y odontopediatra busca dar a Rosa una condición respiratoria para que ella pueda dormir mejor y descansar. Las orientaciones, además de técnicas, le dan a la madre y a la hija el toque entre piel y piel – para rehacer el lazo inicial entre la madre y la bebé que Rosa fue, y la niña que puede ser en su edad y tiempo.

***

BREVE REPORTE DE UNA EXPERIENCIA CON PADRES EN UNA UCI NEONATAL

Grácia Maria Fenelon y
Delza Maria da Silva Araújo
Grupo de Estudos Psicanalíticos de Goiânia (GEPG) –
Sociedad Brasileña de Psicoanálisis de Brasília

Los momentos dentro de la Unidad de Cuidados Intensivos neonatal (UCI), junto a los padres, repiten, desde mi punto de vista, la vida. Son lluvias torrenciales, con truenos que se alternan con soles que brillan y iluminan esperanzas sin fin. Estaciones del vivir.

Me encuentro con los padres en "Acogida a los padres", momento en que Delza María da Silva Araújo y yo conversamos con ellos antes de las visitas a los hijos internados. La reunión tiene el objetivo de acogerlos y escucharlos, y termina siendo también un espacio para que se conozcan y compartan sus historias. Después, los acompañamos en la visita a los hijos.

Espero que entren para luego juntarme a ellos. Son minutos preciosos. La visita es de solamente 30 minutos, un tiempo muy esperado y sentido por ellos como si fueran apenas cinco, como suelen comentar. La angustia de la espera por esos minutos junto a los hijos sale en un torbellino, cada uno a su manera: algunos expresan sentir "mariposas en el estómago", otros, "no dormir a la noche", "no lograr comer antes de la visita y, luego, tener muchísima hambre". ¿Qué comunican? Como podemos ver, son, en su mayoría, experiencias somáticas que tal vez podamos entender como respuestas a la intensidad de sus identificaciones con sus bebés.

Otros padres expresan además la expectativa por lo que van a "escuchar de la médica o médico". La esperanza sostenida en una cuerda floja, colgada, a cada evolución que la médica o médico les transmite, por menor que sea. Se hace luz en este trayecto tan oscuro y inesperado que están viviendo. Otras veces, no.

Ninguna madre y ningún padre espera que el hijo tenga un desvío en el camino para casa cuando ni bien nació. La expectativa de todos es que el hijo se vaya con ellos a disfrutar del nido que prepararon durante la gestación. En el imaginario de los padres, la UCI no está presente.

Vivo con ellos esos momentos, y también cargo conmigo la esperanza de buenas noticias. Noto mi corazón y mis ojos atentos a las mínimas manifestaciones de la médica o médico y de las enfermeras y enfermeros presentes en la UCI. La indumentaria es igual, pero los ojos de cada uno manifiestan el "ambiente" del momento. Después del *pasaje* me dirijo a cada uno y me pongo a disposición para escucharlos, para estar con ellos.

Casi siempre tienen algo para decir, empezando por la presentación que les hacen a sus hijos de mí. "Esta acá es la tía". Es muy difícil para ellos, y para mí, cuando la realidad choca y quita la esperanza alimentada. Son momentos crueles en los que puedo sentir la impotencia avasalladora que les quita el piso. Cuando esto ocurre, lo que siento son ganas de salir lo más rápido posible de allí, pero el reloj parece congelado, las agujas no avanzan y mi hora de salir no llega.

El *setting*, en la UCI, tiene un contexto distinto, es un lugar mucho más amplio que el setting en el consultorio. Nueve camas y una equipo de doctores, enfermeros, técnicos en enfermería, fonoaudiólogos, fisioterapeutas, nutricionista y lactarista. Me pregunto: ¿Cuál sería la función psicoanalítica allí? ¿Cuánto de psicoanálisis es posible realizar?

Me detengo en las representaciones de los padres junto a sus hijos. Observo y intento darles sentido. Cada visita es única y particular, por lo tanto, mis ojos, mis sentidos, mi cuerpo, en fin, están, dentro de lo que me es posible, disponibles para aquellos encuentros. A veces, lo que no puede ser ofrecido es un ambiente en el que el *existir* pueda suceder y mantenerse. No es fácil. Se trata de un *setting* complejo donde la verdadera importancia no está en los materiales, sino en las personas que están en el ambiente.

Los padres, inmersos en sus obstinados esfuerzos para comunicarse, mencionan sus deseos para sus hijos, casi como quien entona una canción de cuna, algunos más agitados, otros más suaves. Cada uno intenta preservar su "canto" y estar con su bebé, así se abstrae de los otros territorios.

Cada persona, con los recursos que les son permitidos, enfrenta ese trayecto: algunas pueden poner sus manos a través de los espacios apropiados y tocar a su bebé; otras, aquellas cuyos hijos ya evolucionaron en su prematuridad, pueden tenerlos a upa; y están las madres que ya pueden amamantar. Esa posibilidad es muy esperada, por ser una señal de que se acerca la ida a la casa. Son momentos especiales en los que se puede suponer que las mamás y sus bebés pueden realizar un reencuentro de la fusión que fue perdida temporalmente, y que es, como sabemos, de fundamental importancia. Percibo una gran alegría, pero al mismo tiempo sus angustias, como expresó una madre: "Quiero mucho llevarlo a casa, pero ¿seremos capaces de hacernos cargo? Tengo mucho miedo".

En la UCI la luz casi no se apaga. Solamente durante la hora del descanso hay como una especie de penumbra. Allí no existe día y noche, claro y oscuro. No existe la posibilidad de la oscuridad. La claridad es imprescindible y no hay lugar para la incertidumbre, aunque ella ronde abiertamente el ambiente.

El ambiente es frío, con olor a muerte. Pero también llenado por camas calentitas y por la presencia de los cuidadores-padres sustitutos. Recuerdo el día en que llegué y los bebés estaban acostados en hamaquitas. Qué lindo fue verlos desparramados, relajados y acunados. La enfermera jefa del servicio me explicó que las hamacas eran utilizadas en la estimulación precoz. ¡Bravo! ¡Encantador! Pero un padre no dejó de transmitir su queja. Dijo que la hamaca estaba perfecta, pero no podía ser rosada, porque su hijo era varón. Menos mal que esas cosas pasan. No son apenas máquinas, sino amorosidades que permiten el desarrollo del sentimiento de ser amado.

Una paradoja que se me ocurre es sobre el tiempo: es corto para los padres, los bebés y para el equipo de profesionales que actúa en la UCI neonatal durante la visita de 30 minutos. Corto plazo de internación para algunos bebés. Un pequeño espacio temporal frente a un largo que es vivido, creo yo, por la intensidad de la experiencia emocional. Ese es el contexto que vivo en este trabajo: un tiempo no medido por el reloj.

Me acuerdo de una enfermera al lado de una cama. Toda encorvada sobre sí misma, con un dedo cubierto por guante. En él sobraba una puntita con la que masajeaba los labios y la lengua del bebé, en movimientos de vaivén, para estimular la succión. Como pude constatar después, este es un ejercicio frecuente en la UCI neonatal con los bebés prematuros. Lo más interesante es que observé esa misma enfermera aplicando la misma técnica en otros bebés. Sin embargo, con aquél primero sentí que era diferente. En un dado momento, pude hacerle esa observación, a lo que respondió con una mirada y una sonrisa que confirmaban mi observación. Aquél bebé, para ella, era distinto. Pienso que él tocaba tanto su corazón que resonaba en un cuidado especial, una dedicación delicada y atenta. Una diferencia entre una aplicación técnica y la presencia humana y total. A partir de lo que se dice, una revelación es posible. No solamente con palabras, sino lo que es escuchado, visto y sentido por el otro. Privilegio de aquél bebé.

La UCI es un lugar de competencia con la muerte: estamos cara a cara con ese fantasma, con su experiencia cruda y fría. Los hijos son pedazos de padres y estos los socorren, los amparan y se amparan con todas las fuerzas que pueden reunir. Es una lucha feroz de narcisismos heridos versus hijos que nacieron con deficiencias y están al borde de la muerte. Los padres sostienen los hijos y, más específicamente, se puede observar la función de los padres en apoyar a las madres, para que estas amparen a sus hijos que recién salieron de dentro de ellas.

Muchas veces los padres pueden ofrecer solamente la mirada – lo cual, confieso, me intriga. Otras veces, ni eso. Es posible sentir sus esfuerzos para transmitir a los hijos la esperanza y el sueño de irse a casa pronto. Nosotros los demás, pretendidos cuidadores de ese sufrimiento, nos quedamos a su lado, cada cual con sus posibilidades de ayuda, para conseguir, o no, mantenernos firmes en lo que nos propusimos. Allí, siempre con la esperanza de que ganaremos la batalla, por lo menos por ahora, muchas veces enfrentamos el fracaso, sucumbimos a la fuerza de aquello que nos arranca de nosotros mismos y nos encontramos con la muerte. Sin embargo, también experimentamos, igualmente, la alegría con las buenas evoluciones de muchos bebés que van a casa y retoman sus caminos. Acaban de nacer, es muy doloroso que no tengan el derecho de experimentar el vivir.

Lo que más hago es escuchar, intercambiar miradas, quedarme a un costado. A veces, en algunas situaciones aterradoras, una mano en el hombro, una caricia. Son 30 minutos que a veces pasan muy rápido, pero a veces tardan en pasar, ¡sofocan!

¿Qué estoy aprendiendo?

Que 30 minutos pueden tener el significado de una vida.

Que la esperanza mueve molinos.

Que el deseo es tangencial a la muerte, la deja de lado y encima le hace un guiño de "nos vemos".

***

ESTAMOS ESCUCHANDO

Cristiane Paracampo Blaha Rangel
Sociedad Brasileña de Psicoanálisis de Rio de Janeiro

Ana, 35 años

Primera sesión

Llamo en la hora acordada y Ana atiende prontamente. Escucho una voz de mujer joven, ansiosa (puedo escuchar su respiración).

Me presento y Ana dice que fue el "Dr. S..." (no puede recordar el apellido y se queda un poco angustiada con eso) quien hizo la recomendación para que Ana fuera atendida dos veces por semana en análisis.

Pregunta sobre ese nuestro primer contacto: "es inscripción, clasificación, consulta?".

Por un momento quedo confundida: ¿Se habrá equivocado la secretaria de la SBPRJ y es una entrevista de clasificación para la atención en la Clínica Social? Me siento perdida hasta que Ana me dice que dio a luz hace quince días. Todo sucedió conforme el plan, fue un parto natural y el bebé está bien. Pero al final del parto, aun en la bañera en la que parió, ella escuchó a alguien del equipo decir: "El útero no para de sangrar".

En el mismo momento pensó que estaba muriendo, que se iba a desangrar hasta morir. Miró el agua y tuvo la certeza de que realmente estaba muriendo. La obstetra la tranquilizó diciendo que estaba todo bien, que estaban comentando sobre otro caso, pero esa frase no le salió de la cabeza desde entonces.

Tuvo el alta, se fueron a casa, pero ella no puede conectarse con el bebé, amamantar bien, está muy extraña, se va al baño y observa cuanta sangre sale, le saca una foto para mandar a la médica, que reafirma que está todo bien. En ese momento mi confusión se disipa y opto por atenderla. Pienso que está en un momento decisivo de su vida y de la del hijo, y que una escucha psicoanalítica puede ser muy valiosa.

"¿Es tu primer hijo?", pregunto.

Ella suelta una risita.

> "No, es el tercero, y el segundo también fue de parto natural".

"¿Fue en casa?"

> "No, en el Hospital X, todo correcto, con el mismo equipo del otro (me parece llamativo que ella no mencione el nombre de los hijos). Fui a la médica ayer, ella me examinó y dijo que estaba todo bien. Ella me conoce, sabe que soy controladora, fue ella quien hizo el otro parto natural, el primero fue cesárea. Pero no paro de pensar que algo malo va a pasar: hago pis y aprieto el botón corriendo para no ver la sangre, me ducho y me quedo mirando la sangre correr. Y no era para ser así, tenía que estar todo bien, tengo un bebé que está bien, no entiendo cómo puedo estar así".

La voz es ansiosa pero no transmite tristeza.

"Y el embarazo, Ana, ¿cómo estuvo?", pregunto.

> "Estuvo todo bien, no fue planificado, pero nos pusimos muy felices cuando sucedió, queríamos un hijo más, no ahora, claro, pero ya que vino, todo bien. Mi marido y yo estamos trabajando en casa desde el inicio de la pandemia. Mi madre se quedó un tiempo con nosotros al inicio del aislamiento porque su presión estaba alta, entonces hicimos el aislamiento como corresponde desde el inicio, también por la gente, claro. El final del embarazo fue tenso en función del Covid, pero pudimos encararlo".

> "Yo soy maestra y el año pasado no hubo clase presencial. Este año volvimos, en enero y febrero participé bastante, estuvo bueno, me ocupé, me ayudó con la tensión al final del embarazo".

Sigo escuchando su respiración, hay una ansiedad palpable. Han pasado unos quince minutos desde el inicio de la llamada. Ana se queda en silencio por un tiempo y yo espero.

> "Hay algo: a fines del año pasado se murió mi madre. Ella tenía 76 años, vivía sola, primero apareció la presión alta, luego un tumor, ella tuvo seis convulsiones y fue internada en diciembre para hacer una cirugía, tuvo Covid y murió en diez días".

Empieza a llorar y me pide disculpas por eso.

"Tu mamá murió hace tan poco tiempo, Ana, tenés mucho que llorar..."

Llora más fuerte.

> "Fue horrible, yo había logrado convencerla a vivir con nosotros, ya había comprado la cama, me preocupaba que ella viviera sola en su casa, iba a ser tan bueno".

Llora intensamente. Sollozando, dice:

> "Ella vivía en una casa desde los 11 años, tenía patio, había sido construida por los padres, ella amaba la casa, el barrio, fue muy difícil convencerla a vivir con nosotros, yo estaba feliz".

"Tu madre era independiente...", yo digo.

> "Mucho. Ella ni se casó. Yo y mi hermana somos hijas de un novio, ellos llegaron a intentar vivir juntos, pero no funcionó. Entonces ella asumió una vida sola, le gustaba, dejó crecer el pelo, tuvo novios. De más grande

> un señorcito se fue a vivir con ella, pero ella lo echó de casa: 'No lavé calzones hasta hoy y no los voy a lavar ahora'".

Yo y A. nos reímos juntas.

> "Tuve muchas diferencias con mi mamá, especialmente en la adolescencia, pero después que tuve hijos nos acercamos, a ella le gustaba venir acá, quedarse con los nietos, y finalmente la convencimos a vivir con nosotros. Entonces vino la enfermedad, primero la presión alta que no sabemos si tenía que ver con el tumor, luego el tumor, ella empezó a confundir algunas cosas (llora mucho), no quería operarse de ninguna manera. Ella era espírita, no quería que se metieran con su cabeza ni quería cortarse el pelo, fue muy difícil convencerla. Al final tuvo Covid y murió antes de la cirugía".

El relato se vuelve confuso y yo aguardo, haciendo algunos ruidos para mostrar que estoy allí escuchando.

> "Y yo ni pude ir al hospital, quien se quedó con ella fue mi hermana que quería que se operara, y me quedo pensando, si yo estuviera allá, si yo hubiese preguntado todo que hay que preguntar… ni fui al entierro".

Llora mucho. Yo digo: "Y quedó el dolor, la nostalgia, el proyecto interrumpido de tener a tu mamá junto a vos".

Pienso en una madre esquiva, que tuvo su propia vida, que fue mujer antes que todo, y solo ahora estaba siendo madre. Pienso que hay muchos temas para análisis, pero que en ese momento hay una madre que no está pudiendo ser madre de su bebé.

Le digo: "Vas a estar bien, no ahora, ni de la noche a la mañana, todavía sangrás por tu madre, por el duelo de esa muerte en esas condiciones. ¿Querés que sigamos conversando?"

Escucho que la respiración mejoró. Ella responde que sí y quedamos para la semana siguiente en el mismo horario.

Segunda sesión de Ana

Llamo en el horario agendado y Ana atiende con ruido en el fondo. Está en el auto, con el marido y el hijo, volviendo del hospital. Pensó que estaba sangrando más y logró ser atendida en la guardia de la maternidad. La médica que la atendió dijo que está todo bien. Pregunta si la puedo llamar a las 20h:

> "A esa hora ya le acosté a los dos mayores y mi marido puede quedarse con el bebé".

Respondo que sí, que puedo llamar en ese horario. (¿Adaptándome a los horarios de un bebé recién nacido?).

En esa llamada la voz es más triste. Fue a la guardia porque seguía preocupada con los sangrados. La médica la examinó, hizo una ecografía, dijo que todo estaba bien y que si el sangrado no pasara en dos semanas bastaría hacer un legrado. Listo, eso bastó para que Ana aislara esta frase de todo el resto y adhiriera a ella. "¿Por qué dijo eso? ¿Habrá visto algo en la ecografía que no me quiso decir?", dice.

> "Yo nunca fui así, no sé qué me está pasando, en mi casa el hipocondriaco era mi marido, logró conseguirse una cirugía el año pasado. Por eso no hablo mucho con él".

"¿Con quién hablás?", pregunto.

"Buena pregunta… con nadie", ella responde.

Silencio, yo espero.

> "Extraño la escuela, yo hablaba con la gente allá, pero amiga, amiga es algo que no tengo. Estudié tanto, estuve tan ocupada, quise una familia grande, un marido".

"Quisiste ser distinta de tu madre", digo.

> "Sí. Es muy feo lo que viví, mi mamá tenía su vida y nosotras que nos arregláramos".

Relata varios eventos de su vida, la ausencia del padre y de festejos de cumpleaños, navidad, ese tipo de cosas. Noto el amargor y el resentimiento en relación a la madre. Me siento insegura en relación a la decisión de la primera consulta, "es una paciente para análisis", pienso. Una atención breve no será suficiente para todo este vacío. Siento desánimo.

> "Creo que me voy a involucrar en algún proyecto de la escuela, estoy sin tener qué hacer, solo cuidar de niños, amamantar J., ir al baño y cuidar la sangre, solo eso".

El tiempo de la consulta termina y agendamos otra para la semana siguiente.

Tercera sesión de Ana

Llamo a la hora acordada y Ana no atiende. Intento algunas veces más sin éxito y le escribo un mensaje. Me preocupo. Al final del día hay un mensaje suyo pidiendo disculpas, diciendo que estaba durmiendo, que había amamantado al bebé y luego se quedó dormida. Me pregunta si puedo llamar en aquel horario de las 20h. Respondo que sí.

A la hora acordada ella atiende con el bebé a upa. Él hace algunos ruiditos y yo le hablo. Ella dice:

> "El sangrado paró. Qué locura aquello, no sé qué pasó, ya pasó todo, apagué las fotos, ¿Cómo puede ser que le haya sacado fotos a la sangre en un inodoro? ¡Qué locura! Volví a ser quien era".

"Qué bueno, Ana", yo digo.

> "Pero también escuché lo que vos dijiste de que yo estaba sola y busqué a dos personas que me gustan. Una colega del doctorado y una profesora de la escuela. Está siendo muy bueno hablar con ellas. ¡Qué alivio!"

Conversamos un tiempo más sobre cosas de la rutina de una madre de tres hijos. Su voz me parece más fuerte y vital, el bebé sigue haciendo ruiditos. Siento que el trabajo se terminó, al menos por ahora.

"Bueno, Ana, podemos terminar aquí, ¿no? Cualquier cosa solo tenés que contactar al EO nuevamente".

"Fue muy bueno hablar con vos (se emociona), no sé ni qué decirte, muchas gracias...".

2. Prisiones y libertades: convertirse en sujeto[1]

DES-MARCANDO LÍMITES

Fernando Orduz
Sociedad Colombiana de Psicoanálisis

Introducción

Marca es una noción que se ha usado para delimitar y diferenciar territorios, de ahí surgen palabras como comarca o demarcación. También ha dado origen al nombre de los individuos a quienes se les encargaba el cuidado de dichas marcas, los marqueses.

Hay marcas históricas muy importantes, como la Marca Hispánica, que diferenció el territorio andaluz del imperio carolingio, o la marca

1 El artículo que abre este capítulo, elaborado por Fernando Orduz, fue realizado en base a los trabajos de las colegas Alicia Beatriz Iacuzzi, de Argentina, y Pilar Raffo, de Perú. Sus respectivos trabajos también componen este capítulo.

que trazó el Tratado de Tordesillas por el cual portugueses y españoles se dividieron los territorios recién conquistados.

Marca también da acepción a la palabra marco, la cual remite a aquellos bastiones que sostienen el lienzo pintado, y que de alguna forma se asocia con la palabra que tanto usamos en nuestra técnica: encuadre. Marcos, que tanto en el arte como en nuestra técnica, fueron poco a poco atravesados y desbordados por las vanguardias artísticas modernas del siglo XX y por las fuerzas de muchos movimientos sociales que denunciaron la insuficiencia de dichos perímetros para contener sus formas, sus diversas identidades, sus múltiples representaciones.

Toda institucionalidad se sostiene bajo el cuidado de las marcas. Los Marqueses e inquisidores tienen la función de supervisar y controlar los límites del territorio, para sancionar a aquel sujeto, grupo o idea que transgreda con alguna acción, decir o pensamiento, el limite continente del territorio y por lo tanto excluir, extraditar, marginar a cualquier representante-representativo que se oponga a las identidades que marcan el territorio.

Hay conceptos que se asocian a esta idea de marca, como la palabra límite o la palabra borde. La noción de límite tiene una procedencia particular, refiere al sendero que separa dos propiedades, que bordea sus territorios y que no es posesión de nadie como tal, permitiendo el tránsito de quienes comparten una vecindad. El límite no tendría poseedor, separa a dos propietarios pero en si mismo es territorio sin dueño.

Esta idea de límite nos lleva a una concepción de espacio donde siempre nos moveremos entre dos. Cada vez que marcamos una línea limítrofe se da existencia a una división, como quien abre con un escalpelo la piel, exponiendo dos tegumentos, dos láminas. Moverse en el límite es un atisbo en la comprensión de otros territorios.

La noción de Borde tiene orígenes diversos, una de origen gálico que refiere al costado de una nave (por ello decimos que 'abordamos' una nave); por otro lado, el adjetivo latino *burdus* refiere a todo aquello que emerge por fuera de un marco establecido; además de burdo, esta raíz da origen a la palabra *bastardo* (animal que surge del cruce de un caballo y un burro) y a la palabra *burdel*. Podría pensarse el psicoanálisis desde ahí, desde una construcción marginal que llevó a ser referida por Freud (1914a) como una disciplina que solo pudo haber emergido en ese lupanar llamado Viena.

Sobre los trabajos clínicos

Los trabajos de Alicia Iacuzzi y Pilar Raffo dan cuenta de este funcionamiento, donde dos terapeutas parecen atravesar los límites permitidos de nuestras comodidades identitarias como si cruzaran los límites del río Estigia. Ambas se adentran en un territorio que trabaja con los seres que la sociedad margina por ejercer algún tipo de acción que va en contra de los marcos legales. Homicidio, subversión y identidad *trans* me recuerdan de alguna manera la triada planteada por Freud (1927): incesto, canibalismo y homicidio.

Allí donde los marcos sociales actúan con dinámicas de exclusión y readaptación, nuestras dos analistas asumen la labor que de alguna manera se espera de nuestra técnica: dar palabra para que el excluido pueda de nuevo asomar a los terrenos de la conciencia y del tejido social, recuperando una nueva significación de lo que se ha estigmatizado, invisibilizado y silenciado.

Ambas colegas en su trabajo clínico con los pacientes cruzan los márgenes indebidos del encuadre instituido, no exentas de pasar una prueba de hierro y fuego emocional, recordando la frase de Hipócrates tomada por Freud (1914b), por la que pasamos los terapeutas que nos exponemos a los efectos de la transferencia y, en este caso, se suman los sentimientos que devienen por los efectos de trasgredir la norma institucional.

Pilar toma la mano de Alfredo y cruza los límites prohibidos, sale del consultorio al encuentro del paciente, cerca de la cárcel donde su padre esta recluido. La terapeuta asiste al encuentro extramural con su paciente poseída por ese sentimiento de culpa que parece un vigía nos supervisando desde el interior para recordarnos que estábamos próximos de enfrentar los juicios de Torquemada que nos llevarán al infierno.

Pero Pilar no se intimida, se atreve, atraviesa el umbral, espera a Alfredo en el espacio externo del penal. Por ese espacio, analista y paciente van tomados de la mano, cada uno con su silencio, como adentrándose en alguno de los círculos de Dante, buscando un espacio dedicado a la memoria.

El lugar de la memoria es una exposición llamada Yuyanapaq, una muestra fotográfica que da testimonio de la violencia acontecida en Perú entre 1980 y el año 2000. Época en la que Alfredo fue engendrado, y también en la que su padre fue encarcelado.

La analista duda de enfrentar a Alfredo a la muestra sobre la verdad que tanto se ocultó en relación a la historia de su padre. Me pregunto por que se cuestiona sobre el valor de la verdad, cuando esta búsqueda es el intento inicial de la labor psicoanalítica freudiana, y aunque nuestra tarea no se trata de recordar versículos bíblicos, no sobraría recordar la frase de San Juan que menciona que la verdad nos hará libres.

Ahí donde Pilar se siente culpable frente los veedores de su transgresión liminar que le recuerdan que el psicoanálisis es un diván atrapado entre cuatro paredes blancas, Alicia invoca al horror sobre el nuevo. Las verdades de la ciencia o las de la realidad no siempre son placientes, diría más bien que son displacientes y por eso tienden a ser resistidas. Por eso posiblemente se reniega de ellas, convirtiendo en equívoco lo desagradable.

Esta tendencia de teñir lo desconocido con adjetivos de disgusto se observa en la forma en como el mundo europeo iba calificando de forma negativa toda nueva figura que ingresara en su conocimiento.

En las épocas del medioevo, en el extremo liminar que daba fin a la tierra, el mundo estaba poblado de monstruos. Algo similar a lo que Pigaffeta narraba sobre la recién descubierta América:

> *El explorador florentino, dice García Marquez en su discurso de aceptación del Nobel, contó que había visto cerdos con el ombligo en el lomo, y unos pájaros sin patas cuyas hembras empollaban en las espaldas del macho, y otros como alcatraces sin lengua cuyos picos parecían una cuchara. Contó que había visto un engendro animal con cabeza y orejas de mula, cuerpo de camello, patas de ciervo y relincho de caballo. (Marquez, 1982)*

Del otro lado del mundo, es decir, del universo que existe mas allá de nuestras limitadas representaciones, emerge un universo lleno de esperpentos y adefesios, pero es monstruoso por que es irrepresentable para los marcos o encuadres de nuestras coaguladas identidades.

Alicia nos muestra un sujeto *trans* para el cual no hay un alojamiento institucional: "dentro de la institución penitenciaría no se había hallado un lugar adecuado para esta hibridación".

He ahí el problema de muchos procesos identitarios que solo se reconocen especularmente en la imagen unitaria que construyen al interior de instituciones que modelan formatos repetibles como la familia y la escuela. En estos espacios se construye un molde donde, en muchas ocasiones, solo hay existencia para las copias de esos modelos. Cuando el individuo escapa a ese molde, solo queda actuar al estilo Procusto o al estilo penitenciario, es decir, el excedente se corta o se mutila, si pensamos en el primer caso, o el individuo se reforma para que su diferencia del modelo pueda ser corregida.

Alicia lo enuncia de alguna manera al inicio de su entrevista cuando plantea que no es fácil acoger a Jessica por la saturación que produce su imagen. La tendencia inicial frente al exceso es recortar, en particular operando sobre lo que es diferencial, preservando aquello que nos recuerda nuestra mismidad.

En los tiempos contemporáneos, lo *queer* y lo *trans* han puesto en cuestión nuestras identidades unitarias, pero este cuestionamiento acontece en cualquier orden instituido que marque un centro y unos límites, generando configuraciones prototípicas o estereotipadas.

Alicia habla de una clínica en extensión, que traspase los marcos instituidos. Mientras la leo pienso que de alguna manera eso ha hecho la disciplina psicoanalítica desde sus orígenes. Freud pareció no contentarse con habitar el territorio de las neurosis, poco a poco se le fue extendiendo su territorio, se extralimitó, cruzó los límites hacia la psiquiatría, por ejemplo, para explorar las psicosis y poco a poco fue extralimitando su conocimiento y transitó hacia otras espacialidades, hacia el arte, la literatura, la mitología, la infancia, los procesos colectivos, la cultura.

Ese transitar por el sendero o margen da una particularidad a nuestra disciplina, no sé si una marca de origen, pero da cierto carácter marginal a nuestro pensamiento.

Pena, castigo y reformación

La intolerancia hacia el diferente, hacia quien nos opone un código de funcionamiento alternativo, hacia aquel que se sale de nuestras normas establecidas, parece tender a un castigo, a una sanción normativa y a alguna práctica correctiva que opere como reformador de dicha diferencia.

Si el sujeto es la unidad idéntica a si misma y el otro es lo que se margina de dicha acción unitaria, el factor correccional, normatizador, señalará y pondrá algún estigma sobre el diferente, como hicieron los nazis con el pueblo judío. Esto cuando no es que el cuerpo ya lleva una marca en si mismo, la cual le hace condenable, como acontece con el color de la piel.

Hay una acción primaria de la sanción, que le obliga a pasar por el cuerpo, a través de castigo físico. Cuando digo primaria me refiero tanto a algo estructural como a algo histórico, temporal. Tal vez por ello los primeros sistemas de penalización pasaban por el maltrato corporal. La sanción al sujeto que transgredía las normas generaba prácticas que atentaban contra el cuerpo como acontecía con la lapidación, la mutilación o la crucifixión. El cuerpo que transgredía la norma debía ser expuesto a un castigo por lo cual era torturado, cuando no quemado o descuartizado.

Cuerpo es la superficie primaria sobre la cual la historia se escribe, ya sea como caricia amorosa o ya sea como gesto de violencia. Para el caso que nos ocupa, el castigo o la pena forman el rasgo violento que lacera la piel, que pretende deshacer o romper el cuerpo infractor.

El mito fundante, que nos constituye como disciplina psicoanalítica, tiene su expresión máxima de castigo en el momento en que Edipo reconoce la verdad que tanto quiso negar en su arrogancia. Edipo se saca los ojos, el cuerpo debe sufrir la afrenta por no percibir la verdad que el destino le había anunciado. Con el broche que tomó del vestido de su madre muerta (Yocasta colgó su cuerpo, y la vida que le animaba, de una viga de su alcoba) se iba golpeando los ojos, mientras el mensajero se lamentaba diciendo: "Las pupilas ensangrentadas teñían las mejillas y no destilaban gotas chorreantes de sangre, sino que todo se mojaba con una negra lluvia y granizada de sangre" (Marquez, 1982, p. 23).

En los primeros sistemas de penalización la justicia operaba casi como una letra sobre el cuerpo, era el ojo por ojo y el diente por diente, el ladrón perdía la mano, el homicida tenía que ser asesinado. En los tiempos contemporáneos, al menos en mi país, el condenado por violación cuando llega a la cárcel recibe la misma acción por la cual fue acusado; de manera similar, el jovenzuelo rapaz que es capturado por la muchedumbre en el espacio público posiblemente caiga bajo el efecto de la golpiza que la masa enardecida pueda tributarle como venganza.

Para decirlo en nuestro lenguaje, la castración opera como acto y no como amenaza. Aunque la visibilidad del cuerpo mutilado pretendiera operar como mensaje, por eso los cuerpos cortados eran expuestos a la masa. La cabeza cercenada de su cuerpo, los cadáveres empalados, el acto de los cuerpos quemados en la hoguera, todos estos actos planteaban un mensaje efectivo, generar horror en quien los observaba, hacerles sentir que cualquier acto de transgresión pasaría por su cuerpo así como había acontecido con el cuerpo mutilado que miraban; algo similar debía sentir el niño descrito por Freud al observar a la niña.

Ese elemento visual, *voyeur*, sobre la mutilación corporal, sobre el cadáver, podría relacionarlo con un fenómeno que denominaré *porno*. Hay una pornografía que no pasa por la visión de lo erótico, hay una pornografía de la violencia, que pasa por esa exposición de los cuerpos desollados, cercenados, lacerados. Esa pornografia de la violencia que además de satisfacer el placer mórbido visual busca excitar el terror como una forma de control.

Hay otro sistema de operar sobre los cuerpos en los sistemas de justicia primarios que de alguna manera se contrapone a este hecho de la exposición pública del cadáver: me refiero al acto de expulsar a un cuerpo por fuera de los límites de la ciudad. La expatriación, el exilio, la condena al no retorno, el cuerpo expulsado de la polis adquiere el carácter de una extranjeridad agobiante y maldiciente. De nuevo el personaje de nuestro mito encarna este segundo hecho: Edipo es expulsado de Tebas; el otrora rey venerado ahora vaga por los caminos de Grecia, ni sus hijos le acompañan, solamente Antígona. El descanso eterno lo encontra en medio del bosque de las Euménides en Colono.

Estos sistemas de expatriación pueden ser simbólicos como acontece con las formas de sanción sociopolítica que operan sobre la exclusión o negación de la palabra al que actúa o habla por fuera de lo permitido por el código normativo. Esta es la forma por excelencia de la violencia sociopolítica del Estado, negarle la posibilidad de palabra al otro en tanto representante de una diferencia.

Estas formas penitenciarias de operar sobre lo simbólico me permiten dar pie a la segunda forma de acción sancionatoria, la cual ya no opera como castigo corporal. Entramos en los terrenos de la forma penitenciaria moderna, que emerge de alguna manera con la revolución francesa y la revolución industrial, y que operan bajo la acción del aislamiento y la privación de la libertad.

La pérdida de este derecho ciudadano se acompaña de otras prácticas como el trabajo forzoso, la reeducación del preso, el pago o la sanción pecuniaria. La acción cruel sobre el cuerpo desaparece y los sistemas post-revolución (Francesa y Industrial) empiezan a permearse de un cierto racionalismo humanista, del cuerpo como objeto de sanción se pasa al individuo como sujeto de una acción reformadora.

Ese proceso de transformación del castigo corporal a la pérdida de la libertad como pena podría homologarse a la forma en como desde el psicoanálisis se concibe el paso de la sanción edípica a la sanción superyoica, con los peligros y las limitaciones que todo reduccionismo conceptual pueda implicar.

En la moral y en la sanción edípica, como ya había anotado, el peligro de la castración como representante de un castigo corporal inminente suscita el temor del infante, peligro que la niña no tendría y que por lo tanto haría muy falible esta hipótesis en la comprensión de la sanción desde lo femenino.

En la configuración superyoica como entidad sustitutiva de la disolución del Edipo, se daría lugar a una sanción de carácter más racional, "más independiente de sus orígenes afectivos" como diría Freud (1925). Pero el carácter punitivo de la sanción sobrevive en la configuración superyoica. La exposición pública se sostiene ahora a partir de una auto-observación y el castigo corporal se sostiene como memoria, como huella, que da soporte a una amenaza. El sujeto que ingresa a la penitenciaría moderna operará un cambio a partir de la reflexión educativa y el trabajo adaptativo.

Muchos centros penitenciarios empezaron a cambiar su nominación por la de centros de reformación, donde la práctica educativa tiende a renormatizar y renormalizar. La perdida de libertad ve reducida su penalización si el reformado da muestras de una reinserción en los códigos sociales establecidos.

Entre el temor y la libertad

Hay conceptos que siempre excederán las definiciones, al lado del amor y de la muerte, creo que la libertad es uno de ellos. Se ama a la libertad, tanto, que se podría entregar la vida por ella. La vida bajo el principio del obrar libremente encuentra en determinados momentos al margen, al perímetro normativo, como la limitación de su posibilidad.

Si intentara hacer de nuevo un reduccionismo psicoanalítico, una lectura de la huella pulsional que me permitiera encontrar una causa de la sensación de libertad en el psiquismo humano, lo ligaría con aquellos elementos que inciden en el proceso de separación de la madre, en el pasaje hacia una cierta independencia desde la dependencia al cuerpo de la madre fruto de nuestro nacimiento prematuro y la consecuente incapacidad motriz. Esa pulsión seguramente se desencadena con el descubrimiento de la capacidad de locomoción, acción que le permite al infante desarrollar los primeros pasos mas allá del centro de gravedad en que puede constituirse el cuerpo materno para su vida.

Por eso posiblemente hay una sensación ligada a la libertad, la capacidad de movimiento; acción que permite explorar, aventurar, transitar, transgredir, el movimiento implica el atravesamiento del límite y la permanente recomposición de estos bordes. Esas acciones que acontecen hacia los extremos o márgenes de alguna forma se convierten en símbolos de la noción de libertad: el hombre que se aleja de la urbe, el explorador que llega más allá de los territorios conocidos, el navegante que pierde la línea de la frontera terrestre.

Estos casos que tomo como ejemplo mantienen de alguna forma un cierto centro de gravedad; todo explorador, aventurero o navegante regresa cual hijo pródigo al territorio materno. En el retorno de ese hombre que se mueve libremente por los confines de la tierra emerge la narrativa que nos sorprende con eso mundo del más allá, como lo encontramos en los relatos de Marco Polo, o en los relatos de Pigaffeta que ya había citado.

Pero como figura opuesta al que retorna, habría otra forma de pensar la libertad. Pienso en aquella noción de ser libre en la cual se pierde o se deshace el centro de gravedad, sería aquel que se desata de las amarras que lo unen al centro, lo que no tiene punto de retorno, algo de esto podría estar determinado por la dinámica del deseo parricida, gestada en la infancia y reactualizada en la metamorfosis del adolescente.

Digo metamorfosis para traer la palabra de Freud al referirse a los procesos del púber, pero también para resaltar que muchos de estos procesos adolescentes implican liberarse del modelo paterno, romper con las identificaciones primarias para adoptar nuevas formas identificatorias. Tal vez, por esto que enuncio, la libertad se asocie a muchos movimientos juveniles, que continuamente están replanteando la relación con la generación anterior.

Esta reconstrucción de la identidad implica dos movimientos libertarios la posibilidad de expresar la diferencia en relación al modelo generacional anterior, y la posibilidad de llevar a la acción esta diferencia. Esta idea tiene su correspondencia en un concepto que en derecho se denomina el *agere licere*: todo ciudadano es capaz de externalizar su sentir íntimo y podría actuar acorde a sus convicciones, manteniéndolas frente a terceros.

La libertad vista desde esta noción es la capacidad de expresarse, de salir de si y dar forma a un sentir, es una libertad denominada liberal, donde el hombre puede actuar de acuerdo a lo que piensa sin ceder a las restricciones que el otro oponga a su manera de pensar o sentir.

Como opuesto o contrario a la idea de libertad estaría el concepto de subordinación o sumisión. En el orden de lo que estoy exponiendo, correspondería a esos sujetos que se atan al centro de gravedad, fieles a la replica de los moldes, que buscan conservar las normas y ser inquisidores de las marcas, y que seguramente toman su expresión máxima en los regímenes totalitarios que buscan esta idea de unidad e integridad basada en la copia de la marca paterna.

Hay una pasión por el poder y la autoridad que se corresponde con un deseo de subordinación. Esto podría ser el vestigio de la estructura totémica que sigue viviendo en nuestros núcleos de funcionamiento primitivo, una necesidad de adorar al padre y/o una necesidad de identificarse con el padre para sentir la admiración y la subyugación de los que operan como filiales, como hijos. Un deseo que se resiste difícilmente a desaparecer y que signa en la tragedia de Edipo a las frases finales de Creonte: "Dejarás de querer ser siempre el amo, pues lo que has obtenido no ha sido siempre por el bien de tu vida".

Se podría pensar que con la evolución de las civilizaciones el hombre habría ido transformando esta estructura totémica, deshaciendo los mitos donde dominaban los dioses, los imperios donde reinaban los reyes absolutistas. El hombre que se fue liberando de esos patrones, paradójicamente, guillotinó a los regentes para imponer un gobierno donde primara la igualdad entre los hermanos: la democracia. Los tiempos de la modernidad se constituyeron desde un lazo social basado en la igualdad, la fraternidad y la libertad.

Entonces ¿por qué el deseo de retornar a un estado de sumisión y entregar el poder a un regente que opere desde lo absoluto? Pareciera que el hombre libre ha sido el temor del poder autoritario, poder que teme tanto la libertad del que diverge o se diferencia.

Para los sujetos que buscan atarse al orden absoluto, la libertad tiene un tono de amenaza y de inmoralidad. Cuando enuncio esto remito a la memoria de una imagen universal, el cuadro de Delacroix, *La libertad guiando al pueblo,* donde Marianne, representando a la libertad, lleva su pecho al descubierto, algo de obsceno representa el hombre libre.

A manera de conclusión

Mas allá de los actos criminales donde se atenta contra los otros hombres y que competen al derecho y sus normas, los casos expuestos por nuestras colegas y que tienen al centro penitenciario como espacio directo o como referente nos hablan de esos individuos que han excedido un cierto límite de las representaciones sociales unitarias en términos de identidad. El transgresor del orden establecido por la norma social, el transgresor de las identidades en las que se organiza un orden denominado natural, esos dos sujetos no reflejan una imagen ideal y por eso deben ser reubicados en un centro que opere como reeducador o reformador.

La pluralidad o la diversidad operaría como la manifestación de una libertad que no encuadra dentro del territorio de los tiranos. Hoy diría que dentro del campo de la psiqué muchos de nosotros operamos como reeducadores de unas diversidades anatomopolíticas, sujetos que exceden los márgenes establecidos y que solo pueden reintroducirse en los límites de la *polis* a costa de su reformación.

Pico della Mirandola plantea en su Discurso sobre la dignidad del hombre, los tres ideales del Renacimiento: el derecho inalienable a la discrepancia, el respeto por las diversidades culturales y religiosas y, finalmente, el derecho al crecimiento y enriquecimiento de la vida a partir de la diferencia.

Parecería que desde ciertos centros instituidos aún no estamos en capacidad de sostener esos ideales que constituyen el núcleo de la ética de las subjetividades modernas.

Bibliografía

Freud, S. (1914a). *Historia del movimiento psicoanalítico.*

Freud, S. (1927). *El porvenir de una ilusión.*

Freud, S. (1914b). *Sobre amor de transferencia.*

Freud, S. (1925). *Algunas consecuencias psíquicas de la diferencia sexual anatómica.*

***

ESCUCHA PSICOANALÍTICA DE UNA TRAVESTI EN UNA CÁRCEL DE VARONES

Alicia Beatriz Iacuzzi
Asociación Psicoanalítica Argentina

En la empresa científica no debería haber espacio para el horror a lo nuevo

Freud, *Las resistencias contra el psicoanálises*, 1925.

En los tiempos "que corren", la extensión de la clínica llevada a cabo en territorio carcelario opera acorde a condiciones impensadas. No obstante, no podemos sustraer a desembarcar en ella. ¡El fondo de las celdas claman nuestro compromiso!

Presentaré como escena de la clínica ampliada una viñeta[2] de una travesti de 30 años, privada de libertad por homicidio de otra travesti, alojada en una cárcel de varones. Año 2005, época en que recién salían a la luz situaciones de esta índole. Dentro de las instituciones penitenciarias no se había hallado un lugar adecuado para esta "hibridación". Casi todos los estamentos abdicaban (¿y aún abdican?). Construir un quehacer clínico dentro de una cárcel está plagado de obstáculos, poniendo a prueba a los analistas, sus herramientas conceptuales y sus recursos clínicos. El/la sujeto y el contexto de una prisión judicialmente

2 Esta viñeta amerita estricto secreto profesional.

establecida tiene sesgos difíciles de soslayar. Abogaría por que la clínica ampliada sea incluida en la formación analítica.

N., 28 años, ingresa a una cárcel de régimen abierto después de transitar por varias penitenciarías donde, después de contrair HIV, fue pasible de violaciones reiteradas Esto motivó autoagresiones (cortes con un vidrio en brazos y cuello, etc.) para lograr ser atendido por la instancia judicial.

Finalmente se avaló institucionalmente que presentase un *habeas corpus*, medida cautelar que obliga a la institución penitenciaria a que sus traslados se realicen en vehículo bajo segura custodia de su persona y garantiza su alojamiento en una cárcel donde se cuente con pabellones para travestis y transexuales (trayendo aparejado jurisdiccionalmente cuestiones complejas).

Delito: fue condenada a 8 años de prisión por homicidio simple y resistencia a la autoridad. Dentro de un arreglo de cuentas de dinero con la que finalmente resultara la víctima – una travesti que habría intentado agredirla con un cuchillo – y luego de un acalorado altercado, respondió a la agresión propinándole una feroz golpiza. Los furibundos golpes en la cabeza con un fierro le producen a la víctima pérdida de la masa encefálica, falleciendo. Al intentar ayudar a la víctima terminó siendo aprehendida por la policía. Al respecto, expresa: "me siento mal por quitar la vida a alguien, pero sino sería yo la que estaría bajo tierra".

En la práctica pública, el "peso" del metaencuadre merece también ser considerado y abordado. Por la ausencia de precedentes de presos *trans*, su presencia en las cárceles provoca el rechazo de los otros detenidos y del personal, generando desestabilización institucional. Durante su privación de libertad fue sancionada por provocar un foco ígneo, realizar huelga de hambre e intento de fugas. Su actitud es demandante y litigante ante las instancias judiciales, habiendo solicitado cambio de juzgado por abandono de persona y discriminación.

En su documento de identidad (es lo que tiene validez para la ley, el Poder Judicial y el Servicio Penitenciario) figura con nombre varón. Insistiendo en que en la institución no sea llamada N., se logra consensuar que será nominada por su apellido, como los otros presos.

La solicitud para ser atendida por mí la escribe en el reverso de la hoja con una escritura desprolija, con apariencia de "sucia". Cuando es convocada, viene de las clases de teatro, única actividad que le interesa de la oferta educativa institucional. Toda vez que ingresa al recinto donde es entrevistada se mira en el espejo, se acomoda el cabello, el maquillaje. Su vestimenta de mujer es provocativa (viste *shorts*, toma sol desinhibidamente en el patio de la cárcel, etc.), con manifestaciones exacerbadas de señorea en el modo de caminar y hablar.

Primera entrevista

ANALISTA (A): ¡Buen día! ¡Mucho gusto! ¿Cómo estás?

SUJETO (S): Estoy agotada por el encierro, quiero decidir por mí misma... en ninguna cárcel me siento cómoda, no encajo.

A: Me gustaría que te presentase, para conocerte: quién sos, que te pasa.

S: Tengo tres hermanos y tres hermanas, soy la segunda, después de una mujer, entre las dos criamos al resto de mis hermanos, éramos muy unidas, jugábamos a los personajes, nos disfrazábamos. Mis padres están divorciados. Mi papa es VIH y a mi mamá le acaban de hacer una colecistectomía. Cuando era chica me crió mi tía esquizofrénica que vivía con nosotros (porque mi abuela fue desaparecida política); era "muy estricta", nos castigaba severamente. De chica fui muy traviesa, tuve varios accidentes, me cosieron varias veces. En la primaria tuve problemas de conducta y me derivaron a un psiquiatra, que me dio Valium. Desde los 9 años me vestía de mujer, con ropas de mis hermanas, para jugar, y soñaba que era una nena. La moda me fue ayudando a que de a poco me fuera vistiendo de mujer para salir a la calle. A los 11 años yo ya miraba a los varones. En la secundaria me iba bien, pero no me adaptaba a las reglas. Mi abuela fue la que se dio cuenta de mi cuestión sexual y le contó a mi mamá, no hubo drama porque fue siempre muy liberal, tuvo muchas parejas, inclusive homosexuales. A los 14 años cuando estaba tomada me quise matar varias veces, ahí empecé el tratamiento hormonal y después me hice implante de glúteos y mamas. Ah... mire los tatuajes que tengo, son ocho: mi nombre, el de mi mamá y el de mi hermana.

A: (Pensé: No resulta fácil acoger esta conversación psicoanalítica por la saturación que produce su imagen, donde desde el andamiaje visual se muestra tanto. No obstante consideré que la mirada sostén – apuntalamiento contenedor del psiquismo en pro de la integración – era un punto de inflexión).

S: Cuando me fui a vivir con un chico, empecé a llamarme "Jessica" porque era el nombre de una mujer famosa. Duró poco: nos maltratábamos porque nos drogábamos mucho (marihuana, cocaína, crack y pasta base). Arranqué cursos de peluquería y costura, pero dejé porque no iba a hacer plata con eso. Empecé a ofrecer mi cuerpo – adoptando el seudónimo Delfina – y llegué al status que quería. Hoy para mi familia soy Jessica Delfina. Me era indispensable el vértigo, para darme valor me drogaba... con un solo hombre satisfacía mis necesidades económicas, me mantenían, pero más de ocho meses me aburría. No me identifico ni con mujeres ni con varones. Vivo con hombres, los amo porque los exploto económicamente. Y a los de bajo recursos les muestro que soy mejor que ellos. No tengo interés en operarme, acepto que soy varón, no reniego de serlo. Me gusta tener sexo cuando hay piel y aceptan mi condición, eso me da placer y eyaculo. Eyacular juntos es mi gran placer. Asumo el rol pasivo-femenino pero quiero que conozca todo mi cuerpo; que asuma también su sexualidad, que es bisexual u homosexual encubiertamente. He tenido relaciones por placer también, pero después siento un vacío!! No sé... amo y odio a la vez a los varones. Me gustan que me agasajen, que me demuestren aunque sea fingido y temporalmente; y los odio cuando su conducta primitiva hace que me hieran o me abandonen. A la mujer, la admiro, aunque no hubiera querido nacer mujer… no me gusta ser madre, criar hijos. A ninguna mujer le levanté la mano, aunque muchas mujeres (esposas de mis amantes, por rechazo a mi condición de travesti, etc.) me han pegado, pero yo respondí con categoría. ¿Por qué esa rivalidad de las mujeres hacia mí si ellas pueden engendrar?

A: (Pienso: Su modalidad discursiva es asertiva, no claudicando en sus posiciones. Siento que se previene de todo mensaje-prédica-intervención que pueda ser entendido como cuestionamiento a su identidad de género). Entonces…

S: Me defino a mí misma como transgénero, con relaciones heterosexuales acorde a mis modificaciones de identidad de género.

A: (Me interrogo: ¿Cuál es el epicentro de la demanda en la solicitud de ser escuchada por un profesional de la salud mental? ¿Búsqueda de alguien que dé cuenta de la precocidad de su sufrimiento en la constitución del sujeto psíquico? ¿Que se testimonie su subjetividad?). Me parece que tu búsqueda de este espacio conmigo no es tomada como un pasatiempo o un intento de mejorar tu perfil dentro de la institución… ¿Qué te hizo pedir que te atienda?

S: Tengo la fantasía de una vida mejor y en eso no me detengo. Me ocupo de mí permanentemente y no siento alegría de vivir, no me acuerdo haber estado contenta por algo. Estar sola y el vacío son mis problemas.

A: (En el transcurrir de la entrevista – cuando sus defensas fueron declinando – sus expresiones fueron más socializadas) ¿Cómo te sentiste conmigo en este primer encuentro?

S: ¡Muy bien! ¿Sabe?... en ninguna cárcel ningún psicólogo me dedicó tanto tiempo. ¿Me va a hacer una devolución de todo lo que estoy diciendo?

A: (Avizoré potencialidad para establecer una básica alianza de trabajo) Si te parece te doy un turno una vez por semana y continuamos trabajando acerca de lo que surgió hoy y lo que vaya surgiendo…

S: Me parece bien…

***

EL MIEDO DE LOS OTROS A QUE ME PAREZCA A TI

Pilar Raffo
Sociedad Peruana de Psicoanálisis

Atendí a Alfredo cuando trabajaba con un grupo de psicoterapeutas que cuidaban de las personas afectadas por la violencia de origen político.

Alfredo, de 11 años, fue traído a la consulta por dos tías paternas. Dijo que de niño tenía una alegría desbordante, era precoz y vivaz, pero había ido perdiendo la espontaneidad y la alegría, comenzando a tener una actitud cerrada y ánimo triste, "permanentemente en las nubes". Nació de una pareja de padres "inseparables" que sin embargo se rompió cuando el padre se involucró con un grupo subversivo. Desde que el padre fue detenido, Alfredo vivió con los abuelos maternos que lo traían a la capital dos o tres veces al año para visitar a su padre en el penal de máxima seguridad. De pequeño le dijeron que su papá estaba en un hospital. A pesar de que lo iba a visitar, no pronunciaba la palabra cárcel. Nunca le explicaron la verdad, sólo hablaban del padre para decirle que cocinaba bien o que él era igualito a su papá de niño.

Me pareció un niño de mirada viva, pero de pocas palabras y muy inhibido. Sólo cuando le pregunté si sabía por qué no vivía con su papá me encontré con un niñito locuaz, que me respondió: "porque mi papi no está de acuerdo con el gobierno, porque él quisiera que todos los niños tengan qué comer, una casa dónde vivir." Cuando le pregunté donde estaba su papá, me dijo: "eso no sabría cómo explicarlo, en un sitio donde le dan de comer. Lo voy a ver, juego y converso con él".

Atendí a Alfredo en distintas ocasiones, por periodos breves que siempre interrumpía sin aviso ni despedida. A pesar de mis recomendaciones a la familia de hablarle con la verdad, ésta no emergía en el diálogo entre ellos, ni Alfredo preguntaba, ni ellos la ofrecían. Tiempo después, la preocupación de la familia se convirtió en temor al verlo un adolescente rebelde, con "mirada dura", y más aún cuando expresó su deseo de ir a la misma academia preuniversitaria a la que había asistido su padre antes de enrolarse al grupo subversivo.

Lo volví a ver a sus dieciséis años, ya había terminado el colegio. Decidí que era necesario un encuadre más firme. Le propuse trabajar un tiempo determinado, con fechas de inicio y final; así quedamos en que, esta vez, no se iría sin despedirnos. Le propuse ayudarlo a ver qué quería él, no la familia ni su papá. "Yo no estoy en el bando de tu familia ni en el de tu papá" – le advertí –, "lo que deseo es que tengas tu propia cabecita y por eso estoy trabajando para ti. Si lo que quieres es ser profesor o ser chef, vamos a conversar tus motivaciones." Necesitábamos propiciar una genuina autonomía y diferenciación; para eso íbamos a "cocinar" juntos sin ninguna receta. Ahora era grande y podía venir solo a su sesión. Durante ese año comenzó a estudiar para ser *chef* y logró entrar a una buena academia. La comida se convirtió en una metáfora de lo que él deseaba hacer: su deseo de cocinar con mezclas propias, eligiendo lo suyo.

Con ese encuadre claro él mismo me planteó su deseo de entender por qué su papá estaba preso. Estaba confundido, su papá le ha dicho que él es un preso político. ¿Qué es un preso político? – me preguntó. En esos momentos pensé que la terapia tenía que pasar por la realidad y que él no se podría diferenciar si no obtenía explicaciones. Le habían ocultado demasiadas cosas y mientras no se explicitaran, el trabajo elaborativo se obstruiría. Yo había percibido además que Alfredo estaba en una situación de riesgo real. Decidí entonces informarle sobre

Sendero Luminoso y los presos políticos. Le proporcioné folletos que hablaban de la violencia en el Perú y sus protagonistas, pensando que serían insumos para poder trabajar con él.

Me contó que su papá le había recomendado ir a la misma academia preuniversitaria que él, pero su familia no quería que fuera. Le dije que era porque su papá fue captado por Sendero Luminoso allí y temen que le pase lo mismo a él. Cuando le pedí opinión sobre eso, me respondió "esa será mi decisión", como buscando reivindicar con firmeza su derecho a ser un sujeto en el mundo. Su respuesta, a pesar de todo, me tranquilizó, pues parecía que había una mayor diferenciación de la que yo pensaba. Me contó que todos estos temas eran tabús para su familia, pero que él quería mucho a su papá, de él le gustaba todo: su alegría, su personalidad, su cocina. Le dije que era difícil crecer así, no sabiendo a quién parecerse, queriendo tanto a su papá por un lado y por el otro, sintiendo temor de parecerse a él. A lo largo del proceso le pude decir que me daba cuenta de su profunda admiración por su papá y cómo lo que lo conflictuaba era la sensación de que siendo como su papá todo el mundo lo iba a mirar mal.

Le propuse ir juntos a la muestra fotográfica de la Comisión de la Verdad y Reconciliación, "Yuyanapaq" y aceptó. Sentía que necesitábamos despoblar los fantasmas para que venga la realidad y que a partir de ello pudiera hacer preguntas. Quedamos en encontrarnos en la puerta del penal a pocas cuadras de la muestra. Lo esperé durante media hora, pensé si debía irme, si Alfredo habría aceptado sólo para complacerme, si en verdad no quería ir. Decidí seguir esperándolo hasta que escuché un toque en la ventana de mi carro. Le pregunté que hubiera hecho si no me encontraba. Rápidamente dijo: "entrar donde mi papá está". Le dije que entonces había pensado que podría no encontrarme. Dijo que sí. Le dije que a lo mejor su parte con más miedo no quería venir y esperó no encontrarme, pero que otro lado suyo quería hacerlo. Subió al carro y fuimos a la muestra, mudos. Yo, igual que él, sentía mucho temor. Pasamos casi dos horas allí, mirando la muestra, leyendo en silencio. Al salir, me dijo "tengo escalofríos y yo nunca tengo frio". Lo abracé diciéndole "es difícil, Alfredo, por eso quería acompañarte, pero me parecía importante que lo veas".

Luego de ese día tuvo dos sueños: en uno ve a su papá con una ropa de baño roja y en otro él está ensangrentado. Asoció con las heridas de su alma referidas a sus padres (la madre también había pertenecido al movimiento, pero había hecho su vida con otra persona y casi no veía a Alfredo) y a la madre que ofrecía llegar y nunca llegaba, y cómo lloraba esperándola. Por esos días yo me ausenté por dos semanas y por primera vez en sesión él llora al recordar la ausencia de sus padres. Comenzó a estar bastante más conversador, deseoso de empezar sus clases, ilusionado con su carrera y hablando de sus planes y deseos. Dijo que a su papá le gustaba que él vea cosas políticas, pero que no le interesaban. No quiere ser como su papá porque no está de acuerdo en cambiar el mundo por métodos de matar, cree que se puede cambiar el mundo de otras maneras, pero no alcanza a decir como. Ha aceptado lo que su papá hizo y dejó de hacer por él. Su cariño hacia él no parece haber disminuido.

A fin de año nos despedimos como habíamos quedado, dejando siempre la oportunidad para que regrese. No lo he vuelto a ver, pero haciendo este trabajo encontré el registro de una entrevista que le hicieron como parte del seguimiento a los pacientes, un año después de la terminación, tenía entonces 18 años:

> Yo venía acá porque no hablaba mucho, me trajeron por eso. Antes yo decía ¿Quién soy? ¿Qué personalidad tengo? Eso es lo que no sabía y ahora sí sé más o menos quien soy, sé qué clase de persona soy, qué es lo que me afecta o me molesta, me alegra o me pone triste. Mis sesiones duraron 6 años más o menos. A veces dejaba de venir y... le decía a mi tía que quería volver porque no me sentía bien, necesitaba hablar con alguien. Me iba como si me hubieran quitado un peso de encima. A la pregunta sobre si algo la incomodó responde: cuando tocamos el tema

> de mi papá, que está preso en el penal. Como yo antes no sabía muy bien por qué él estaba allí, Pilar me dijo que estaba en Sendero, me molestó que dijera eso, pero ella me fue explicando… Pero estoy contenta con las sesiones que he tenido. Ahora me considero alguien más abierto, un poco más extrovertido, ya no soy tan tímido... El cambio más importante ha sido mi personalidad y la comunicación con mi familia.

A través de los años me he preguntado cuan pertinente fue que le diera esa información a Alfredo y si debí llevarlo a la muestra fotográfica, que era bastante fuerte y penosa. Tengo sentimientos y pensamientos encontrados: Me sentí culpable de ofrecerle la verdad. Era un adolescente en busca de una identidad y con el peligro de aferrarse a fanatismos y convicciones sin mucha reflexión; quizá por eso sentí que había que hacer una estrategia, dado el poco tiempo que teníamos. Pensé que Alfredo tenía en ese momento dos alternativas: seguir evadiendo el conocimiento doloroso o asumirlo con la pena que supone sufrir la verdad pero evolucionar en su capacidad de pensar. No me cabe duda, por mi sentir y el de él en la entrevista, que la experiencia de darle la información fue indudablemente violenta, pero abrió un campo de conflicto que le permitió cuestionarse, preguntar, buscar, elegir, fantasear, soñar y también frustrarse, lo que señalaba un progreso en la organización del yo al mantener sentimientos ambivalentes por su padre. A pesar de esto, no puedo dejar de preguntarme si no es posible que haya sido una contraidentificación proyectiva con el padre, quien también utilizó métodos violentos para la solución de problemas que le parecían injustos.

Creo que mi intervención quiso posibilitar otra mirada a la historia que Alfredo trajo y ayudarlo a cambiar su narrativa.

3. La transferencia en nuevos escenarios: WhatsApp y redes sociales[1]

ENCUENTROS TERAPÉUTICOS

Ana Cristina Cintra

Atelier Escuela Acaia y Instituto Çarê

El ejercicio de la libertad de pensar y crear sólo puede ser... practicado.

Luís Cláudio Figueiredo

Cuando estudiamos muchos de los trabajos de naturaleza psicoanalítica realizados durante los tiempos de pandemia del Covid 19, encontramos una infinidad de dispositivos creados y efectivos para la atención y cuidado a pacientes, así como en instituciones y/o proyectos sociales. Para que podamos elaborar consideraciones acerca de muchas de esas

1 El artículo que abre este capítulo, elaborado por Ana Cristina Cintra Camargo, fue realizado en base a los trabajos de los colegas Andrés Gautier, de Bolivia, y Mirta Itlman, de Argentina. Sus respectivos trabajos también componen este capítulo.

iniciativas, es importante destacar conceptos y formas de entender la clínica psicoanalítica y el uso de sus herramientas. De este modo, debemos detenernos en cada demanda que se presente.

En ese escenario, el concepto de *clínica extensa*, sugerido por Fabio Hermann, nos es de gran ayuda. Este autor recupera el concepto de *clínica*, de una postura, un inclinarse ante un fenómeno sobre el cual se desea realizar una investigación. Las demandas exigen investigaciones y cada una es específica y produce conocimientos propios a ella. Son investigaciones de una determinada cultura, de un cierto campo y, por qué no decirlo, de un cierto momento, de una determinada época.

Hermann entiende al psicoanálisis como el método psicoanalítico en acción, y que tanto puede servir a su aplicación más tradicional, la clínica de consultorio, como a formas diversas de contacto terapéutico o incluso como instrumento para análisis de la cultura, literatura, mitos y posee una amplitud de utilización incomparablemente mayor que lo que comúnmente llamamos técnica (asociación libre, atención flotante, interpretación transferencial…). Para él, una simple entrevista puede ser un método psicoanalítico en acción.

Desde su obra inaugural, *Andaimes do real: uma revisão crítica do método da psicanálise* (1979), Herrmann emprendió el esfuerzo de recuperación del método del psicoanálisis y comprensión del acto de interpretar. Buscó poner en evidencia el método psicoanalítico de investigación y cura – la interpretación de sentidos y la construcción de psicoanálisis posible. Él identifica el método como responsable de los efectos del psicoanálisis y explica su interés por el sentido etimológico de la palabra originaria del griego *metá* (más allá de) y *hodós* (camino). Método es, pues, una manera de caminar para alcanzar a un determinado fin, superar un obstáculo.

El sufrimiento psíquico, tanto individual como grupal, se cristaliza en la forma de síntomas. Con el síntoma instalado, el método psicoanalítico sería una de las alternativas para la ruptura de algunos de sus engranajes, creando condiciones para el ejercicio de la función terapéutica. Función terapéutica es el concepto que sostiene la extensión de la clínica: cuida, cura, madura y flexibiliza, haciendo posible un mejor tránsito de los sentidos que se forman en las relaciones humanas (Herrmann, 2005). Una de las vías indispensables de transmisión de la función terapéutica es el contagio a través del campo transferencial, la inmersión en la experiencia.

Otro principio importante es el de lateralidad, considerado por Herrmann como uno de los principios técnicos de la interpretación:

> *[...] cuando hay una especie de repercusión lateral de la ruptura de campo, incidiendo sobre campos vecinos, excitándolos y, muchas veces, propagando el efecto de ruptura de forma imprevista. (Herrmann, 1991, p. 193 [traducción propia])*

Para ese autor, la interpretación es el desciframiento de los significados fuera de la rutina y las intervenciones basadas en ella son el instrumento para que se produzca la función terapéutica. Presenta dos momentos fundamentales: *dejar que surja y tener en cuenta*. El primer exige una actitud de disponibilidad receptiva: la espera de aquello que puede llegar a ser significativo, propiciando la aparición de dos movimientos emocionales. Hay que seguir el deslinde de las fantasías y entonces estaremos listos para tener en cuenta lo que surgió como punto de partida para un movimiento (Herrmann, 2005). Este segundo momento implica decir o hacer algo que llame la atención del paciente o del grupo respecto de lo que está sucediendo.

Estos movimientos son facilitados por una escucha descentrada, diagonal, propia del método psicoanalítico. Estamos hablando de un desencuentro de códigos de escucha:

> *En algún lugar entre lo que dice el analizando y lo que enuncia el psicoanalista hay una especie de traducción, no la traducción de un libro, cuando buscamos palabras cuyo sentido corresponda al sentido en el otro idioma, sino a un otro sentido posible, que también se encuentra allí presente, muchas veces por el revés. (Herrmann, 1999, p. 29 [traducción propia])*

Dejar que surja y tener en cuenta no fue una elección en tiempos de pandemia. El mundo se vio, casi como en un espectáculo de improvisación (donde las reglas del juego son presentadas y los actores improvisan las escenas a cada instante) con la necesidad de crear dispositivos y estrategias para lidiar con lo que surja, y nos impusieron un reposicionamiento ante las formas de actuación y atención.

Podemos recordar aquí las *consultas terapéuticas* idealizadas por Donald Winnicott en el escenario post Segunda Guerra, creando condiciones para que las herramientas psicoanalíticas pudieran ofrecer *el qué* era preciso para cuidar a niños traumatizados y *el cómo*.

El Covid-19 nos trajo la tarea de pensar/actuar en el manejo de niños encerrados, jóvenes y adultos deprimidos, y crear dispositivos para ello.

Encuentros terapéuticos

Basado en las consideraciones anteriores, podemos destacar que los encuentros terapéuticos ocurren en diferentes escenarios, pero subrayaría:

- la importancia para el ser humano de poder hablarle a alguien y creer que lo que dice le interesa/importa al otro;
- que este otro, a quien es dirigido un pedido de alivio del sufrimiento, no tenga prisa en contestar, atribuir sentido, aconsejar, interrumpir;

- el desprendimiento de valores personales y morales;
- la posibilidad de mantenerse abierto al surgimiento de lo nuevo, cuyo significado solo surgirá posteriormente, y la capacidad de quedarse en la duda, en el vacío;
- que la capacidad de captar el afecto precede la adquisición del lenguaje y que tenemos que hacer uso de todos los sentidos;
- quien precisa del alivio tiene que construir la posibilidad de colocar su deseo, estar disponible para esa intimidad y soportar atravesar momentos de búsqueda, de dudas, de gestar.

Las premisas subyacentes a este tipo de trabajo señalan que:

- sucede siempre lo que podría haber sucedido en determinada circunstancia;
- la experiencia vivida dará subsidios a la experiencia siguiente;
- los trabajos tienen que lidiar con la cuestión del tiempo;
- los acontecimientos dan la medida y posibilitan el surgimiento de las historias;
- el conocimiento proviene de quienes atendemos, de la investigación del espacio y de la cultura;
- se trabaja en caliente y al calor de las situaciones, sosteniendo fuerte; hablando bajo, deshaciendo hábitos;
- es más eficaz que presentemos lo que percibimos en pequeñas dosis.

Comparto dos situaciones en las que encuentros terapéuticos fueron posibles y la construcción de las estrategias se fue dando en el trayecto. Un tercero punto se refiere a comentarios sobre trabajos realizados por analistas de Bolivia y de Buenos Aires.

1. *Voces periféricas* aborda la transformación necesaria de un trabajo realizado durante la pandemia con jóvenes de las favelas de las inmediaciones del Ceasa y de Heliópolis, en São Paulo.
2. *Alteridad* – mi acercamiento a D.C., una artista plástica.

3. Un audio de WhatsApp y una plataforma multicanal en diálogo con iniciativas del Instituto Latinoamericano de Psicoanálisis (ILaP) de Bolivia y de la Asociación Psicoanalítica de Buenos Aires (AP de BA).

Voces periféricas

Histórico

El UNAS, organización que actúa hace más de 40 años en la favela de Heliópolis (zona sur de la ciudad de São Paulo) y región, desarrollando proyectos sociales, pidió, poco antes del inicio de la pandemia, ayuda al Ateliescola Acaia (Taller Escuela) para la formación de educadores de los CCA's (Centros para Niños y Adolescentes).

El Ateliescola Acaia es una escuela experimental de educación infantil y fundamental desde 2017, pero funcionó como Ateliê (*Taller*) Acaia en el contraturno escolar desde 1997. Reúne los conocimientos de los primeros 20 años de trabajo organizados en talleres de artes, marcenaría, biblioteca, culinaria, audiovisual, entre otros, conjugando el trabajo junto a las comunidades que atiende en la región del Ceasa, en la zona oeste de São Paulo, con dos carpas escuela (*barracos escola*) dentro de las favelas, atención jurídica, grupos de formación técnica y de generación de ingresos. La escucha psicoanalítica, centrada en el concepto de clínica extensa, siempre fue uno de los pilares del trabajo del Acaia y así se mantiene en las propuestas del taller escuela.[2]

El área elegida para la formación fue la de biblioteca y nuestros educadores fueron encargados de pensar en la propagación de lo que entendemos como el trabajo de una biblioteca viva para intercambiar con los educadores de Heliópolis. Listo: *el campamento del libro, el quinternet, la batalla de cómics, la lectura compartida y los saraos* partirían de la zona oeste hacia la zona sur, uniéndose a las actividades ya existentes allí.

La primera formación con los educadores de los CCA's ocurrió en febrero de 2020, de forma presencial. En marzo, con la pandemia, nos vimos obligados a paralizar, cerrar las programaciones y, ante el impacto y desconocimiento de lo que íbamos a vivir, esperamos para saber cómo proceder. Los educadores de Heliópolis se vieron comprometidos en la realización de *mutirões* (trabajos colectivos) y entregas de canastas básicas, toda una rutina desarticulada debido a la pandemia.

Desde allá llegaban noticias de jóvenes muy deprimidos y de nuestro lado también. Jóvenes necesitaban cuidados psiquiátricos y psicológicos, desorientados por la necesidad de aislamiento y su imposibilidad en los callejones. Adolescentes y jóvenes que, en el momento en que la vida debería expandirse, se ven obligados a retraerse.

---

2 Aunque el contacto haya sido a través del Ateliescola Acaia, el proyecto se hizo posible por el Instituto Çarê (organización sin fines de lucro que se dedica a preservar y difundir colecciones brasileñas relevantes; a fomentar y mapear producciones culturales de potencia singular; a acelerar la investigación en campos que no reciben atención y recursos; y a afirmar, en la práctica, la importancia del arte, de la cultura y de la educación como herramientas de desarrollo individual y colectivo).

Cambia, muda, levanta

Dejando que surgiera y teniendo en cuenta las manifestaciones de los jóvenes, nuestros educadores propusieron una mudanza de rumbo y pensaron en la conexión entre los jóvenes de Heliópolis y los del Ceasa, con las restricciones del momento. La idea que empezaba a tomar forma tenía como objetivo poner a los jóvenes en movimiento, retirarlos de un estado de parálisis y posibilitar que transformaran las angustias que estaban viviendo en creación y cuidado colectivo: empezaba a surgir el movimiento Voces Periféricas, hecho por y para la juventud, conectando a las *quebradas* (término informal que hace referencia a las favelas y barrios pobres o periféricos).

"Guardar las alas y apuntalar a un nuevo horizonte. Aún con las alas recogidas". (Instagram @vozes_perifericas: reproducción. Publicado el 25 de noviembre de 2021, [traducción propia])

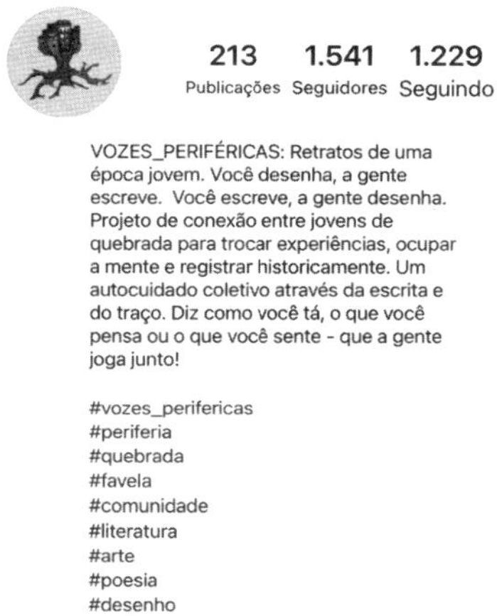

> *"VOCES_PERIFÉRICAS: Retratos de una época joven. Tú dibujás, nosotros escribimos. Tú escribís, nosotros dibujamos. Proyecto de conexión entre jóvenes de la quebrada para intercambiar experiencias, ocupar la mente y registrar históricamente. Un autocuidado colectivo a través de la escritura y del trazo. Di cómo vas, qué pensás o qué sentís – que nosotros jugamos junto! (Instagram @vozes_perifericas: reproducción, [traducción propia]).*

Encuentros semanales, la mayoría en ambiente virtual, posibilitaron la construcción de un lugar donde se podía compartir y respirar en la creación de conexiones entre las personas del colectivo. Este espacio unió habilidades y proyecciones comunes y se tornó un ambiente de aprendizaje, crecimiento, pero fundamentalmente de contención.

Ahora, vamos a algunos de esos registros:

Ramon dibuja Iversson

Engañados
Una pregunta algo íntima: Que en mi vida
Me hace una falta increíble
¿Cómo está tu corazón?
¿Razón o emoción?
Y cuando las máscaras caigan
¿Quién todavía va a fingir?
Tus ropas están teñidas de falsedades
Entonces pará
Desplómate, desaguá
Apuntá con tu lápiz cada dolor
A veces solo necesitamos de un trago de café

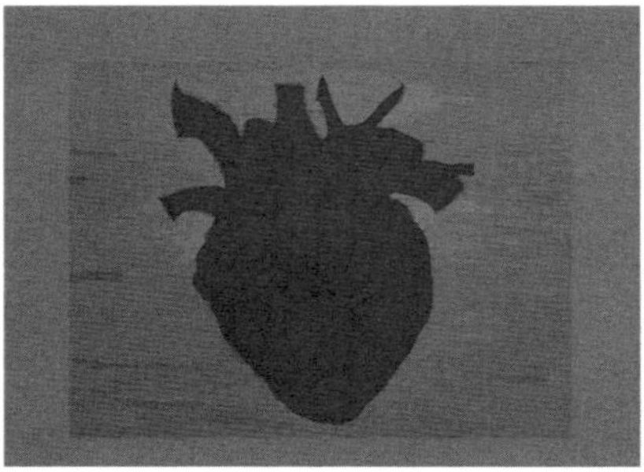

Maria Queiroz dibuja Karoline

Cuerpos reales
No quedar satisfecho con tu cuerpo no viene de defectos
Viene de tu mente
Eso significa que, si cambiamos nuestra percepción
Nuestro cuerpo también cambiará
No físicamente, sino como lo vemos
Nuestro cuerpo que es la única realidad
Que siempre conocemos

Ramon dibuja Simba

Ruta de la vida, déjame seguir mi camino
Avanzando de fase en fase sigo firme y fuerte
aún con espinos
Un sueño tengo desde niño, mi madre
dijo cuidado mi hijo
Dormí con el ojo abierto y sentí en el pecho
Quien lo cierra y los falsos amigos
Vos podés sorprenderte, pero que eso
no te bajonee
El amanecer siempre será lindo
Y en mis brazos siempre tendrás un refugio.

Vemos las publicaciones, los seguidores, los comentarios, la fuerza de uno al otro, el contagio del grupo. ¿Estamos hablando de atención y contención en tiempos de pandemia? ¿Creando oportunidades para que jóvenes compartan sus sentimientos, dolores y preguntas? Espacio para hablar del cuerpo, de la soledad, ¿de la necesidad de afecto? La pregunta que falta e Iversson hace explícita: ¿Cómo está tu corazón?

Las reacciones a la experiencia de la mirada de la sociedad machista y la necesidad de romper con los estándares. *En mis brazos siempre tendrás un refugio,* acoge y reconforta. Asegurados por discusiones, encuentros semanales y seminarios, ¿podríamos decir que la transferencia se produjo en un nuevo escenario? ¿Transferencia de un modelo de atención a otro, de un barrio del oeste a la zona sur y viceversa, de jóvenes que pudieron expresar sus angustias y sentirse apoyados por otros jóvenes, por jóvenes y adultos desconocidos, por otros en las redes sociales que también buscaban ser escuchados? ¿Qué podemos aprender de la pandemia? ¿Qué conocimientos quedan?

Aquí, me gustaría reflexionar con ustedes sobre la transmisión de conocimientos y/o la propagación de la función terapéutica. Los educadores involucrados en la gestión del grupo y posterior colectivo "Voces Periféricas" no están formados por psicólogos, aunque las discusiones y los enfoques pasan por conversaciones con este profesional. Han trabajado durante mucho tiempo en un espacio institucional donde la función de cuidar está presente en cada uno de los empleados, desde el portero y los empleados de la cocina hasta la administración escolar y todos los profesores. Más allá de su experiencia, cada uno está llamado a mirar al otro (ya sea su par, otro empleado o estudiante) en su necesidad de apoyo emocional.

A partir del anuncio de la precariedad de la salud emocional de los jóvenes de allá y de acá, pensaron en las potencialidades de las manifestaciones artísticas y conexiones que podrían ser establecidas entre ellos. Magno Faria (educador/gestor del grupo) relata: "Fuimos a preguntar a los jóvenes y ellos nos trajeron un punto de vista sobre la pandemia desde su óptica con un sesgo poético, el registro de una época. Que pudieran expresarse, que resonara la potencia intelectual, artística y crítica de sus propias voces, estas voces periféricas".

Al crear esta red, permitían que revelaran sus dolores y angustias y las colectivizaran, produciendo un efecto terapéutico en cascada: desde los creadores de los dibujos y textos hasta los seguidores de la página, aquellos que comentaban o impulsaban, hasta los educadores que se permitían desestructurar una actividad y proponer otra, y que luego se encontraban visitados por sus propias angustias generadas por la pandemia.

Educadores que interpretaron el momento en que se encontraban y realizaron el movimiento necesario para que las fantasías fueran puestas en circulación. ¿Contaminación? ¿Principio de lateralidad? Función terapéutica.

Dirán Castro (D.C.): experiencia radical / encuentro con alteridad

Los tiempos son los de la pandemia, reclusión y espera.

Día 1. Conversaba con una prima sobre un colectivo de artistas visuales, ella me contó de la ayuda de D.C. en un proceso difícil que estaban enfrentando. Mi computadora abierta y con cámara prendida en la sala.

Día 2. Prendo la computadora y Google, vía Gmail, me sugiere un curso *online* siendo ofrecido por D.C. con el nombre Retina Colonial. Miren ustedes! Me gusta el título y me anoto. El curso, ofrecido por Espaço CC, proponía pensar en cómo aprendemos a relacionarnos con el mundo a partir de debates sobre decolonialidad, sexualidad, género, raza y clase.

A partir del curso, buscamos contacto directo con D.C. y establecimos una relación que indaga, provoca, suma, inquieta. Podría llamarla de experiencia radical. Experiencias radicales producen perplejidad; son muchas veces del orden de lo irrepresentable. ¿Cómo restabelecer un orden interno, aunque precario?

En mis conversaciones con D.C., fui entrando inadvertidamente en contextos en los que me vi sin repertorio:

> *Contexto de la disforia de género,*
>
> *Contexto de la transfobia del pensamiento negro,*
>
> *Contexto de la violencia y del prejuicio,*
>
> *Contexto de la mortalidad.*

Sus frases resonaban en mí y producían repercusiones que no podía mensurar:

> *La familia es como una floresta, cada árbol tiene una posición.*
>
> *Prefiero ser una prostituta que pinta a una artista que se prostituye.*
>
> *Quiero un lugar donde el negro supera la samba.*
>
> *Transfobia y racismo no son para anticipar nuestra presentación.*
>
> *Yo también lavo los platos.*
>
> *Lo racializado es siempre presente/pasado, vamos a intentar construir el futuro.*
>
> *Yo no soy un cuerpo declarado patrimonio.*
>
> *Aquél que es digno de ser amado (refiriéndose al título del libro de Abdellah Taia).*
>
> *Pronombre de reconocimiento.*

Mi elección es vivir.

Yo no soy activista, ser activista es una elección. Ser trans y ser negra no nos da posibilidad de elegir.

Qué herramienta dejo.

Lo que no se pregunta – somos cuerpos vivos y libres.

D.C. es una artista que usa la prostitución como herramienta de diálogo. Su primera exposición está en exhibición en el Instituto Çarê (presentado anteriormente). Escucharla relatar sus experiencias, visitarla en su casa, saber sobre su cotidiano de mujer negra y *trans* y su obstinación de que usen el pronombre adecuado, que pueda usar el transporte público al mediodía, decir que estar y seguir viva es su mayor batalla y que militancia no es elección, me tiran en un lugar desconocido, quedo a la deriva. *Transferencia* del lugar que ocupo, de inevitable prejuicio moral, a la desestabilización y pérdida de parámetros.

Invitada a escribir uno de los textos de apertura de su exhibición, *Axs Nossxs Filhxs* ("A lxs Nuestrxs Hijxs"), me vi en la imposibilidad de encontrar palabras para describir el impacto de su presencia, producción y alteridad. Fue en la literatura que encontré auxilio. Estaba leyendo *O Ausente*, de Edimilson Pereira de Almeida, y este autor me prestó palabras ante un vocabulario interno todavía por construirse. Su libro no trata del racismo o la transfobia, sino de alguna forma que nos descifraba, a mi y a D.C. Después, otros autores siguieron tornando posible compartir esta experiencia. Así, yo los cito también, inclusive y principalmente la misma D.C.

Esa fístula y esa flor[3]

Mientras avanzaba en las páginas del libro *El Ausente*, su texto me remitía a las vivencias y impactos de mi reciente relación con D.C. El

3 Texto de pared y de folder para apertura de la exhibición *Axs Nossxs Filhxs*.

libro cuenta la historia de Inocêncio, un nacido envuelto en una membrana, y nos relata el autor que un nacido envuelto no es un niño como los demás… nace cubierto y permanece cubierto toda la vida. Su piel es su coraza. Subrayé varios pasajes, marqué palabras desconocidas.

El siguiente texto es un collage de estos fragmentos que me impactaron y no obedece el orden en que fueron escritos, sino el de mis asociaciones. Espero que también tenga sentido para vos.

1. Para empezar

El entendimiento funciona si ponemos cada pieza en su momento, para no perturbar el calendario de la creación.

2. El encuentro con D.C.

En ese momento viví mis dudas todas de una sola vez, ninguna pureza arrogante sirve de espejo para nuestra imagen rota.

Estoy afuera de la piel que me vestía.

3. Quienes somos

Quien se rasga y se cose, sin línea ni dedal, entiende que somos mayores cuando enderechamos la espina, estiramos el cuello y miramos hacia todos los lados. Con nuestros propios ojos. Yo soy así.

Todos nosotros somos esa fístula y esa flor, cada cual responde por la combinación que haga de esas efes, al fin y al cabo, somos iguales: punta y agujero que nacen del mismo golpe.

Casi no sufrí para elegir entre una cosa y la otra: eran todas una, aunque diversas, colchón de espuma y navaja, mal día, mora silvestre… en un momento bienhechora y, en otro, ratonera… nadie se engañe sobre su perfume. Lo que es delicia se pone feo, vinagre… Ninguno entró en esa casa lúgubre y salió sin su dulce miel.

4. El proceso

La mano, siempre ella, pone mejor orden a aquello que conoce, pero se rompió, y no hubo cerzidora que lo pudiera reparar.

La única manera de quitarse de los hombros el pasado es contar una vez más lo vivido, como si fuéramos otra persona.

Uno solo descubre que vive cuando se quita el collar del cuello, cuando va por su cuenta a desmontar la fuerza.

5. Las palabras

El mundo es la piedra de afilar de la palabra. En ese mundo de personas que apenas se entienden, lo bueno es desoxidar la garganta, la lengua, los dientes. Son herramientas que se arruinan con ou sin lluvia.

Esto es, mi amor, una palabra que va al pozo y regresa vacía, va a la cocina y regresa hambrienta.

Nunca supe exactamente qué decían, cómo lo decían me interesaba. El oído no sabe parir con precisión, pero la boca es cuna y calvario.

Mi legado de que debe curar me hablaba: andá, hacé lo que hay que hacer. No midas el sufrimiento de quien sufre por la lengua de quien habla.

4. *Para cerrar*

El humano tiene que salir de la cáscara, caer, quebrar si quiere ser amado. La caída es la salvación y de las pestañas para adentro, cada persona es dueña de sí.

No soy de las grandes acciones, pero dicen que mis argumentos andan a caballo. En verdad, lo que se dice, cuando una persona quiere, está marcado, aunque sea para que sea deshecho con navaja. No hablo para que alguien me entienda, sino para dejar que yo le habite y succione su habla, abeja que soy, fabricante de extraña miel. Pasa que la flor ajena también es extraña y juntos, lo que decimos no entraría en el jardín del Edén.

Pero se sabía: detrás de un aprecio se esconde el precio: hay siempre alguien con permiso para cobrarlo. Para que tuvieras el honor, deberías entregar tu intimidad.

Sabía mejor que nadie que servicio empezado solo vale si se termina.

Escuchá las fieras

> *Pienso en todos estos seres que se adentraron en las zonas oscuras y desconocidas de la alteridad y que regresaron de ellas transformados, capaces de enfrentar 'aquello que viene' de manera no convencional. Ahora actúan a partir de lo que les fue confiado bajo el mar, bajo la tierra, en el cielo, bajo el lago, en el vientre, bajo los dientes" (Martin, 2021, p. 99, [traducción propia])*

La palabra que queda

> *[...] permití sentir extrañeza, un día aprenden, yo aprendí, ellos aprenden, pero tienen que desearlo, desear salir de la ignorancia, es casi como querer aprender a leer y a escribir, tomé la decisión de ver el mundo de otra manera, sentirme más dentro de él, porque la ignorancia hace precisamente eso, excluye, aísla, ¿y no vivía yo aislado? (Gardel, 2021, p. 97, [traducción propia]).*

Tirocinio (D.C.)

¿Cómo decir que el Estado está comprometido con la igualdad ante la ley y la educación siendo que el Estado *blancxcis* gobierna por el miedo, por el odio y por el prejuicio, y no por la justicia y por la educación? Por lo tanto, allí donde la justicia y la educación son blancxcis, no tenemos como decir que son justas. Al ser de esa forma, personas no blancas y no cis, en el contexto de Brasil, ya nacen sospechosas, acusadas y condenadas. La ley y la educación blancxcis son un sistema de blanqueamiento, cárcel, genocidio y epistemicidio.

Hay una frase de Toni Morrison, que D.C. me presentó, que dice lo siguiente: "Si es un libro que querés leer y que todavía no fue escrito, vos tenés que escribirlo – y enmienda – ustedes no logran llegar al cuerpo *trans*."

Trans – del otro lado, más allá, más allá de mí, otro. "Pienso em todos esos seres que se adentraron en las zonas oscuras y desconocidas de la alteridad y que de ellas volvieron, metamorfoseados", dice Natassja Martin. De lo que está más allá de mí, que es otro y que tengo que reconocer en su alteridad. Es más, que tengo el propósito de seguir conociendo, "que ignorancia excluye y aísla", tal como nos interpela Stênio Gardel. "Estoy afuera de mi piel que me vestía", desalojada. Procesando el atravesamiento de memoria, miedo, odio y prejuicio.

Dice la artista que la factura no es suya. "Esa factura no es nuestra!" No es de los negros, ni de las *trans*. La cuenta del prejuicio, del racismo no es de quien nace con marcadores no blancos. Es del psiquiatra hombre, cisgénero, que la trata con sertralina. Es del psicoanalista que todos los miércoles a la tarde tiene que escuchar y lidiar con situaciones que ella trae – situaciones de amenazas y violencia, de estrés creado por la transfobia, de asedio vinculado al prejuicio y cuya clínica debe ubicarse en el debate de la violencia política, fundamental para que se pueda pensar en justicia, ciudadanía y democracia. Es mía, de los blancos y de cómo lidiamos con nuestra blanquitud e intolerancia.

D.C. se propone, en su práctica antirracista, a mucho más que inclusión y diversidad. Su exhibición, denominada *Axs Nossxs Filhxs*, nos convoca a la memoria individual y colectiva sobre personas negras, de un imaginario nuevo – de personas que también leen libros, cocinan, intercambian afectos. Es sobre construir juntos y la libertad de caminar lado a lado con el propio destino.

Axs Nossxs Filhxs no aborda lo que esperamos de las próximas generaciones, sino qué imaginario nuevo les dejaremos. ¿Cómo combatir y prevenir cualquier forma de discriminación y de estigmatización? ¿Quién es o fue el analista en ese proceso? ¿Quién me interpretó a mí y a D.C.? ¿Los autores, nuestro encuentro? ¿Cuál es el proceso de curación que se difunde en esta exhibición?

Un audio de WhatsApp y la atención en una plataforma multicanal: comentario a los trabajos de Andrés Gautier y Mirta Itlman

Recibí dos trabajos propuestos en tiempos de pandemia: uno de Andrés Gautier, del Instituto Latinoamericano de Psicoanálisis (IPA – Bolivia), y el de Mirta Itlman de la Asociación Psicoanalítica de Buenos Aires (AP de BA – Argentina).

El primero es sobre un audio enviado por WhatsApp desde una cárcel. Es muy interesante la propuesta de ese autor (que antes de la pandemia visitaba a su paciente todas las semanas). Él está detenido hace más de 6 años y su delito fue exponer la mala gestión del Estado.

En el audio de WhatsApp, el paciente asocia a Andrés Gautier con su padre por tener el mismo nombre y comunica a su analista lo que "tiene en la mente y el corazón". El analista reporta la importancia de la atención en dos tiempos, o de un espacio protegido para la subjetividad y un espacio de denuncia ante el silencio público y ante un sistema jurídico corrupto y sumiso. El autor retoma Freud e Breuer en *Estudios sobre la histeria,* donde los autores señalan que una ofensa que se devuelve, aunque solo con palabras, es recordada distinto de una ofensa que se aguanta callado.

Acá, el analista no se abstiene de una posición política, de pensar la atención del sujeto histórico. Lo cierto es que, como Iversson, el corazón es grande y tiene que ser escuchado, y el analista vive en la mente y en el corazón de su paciente, pero tenemos que ir más allá y trabajar en los dos tiempos propuestos por Andrés. Así es el texto "Tirocinio" de D.C., respondiendo a un Estado que gobierna a través del miedo, odio y prejuicio. Gautier conoce el número de procesos que tiene su paciente, las torturas a las que fue sometido y que es necesario denunciar. Denuncia diaria de D.C., inconvenientemente tratada por el pronombre equivocado, posición política de transitar por la ciudad durante el día y de buscar apoyo jurídico pues, como dice Thales Coimbra, abogado especializado en derechos LGBTQIA+, "la transexualidad aún es vista como patología, la persona es vista como alguien que necesita cuidados, no derechos". Yo agregaría que todos, personas privadas de la libertad, transgéneras, jóvenes pobres y negras, son sujetos y precisan de cuidados y de derechos.

Mirta Itlman, a su vez, con un programa multicanal dirigido a niños y jóvenes que sufrieron abuso psicológico, físico, sexual y que son víctimas de negligencia, busca crear contenidos "gatillo" para estimular un ambiente de creación de conciencia y apoyarlos para que busquen apoyo psicológico. "¿Cómo demuestran el sufrimiento y piden ayuda?" trae la atención de un joven de 16 años con depresión y fobia social. Además de las plataformas de YouTube, entre otras, también pueden usar el *email.* Su trabajo, como el de *Voces Periféricas,* muestra la utilidad y necesidad de abrir posibilidades de contactos *online,* y que desnudarnos de los prejuicios de formas estándares de atención fue condición esencial para acercarnos al otro.

Hablar de D.C. y de muchos jóvenes que asisten o asistieron al Acaia o proyectos como Unas (Unión de Núcleos y Asociaciones de Vecinos de Heliópolis y Región) y tantas otras situaciones ocurriendo en miles de rincones en todo el mundo, como en el contacto del colega con una persona detenida en Bolivia, es hablar de personas, niños y niñas que transformaron angustias y resentimientos en muchos quehaceres: pintura, dibujo, poema, habla, lucha y creo que el sostén emocional en sus trayectorias ha sido una herramienta esencial.

Hace falta mucho trabajo interno para constituirse de manera saludable dentro de condiciones tan adversas como las que vive gran parte de la población LGBTQIA+, de negros, de jóvenes pobres. El prejuicio y el racismo cotidiano son muy dolorosos. El estrés racista, transfóbico, es algo que ocurre a lo largo de la vida, no se trata de situaciones puntuales sino de una constelación de experiencias. Experiencias que necesitan palabras, estudio y espacios de intercambio.

Quien se dispone a escuchar y estar al lado de personas humilladas, sometidas a violencias y prejuicios debería tener en cuenta la historia, el tiempo cronológico, pero también lo histórico, lo colectivo.

Gonçalves Filho (2004) es un autor que se ha dedicado al estudio sobre la humillación. En su texto sobre Invisibilidad Pública, detalla lo que intento expresar:

> *Está más allá de nuestra imaginación lo que las frases del humillado hacen sentir y pensar. Y si lo escuchamos no en una conversación rápida, si le damos la palabra en situaciones en las que su voz pueda fluir, pueda decir muchas cosas y no solamente lo que presuponemos o soportamos escuchar, siempre una lección, una lección sobre la humillación y la recomendación de algún remedio. Quien desee conectar con el dolor de ciudadanos degradados precisa demorarse entre ellos, precisa repetir y prolongar las visitas, prolongar la charla. Puede llegar a la amistad, que es como una cura para nuestra ignorancia y para nuestra arrogancia (p. 15 [traducción propia])*

"Exceso se cura con exceso", me dijo este autor una vez. Exceso de descuido, con exceso de cuidado. Y me compartió una enseñanza de Ecléa Bosi. Ella le explicó cómo se hace un injerto: Si querés obtener flores mixtas de flores blancas y rojas, no basta con plantarlas lado a lado, yuxtaponer, menos aún plantar una sobre la otra, tenés que apoyar la raíz de la flor roja, de la flor blanca, conectar la savia a la savia, atar bien y luego plantar, entonces surgirán las flores mixtas. Si deseamos entender la humillación social tenemos que estar dispuestos a vivir transferencias, transmisiones de angustias demoledoras y sanadoras. La cura de la humillación ocurre en la posibilidad de la igualdad, que no implica supresión de las diferencias sino la convicción de que nadie es superior a nadie.

Necesitamos espacios en los que estas relaciones sean vividas y permitidas. Aprendemos a ser racistas y prejuiciosos en una sociedad en la que blancos y negros, cisgéneros y *trans* ocupan lugares tan distintos. Tenemos que construir estrategias y tener respuestas para eso, alcanzando puentes más sólidos. "Es necesario escribir en la superficie que es ofrecida, de la manera en que ella se presenta", me dijo una vez Fabio Herrmann. ¿Podemos decir que Encuentros terapéuticos fueron posibles en el colectivo Voces Periféricas y en mi encuentro con D.C.?

Los educadores y jóvenes de Voces construyeron una plataforma de intercambio y sanación colectiva. La función terapéutica se dio acá por la transferencia cruzada entre mí y D.C.

Necesité voces prestadas, transferencia con autores literarios, antes de ser capaz de crear vocabulario ante el exceso. Transferencia necesaria para lo desconocido, para la alteridad, el campo abierto y su ruptura frente a lo desconocido. Son encuentros que duran dentro de nosotros.

***

Bibliografía

Almeida, E. de A. (2020). *O ausente*. Relicário Edições.

Camargo, A.C.C. (2004). *Clínica Extensa, a psicanálise onde ela se faz necessária*. Dissertação de mestrado. Departamento de Psicanálise, Pontifícia Universidade Católica de São Paulo.

Camargo, A.C.C. (2015). *Ateliê Acaia e Clínica Extensa: uma pers- pectiva psicanalítica na construção de um projeto institucional*. Tese de doutorado. Instituto de Psicologia, Universidade de São Paulo.

Cintra, A. C. (2021). *Oficina dos sentimentos*. Appris.

Gardel, S. (2021). *A palavra que resta*. Companhia das Letras.

Gonçalves Filho, J.M. (2004) A invisibilidade pública. Em F.B Costa. *Homens Invisíveis – relatos de uma humilhação social*. Globo.

Herrmann, F. (1979). *Andaimes do real: uma revisão crítica do método da Psicanálise*. E.P.U.

Herrmann, F. (1991). *Clínica psicanalítica: a arte da interpretação*.

Brasiliense.

Herrmann, F. (1999). *O que é psicanálise: para iniciantes ou não*.

Brasiliense.

Herrmann, F. (2005). A psicanálise e a clínica extensa. Em L.M.C. Barone *et al.* (org). *III Encontro da Teoria dos Campos por escrito*. Casa do Psicólogo.

Martin, N. (2021). *Escute as feras*. Editora 34.

INTERVENCIÓN EN DOS TEMPOS

Andres Gautier
Miembro de la IPA (Bolivia)

Un audio enviado por WhatsApp, desde la cárcel:

> *Buenas tardes, Dr. Andrés Gautier. Andrés se llamaba mi padre, le cuento. Y siempre usted está en mi mente, en mi corazón, en mi pensamiento, Dr. Andrés Gautier. Me trae recuerdo a mi padre, tiene el mismo nombre. Primeramente saludarlo, siempre es grato hacerle llegar un mensaje o saludarlo. Siempre está allí, muchas gracias. ...Y quiero agradecerle a ustedes siempre y a todo el equipo del Itei,*[4] *porque ustedes me ayudan a quitarle el maquillaje al Estado, a ese Estado que cada vez nos demuestra su fragilidad con una crisis profunda de la institucionalidad y del Estado de derecho. Como usted dice, no sabemos que hacer. Al interior del país no pasa nada y estoy esperanzado en el grupo de trabajo... Si usted puede acompañarlo y participar de esa reunión que va haber... Que... participe y escuche. Usted que me conoce en persona, puede dar su testimonio de las cosas como vivo yo aquí. Porque es otra cosa ver al ser humano, como usted y yo nos conocemos y nos vemos. Nos hemos mirado la cara, hemos tomado un mate y hemos conversado. Para mi es importante porque ya hace mas de 3 años que hace seguimiento de mi caso... Reitero mis saludos, mi agradecimiento, muchas gracias por tanta generosidad y abrazo.*

4 Instituto de Terapia e Investigación sobre las secuelas de la tortura y violencia de Estado.

Hasta la Covid-19, visitaba esta persona una vez por semana en la cárcel. Desde entonces tuvimos que interrumpir los contactos presenciales, optando por la vía digital. Está en detención preventiva desde más de 6 años sin pruebas de culpabilidad, porque no hay. Su culpa es haber descubierto malos manejos económicos en el seno del gobierno de turno.

El carga una acumulación de más de 200 juicios en todo el país, ha sufrido actos de tortura y malos tratos tal como está definido en la Convención de las Naciones Unidas contra la tortura y que hasta la fecha el sistema jurídico-policial no ha logrado quebrarlo. Es un caso típico en donde el trabajo en dos tiempos es fundamental, el tiempo de la psicoterapia-psicoanalítica y el tiempo de la denuncia.

Para pensar la denuncia psicoanalíticamente, es bueno recordar un pasaje redactado por Freud con Breuer en *Estudios sobre histeria*, donde presentan mecanismos psíquicos constituyentes de la "neurosis traumática" y establecen una suerte de ley:

> *Lo que sobre todo importa es si frente al suceso afectante se reaccionó enérgicamente o no. [...] desde el llanto hasta la venganza. Si esta reacción se produce en la escala suficiente, desaparece buena parte del afecto [...] Si la reacción es sofocada, el afecto permanece conectado con el recuerdo. Un ultraje devuelto, aunque sólo sea de palabra, es recordado de otro modo que un ultraje que fue preciso tragarse. (Freud, 1983-1895, p. 34)*

Este enunciado es significativo porque los dos autores expresan un reconocimiento explicito del carácter traumático que puede tener un ultraje si no puede ser respondido y postula el principio de equivalencia de la reacción frente al daño sufrido para superar el trauma potencial. En nuestro caso, frente al daño estatal, es decir público y la persistencia del daño, la reacción tiene que ser pública contra el Estado y continua.

La transferencia, aquí, está ligada a los dos tiempos: a la alianza psicoterapéutica y la alianza social frente al "monstro grande", lo que permite la creación de un espacio protegido para la subjetividad. En este caso, viendo su situación enfrascada en juicios en todo el país, frente a una justicia nacional corrupta y sumisa y considerando el peligro de la desesperación frente a un silencio público, le manifiesto la necesidad de una denuncia internacional que ahora se ha vuelto realidad.

Este *acting out* en pro de la denuncia y mi participación en el grupo de trabajo, donde mi función es trabajar sobre los hechos de tortura y sus efectos para la denuncia ante la CIDH,[5] tiene que ver con un tema de sobrevivencia.

La lucha por la prevención de situaciones traumáticas necesitan los dos tiempos que se pueden también dividir en el tiempo de la abstinencia que permite al individuo dar campo a la subjetividad, a lo emergente del sentir y pensar y el tiempo del actuar en defensa de la vida y la dignidad humana, estos dos tiempos siendo profundamente relacionados como lo expresan las palabras del audio.

Bibliografía

Freud, S. (1893-1895). *Estudios sobre histeria.* Amorrortu.

***

ABUSELINE S.O.S. ESTOY EN PELIGRO

Mirta Itlman
Asociación Psicoanalítica de Buenos Aires

Abuseline: programa multicanal, multidisciplinario, interactivo dirigido a niños y jóvenes que sufren abuso psicológico, físico, sexual,

5 Comisión Interamericana de Derechos Humanos.

negligencia. Dada su indefensión y dependencia, obligados a callar por los adultos-agresores de su entorno, difícilmente llegan a los consultorios. ¿Cómo hacen para dar a conocer su sufrimiento? ¿Cómo *piden ayuda?*

Las redes sociales son el modo natural de comunicación de las nuevas generaciones. Los chicos exploran, buscan, encuentran, piden consejos, ayuda, arman comunidades participativas. Les atrae lo que les habla a ellos, los que los identifica con ellos mismos y con otros. Son un "medio ambiente" para expresar las emociones y dejar de estar invisibilizados.

Utilizando el concepto de *e-salud*, se crean contenidos en español e inglés en diferentes plataformas (YouTube, Instagram, FB, Roblox) en el propio lenguaje verbal y no verbal de los niños como un "disparador" que estimule un intercambio concientizador. El objetivo es brindar apoyo y contención con señalamientos que les permita activar recursos psicológicos para comprender lo que les sucede, abordar las situaciones adversas y darles sentido al dolor. Una guía para activar aquello que quedó trabado en su desarrollo.

Paralelamente se impulsa una campaña de sensibilización social. La evolución de las heridas infringidas a los niños y jóvenes depende del medio social, de un discurso empático que crea en sus relatos.

A modo de ejemplo

Paciente (P): Me siento muy mal, vacío, solo, no tengo ganas.

Terapeuta (T) : ¿Alguna idea de porque te sientes así? Es importante tratar de entender, reflexionar y pensarse. #Te escucho #tecreo, #teayudo.

P: Mi vida es muy vacía, no me aceptan socialmente. Me siento raro, de niño me sentía mejor, ahora nada me importa. Si me aceptaran socialmente sería feliz, tendría una novia nuevas experiencias, viviría a mi manera. Me parece que sufro depresión, me gustaría hablar con alguien estoy solo y todos me ignoran.

T: Lamento que te sientas así. ¿Desde cuándo? ¿Porque crees tú que no te aceptan?

P: Mi personalidad… hace dos años que estoy así.

T: ¿Y como es tu personalidad? ¿Te pasó algo hace 2 años?

P: Es raro, paso esa pregunta. Te soy honesto, no creo que una línea de ayuda me pueda ayudar mucho. Pero me gusta hablar contigo. Y te digo que nada me paso y ese es el problema. NO PASA NADAAA. Ningún evento. No tiene sentido mi vida.

T: Soy psicóloga de niños y adolescentes ¿seguimos, intentamos? Ya que te sientes bien hablando conmigo. Entiendo que quieras tener amigos y novia, pero quizás al mismo tiempo temas la intimidad, ser cuestionado, estar expuesto, invadido en tu privacidad, no ser comprendido.

P: Temo de mi privacidad porque quiero que la gente guste de mis partes buenas.

T: Entonces es importante que las muestres, así comienzan a verlas y a verte de otra manera. O quizás estés muy atento a la mirada de los otros, sensible a ellas. A veces pensamos cosas de nosotros mismos y creemos que los otros piensan lo mismo.

P: ¡No estoy atento a la mirada de nadie, ni sensible! Es que no tengo la habilidad de mostrarme como soy. Estoy enterrado. Desde hace años intento salir de la fosa, pero ya no puedo, es muy estresante. Todo lo que quería de chico ya no quiero, entonces no tengo donde buscar. La sociedad me arruinó, me rechaza todo el tiempo.

T: ¿Qué cosas te gusta hacer en tu tiempo libre? ¿Qué te hacen sentir bien? ¿Qué cosas de vos te hacen sentir más a gusto? ¿Algún sueño que te ayude a seguir adelante?

P: Me gusta la música.

T: ¡Qué bueno! ¿Tocas algún instrumento, en alguna banda? Ser parte de un grupo que tenga los mismos intereses que los tuyos es una buena manera de reconstruir tu vida social.

P: Lo haré en cuanto tenga la oportunidad.

T: ¿Cuántos años tienes?

P: Dieciséis y supongo que me gustaría unirme a un grupo deportivo soy hábil en eso. Pero tengo miedo, cuando la gente me rechaza como en mi familia, o en el colegio trato de pensar que sentirme ofendido por esas cosas no tiene sentido y no me sirve. El problema es que nadie quiere hablar conmigo y termino aislado.

T: Comprendo tus ganas de sentirte mejor con vos y con los otros pero el miedo al rechazo hace que te alejes. Muchas veces un nuevo grupo es una nueva oportunidad.

P: Pero tengo esperanza. En un año me gradúo y tengo cosas que hacer en el verano. Voy a luchar en contra de mi ansiedad social. Me doy cuenta que mis problemas no son solo mis circunstancias, soy también yo y puedo cambiar mucho. Creo que es solo depresión por un tiempo y me voy a curar.

T: ¿Algún adulto de tu confianza sabe de tu sentir? ¿Has realizado alguna consulta psicológica por tu depresión y ansiedad social?

P: Nadie sabe. Todavía me gustaría contactarla cuando pueda. Hay algo que me quiera ofrecer además de los comentarios por YouTube.

T: Gracias por la confianza y por compartir. ¡Por supuesto! Me puedes escribir a abuselinesos@gmail.com cuando quieras. Espero tus noticias. Que estés bien y hasta pronto.

El analista se reinventa en un nuevo territorio: las plataformas digitales

La comunicación se caracteriza por la sorpresa, lo imprevisto, lo remoto conjuntamente con la utilización de los *emojis* para expresar emociones han sido un desafío de comprensión e implementación. ¡Ella es un desafío! En algunos momentos no es fácil comprenderla o implementarla. El uso de los *nicks* identifica a los usuarios permitiendo el anonimato que los mantiene al resguardo de las consecuencias que puedan tener en su medio. Para el profesional desconocer las edades, lugar de procedencia, estatus social, son factores limitantes datos que ayudarían a precisar el tipo de intervenciones a efectuar tomando en cuenta las diferencias culturales y grupos etarios.

Otras competencias a desarrollar es la atención sostenida y la premura en responder. Es importante que el intercambio no se interrumpa y se continúe con el despliegue del mundo interno para poder dar respuestas que sean beneficiosas psicológicamente detectando que tipo de problemática los lleva a conectarse y el tipo de ayuda que pueden incorporar.

La ausencia de señales no verbales indicadores de emociones, sensaciones, pensamientos que amplíen la comprensión del mundo intra e intersubjetivo incrementa en el analista la curiosidad, llevándolo a realizar muchas veces demasiadas preguntas para continuar el intercambio, pero pueden ser abrumadoras para los niños y jóvenes abordando varios ejes de manera simultánea.

La situación de soledad y vulnerabilidad en que se encuentran promueven sentimientos altruistas y esperanzadores en el analista. También han aparecido relatos inauténticos percibidos como una "estafa emocional". Los asistidos escasas veces retoman el contacto y pueden ser interrumpidos de forma abrupta. Estas desconexiones generan frustración y desconcierto provocando sentimientos de inseguridad en relación al efecto de las intervenciones. ¿Les ha sido suficientemente útil lo compartido? ¿Fueron descubiertos por los agresores? ¿Les ha resultado la experiencia demasiado abrumadora?

Otra singularidad de este quehacer es dar respuesta a las preguntas personales al profesional o tener que salir del anonimato entendiendo que éstas se realizan por una necesidad de saber si somos confiables.

Lo que permanece constante es la mente del analista con su actitud empática y su captación contratransferencial.

Nota: El "quédate en casa" impulsado por el Covid-19 incrementó el uso de está vía de ayuda.

PARTE II
Clínica de la comunidad

4. Escucha y atención en grupo: nuevos dispositivos y desafíos[1]

CONFIANZA EN EL ANTEOJO, NO EN EL OJO

Jorge Bruce
Sociedad Peruana de Psicoanálisis

Au fond de l'inconnu pour trouver du noveau!
Baudelaire (*Le voyage*)

Hace algún tiempo di una clase acerca de la dinámica del racismo, desde una perspectiva psicoanalítica, en el Instituto de la Sociedad Peruana de Psicoanálisis. Pese a ser uno de los problemas más acuciantes de la sociedad – en la acepción primigenia de la palabra – y no solo la peruana, no es abordado de manera sistemática en la mayoría de los

1 El artículo que abre este capítulo, elaborado por Jorge Bruce, fue elaborado en base a los trabajos de los colegas Sofía Arbeláez, de Colombia; Luiz Moreno Guimarães Reino y Eliana Caliguri, de Brasil; y Luis Bibbó y Silvana Hernández, de Uruguay. Sus respectivos trabajos también componen este capítulo.

institutos del orbe psicoanalítico. De modo que aproveché con entusiasmo la ocasión que se me ofrecía. Volveremos sobre ese encuentro, pero antes quisiera decir que observo con inmenso respeto los esfuerzos de muchos colegas de nuestra región, a fin de llevar el psicoanálisis allende las fronteras de consultorios y sociedades: A Cielo Abierto – iniciativa de Fepal promovida por mi amiga Magda Khouri – Extramuros, de APU, Psicoanálisis en Salida en Colombia o actividades como la organizada entre analistas de la SP de São Paulo y la ONG Unas (Unión de Núcleos y Asociaciones de Vecinos de Heliópolis y Región). Estas son algunas de las experiencias creativas adoptadas por colegas que admiro y aprecio. A raíz de la pandemia, se han multiplicado estas salidas al campo – expresión no exenta de ambigüedad –, como el caso de Psicólogos Contigo, experiencia liderada por mi sociedad, la Sociedad Peruana de Psicoanálisis (SPP), premiada en el congreso de la Associação Psicanalítica Internacional (IPA) en Londres.

No obstante, mi impresión es que hace falta una vuelta de tuerca no solo metapsicológica, sino también técnica. No es cuestión tan solo de llevar nuestras cajas de herramientas adonde no suelen llegar, siguiendo el modelo de médicos sin fronteras. Más bien pienso en la necesidad de permitir que la problemática de nuestra región, descrita cada vez más en los trabajos de colegas latinoamericanos, transforme nuestra práctica desde sus raíces. Me pregunto si no hay que efectuar una refundación conceptual, para lo cual es preciso dejar que las situaciones dramáticas de desigualdad, fragmentación y violencia que suelen ocurrir en zonas alejadas de nuestros consultorios, ingresen y nos confronten. Nos obliguen a repensar nuestra actividad.

El camino ha sido – y continúa siendo – hecho al andar, como nos invitaba Machado, desde inicios del siglo XX por vanguardias tales como el movimiento antropofágico brasileño. Su *Manifiesto antropofágico* de 1928, liderado por Tarsila do Amaral y Oswald de Andrade, es un faro que continúa iluminando las tinieblas que nos circundan. Su apuesta por incorporar al otro proveniente de las antiguas potencias coloniales, a fin de asimilar lo que haga falta y crear un arte latinoamericano, resuelve de manera dialéctica la antítesis entre nacionalismo y cosmopolitismo.

Luego vinieron nuevas y valiosas aventuras literarias y artísticas, las cuales demostraron cómo apropiarse de las técnicas y relatos de los grandes centros de producción intelectual y artística, canibalizándolos para poder contar nuestras propias historias. Aquellas que emanan de nuestra problemática y no están limitadas a repetir, a ser notas a pie de página de las grandes creaciones de las otrora potencias coloniales. Es lo que ocurrió con los escritores del Boom, por ejemplo. En las Ciencias Sociales hemos visto un proceso análogo. Al adentrarse en el corazón de Latinoamérica, su método importado requirió no solo ser adaptado, sino transformado de raíz.

Carlos Granés, un pensador colombiano contemporáneo, ha escrito un libro formidable para poder pensar lo que intento proponerles: *Delirio americano* (2022). Contraponiendo las trayectorias de artistas, intelectuales y políticos desde inicios del siglo XX hasta la actualidad, nos lleva de la mano, país por país de Latinoamérica. Desfilan ante nuestra mirada deslumbrada José Martí y Juan Domingo Perón; César Vallejo y Fidel Castro; Gabriela Mistral y Doris Salcedo. Con una erudición apabullante y una asombrosa capacidad para trenzar episodios en apariencia disímiles e inconexos, el colombiano nos lleva de país en país, de cultura en cultura, a través de nuestra hibridez. Nos encontramos con Óscar Niemeyer y Roberto Bolaño, toda la cohorte de nuestros dictadores, yuxtapuestos con Rubén Darío y Caetano Veloso. Es una profunda inmersión en los meandros de nuestra historia. En esa misma línea, aunque desde una perspectiva menos académica y más bien apegada a la crónica, se encuentra el libro de Martín Caparrós (2021), *Ñamérica*. Tan enjundioso como el de Granés pero en una clave más personal, el argentino nos conduce desde las fronteras del río Grande hasta El Alto de La Paz, Bolivia. De los puestos ambulantes de comida centroamericanos al reguetón.

Cito estas dos obras impresionantes pues, a mi entender, nos enseñan a conocer lo que nos rodea y moldea, pero mostrándonos nuestros puntos ciegos y opacidades, nuestras alucinaciones negativas (el borrado activo de una percepción), nuestras negaciones. Es interesante constatar que la única psicoanalista que aparece en ambos libros (los dos tienen más de 600 páginas cada uno), es la madre de Caparrós. Por lo demás, se extraña nuestra presencia. O acaso nuestra ausencia es un síntoma de la manera en que no hemos sido capaces de insertarnos en nuestra realidad circundante, salvo excursiones meritorias como las arriba evocadas.

El título de este artículo es un verso del poema "Los nueve monstruos", del peruano César Vallejo. Es menos una exhortación que una paradoja. Al no poder mirar más allá de las fronteras de nuestros arsenales conceptuales, al permanecer refugiados en las paredes de nuestros consultorios en los barrios más pudientes de nuestras ciudades, hemos consolidado un aislamiento que hoy intentamos, felizmente, romper. Sin embargo, como estoy procurando demostrar, esto nos confronta con un dilema: ¿Ese viaje extramuros requiere un equipaje que ya poseemos y conocemos? ¿Basta con nuestros instrumentos de navegación habituales? Estos vendrían a ser el anteojo. ¿No será preciso hacerlos a un lado y dejarnos invadir por aquello que descubre el ojo?

El poeta francés Charles Baudelaire, en *Las flores del mal*, en el último verso del poema "Le voyage" (El viaje), nos indica esto:

> *Nous voulons, tant ce feu nous brûle le cerveau,*
> *Plonger au fond du gouffre, Enfer ou Ciel, qu'importe?*
> *Au fond de l'Inconnu pour trouver du nouveau!*[2]

2 "Deseamos, tan puede la lumbre que nos quema,
caer en el abismo, Cielo, Infierno, ¿qué importa?
Al fondo de lo ignoto, para encontrar lo *nuevo*".
(traducción propia)

Cito el poema en francés pues me parece muy superior a la versión traducida de Antonio Martínez Sarrión para Alianza Editorial. La frase clave, sin embargo, es la última. Implica aceptar que es preciso adentrarnos en lo desconocido para hallar lo nuevo. Para nosotros, psicoanalistas, el desafío consiste en olvidar nuestro saber y enfrentarnos desarmados con ese mundo creado por la marginación y la discriminación, el racismo y el clasismo, que siempre estuvo ahí. Pero lo ignoramos recurriendo a nuestros conceptos más elaborados. Algo así como lo que deberíamos hacer con cada paciente, escuchar sin prejuicios, deseo ni memoria, pero con un enfoque que hemos eludido en la intimidad del consultorio. La alucinación negativa de Freud, citada por Edward Said (2003), permite vivir como si esas multitudes de inmigrantes de nuestros propios países – campesinos desplazados del campo a la ciudad, por ejemplo, pero también venezolanos desesperados – no estuvieran ahí. Invisibilizados como si no existieran. Huelga decir que este es un mecanismo de defensa al que recurrimos para tolerar el sufrimiento ante tamaña desolación.

Ahora retorno a la clase sobre psicoanálisis y racismo evocada en el primer párrafo.

Desde que publiqué un libro sobre psicoanálisis y racismo, cuyo título es *Nos habíamos choleado tanto* (Bruce, 2007), el cual ha sido objeto de sucesivas reimpresiones y, recientemente (2019) objeto de una reedición por Penguin Ramdom House, este vínculo problemático se ha hecho parte indesligable de mi vida. El éxito de la publicación – mi editor de Penguin lo denominó un *long seller* – dice mucho acerca de la falta que hacía un acercamiento subjetivo a un flagelo abordado múltiples veces por grandes pensadores peruanos – desde José Carlos Mariátegui hasta Marisol de la Cadena y Gonzalo Portocarrero –, pero desde el ángulo de las ciencias sociales. En mi texto abordo, por ejemplo, las reacciones de una joven representativa de las mayorías ante los fenotipos predominantes en la publicidad, el sufrimiento causado por las microagresiones racistas cotidianas, el trato al personal de servicio doméstico, etcétera.

En la clase mencioné algo de esto y, en el diálogo suscitado con los candidatos, surgió el asunto de la relación madre-bebé. Una persona en el salón propuso la idea de que, siguiendo el modelo propuesto por Esther Bick (1964) para la observación de infantes en 1948, lo medular era la mirada amorosa de la madre. Pensaba que si la madre era capaz, pese a todas las privaciones, de mirar a su bebé con ternura y aceptación, esto lo pondría a cubierto de las acechanzas antes esbozadas. Hablábamos, claro está, de personas viviendo en barrios urbanos marginales, que en el Perú reciben el nombre de asentamientos humanos[3].

Me pareció un comentario valioso e interesante. Sin duda la mirada cariñosa de esa madre capaz de acoger a su bebé con lo mejor de sí misma, pese a las durísimas condiciones de su existencia, podría otorgarle a ese bebé recursos de supervivencia psíquica invalorable. Sin embargo, comenté, el ejemplo era excelente para entender mejor la magnitud del problema al que nos enfrentamos. Pues, precisamente por ese amor y la concomitante identificación materna, ¿puede esa madre suficientemente buena desconocer lo que le espera a ese bebé, nacido en circunstancias desfavorecidas, cuando tenga que enfrentarse a todas las agresiones de una sociedad rígidamente estratificada a fuerza de discriminación? ¿No habrá, entremezclado con ese amor sublime, una angustia anticipada por lo que deberá sufrir esa criatura cuando deba salir del entorno relativamente seguro en el que se encuentra? Recuerden que ya desde entonces es probable que su alimentación sea insuficiente y las condiciones de subsistencia, precarias, cuando no, crueles.

3 Lo cual remite, acaso de manera inconsciente, a los primitivos asentamientos de agrupaciones instaladas antes de la llegada de los conquistadores españoles y la instauración de la colonia.

Sin proponérselo, la avispada analista en formación nos proporcionó el que acaso sea el límite, la frontera que debemos – y acaso no queremos – atravesar.

Más allá de la polémica acerca de la técnica de observación de infantes – André Green, mi analista y maestro, se oponía a que se le considere una actividad psicoanalítica, tal como Antonino Ferrro o Florence Guignard –, es una práctica muy extendida en institutos de formación alrededor del mundo. He leído informes de gran finura clínica, a menudo efectuados en hogares "asentados" en la precariedad económica, social, vincular. Pese al enorme interés de las observaciones efectuadas y la gran empatía que trasuntan, es sistemática la ausencia de registro en torno a lo que la madre puede transmitir, más allá de las coordenadas afectivas.

Mi hipótesis es que la mirada de la madre viene imbuida de todos los matices de los afectos y ambivalencias que Esther Bick nos enseñó a distinguir, claro está. Pero también es el primer contacto con la cultura que impacta en ese bebé. La madre es el emisario de la sociedad en la que ha nacido ese bebé. Más precisamente, del lugar en la sociedad en el que le ha tocado nacer.

Enredados con esos afectos, encontraremos toda suerte de intuiciones y preconceptos acerca del tono de piel, los rasgos, el color de los ojos, el cabello, la talla, etcétera. Esos datos en apariencia circunstanciales pueden determinar, como en los cuentos de hadas, el destino del bebé. Por lo menos para su madre. Maldición o bendición, o ambas. Sin embargo, nuestras observaciones están circunscritas por lo que consideramos la mirada clínica, obviando o disociando otro sufrimiento que asignamos a la casilla de lo socioeconómico. Como si esa angustia no nos concerniera, no fuera parte de la dimensión propiamente psicoanalítica. Además, esa mirada no es, todo lo contrario, exclusiva de la madre. El o la observadora viene equipado con su propio bagaje de prejuicios y estereotipos, los que procura hacer a un lado a fin de poder realizar su tarea en las condiciones más asépticas posibles. ¿Y si esa autoexigencia es una modalidad encubierta de represión?

No se trata tan solo de lo que una joven y talentosa terapeuta en una supervisión grupal efectuada por el suscrito, denominó el eje social. Como diciendo: es importante tenerlo en cuenta pero no forma parte de nuestra tarea clínica. Esta visión es compartida por una gran cantidad de colegas. Tengo la impresión, sin embargo – y este libro es una muestra de esto – que se está produciendo un cambio sustantivo, si bien gradual y no exento de reluctancia. La tradicional postura oficial de que el analista puede intervenir en la polis como ciudadano, pero no como analista, está siendo debatida y eso es una buena noticia.

Ese debate, como puede inferirse de las consideraciones anteriores, no se limita a intervenciones públicas como las de participar en medios de comunicación o redes sociales. Esta participación es necesaria y hoy muy pocos la cuestionan. Los analistas no podemos seguir poniéndonos de perfil ante las inicuas desigualdades, las cuales a menudo se traducen en violencia, de nuestras fragmentadas sociedades. En el corazón de nuestra práctica y conceptos, sin embargo, es donde es preciso preguntarnos si tenemos las herramientas adecuadas para enfrentar situaciones como algunas de las aquí mencionadas.

Puede que sí las tengamos y que nuestras anteojeras y ortodoxias nos impidan hacer un uso más abarcador de las mismas. Puede que no. Entonces sería preciso trabajar en el desarrollo de esas nuevas técnicas de observación, esos nuevos conceptos e intervenciones. No pretendo responder a interrogantes de esa envergadura en estas líneas. Lo que puedo hacer es, a partir de algunas experiencias que han sido sometidas a mi consideración por quienes promocionan esta obra, acercarnos a estos dilemas.

En el trabajo de los analistas de São Paulo con la ONG Unas hay algunos ejemplos terribles – pero hermosos por las creativas intervenciones de los miembros de la ONG – que proporcionan un excelente punto de partida. Al igual que en otros casos que me ha tocado leer y en ocasiones participar, el primer dilema que enfrentamos es el del encuadre. ¿Ese dispositivo indipensable en nuestra práctica de consultorio puede subsistir en esas comarcas alejadas de nuestros recintos protegidos? Releo el clásico texto de André Green (2002) sobre sus ideas directrices para un analista contemporáneo, en donde el encuadre, está conformado por la matriz activa (asociaciones libres, atención flotante) y el "estuche" (*écrin*: horarios, duración de las sesiones, honorarios, etcétera). De esta manera se instaura una ley ubicada por encima de los participantes en el encuentro analítico.

No obstante, en el trabajo de los colegas brasileños, lo primero que salta a la vista es que atenerse al encuadre tradicional es lo que *no* hay qué hacer. El encuadre en ese centro de acogida para niños es un contrato. El problema es que si se atienen a los términos de referencia del contrato, dejan fuera el resto de desmesura y precariedad que es el pan de cada día (paradójica metáfora en ese contexto de hambre) de esos niños. ¿Eses demás elementos (excesos y precaridades) son irrepresentables? ¿Ese *hubris* excede los límites de la simbolización? ¿Se puede mantener el encuadre y asumir el costo de abandonar a su suerte – hambre, violencia es lo que se aprecia en los ejemplos citados – a los niños que acuden al centro?

Sin duda hay situaciones inaccesibles en un entorno tan violento y desprovisto de servicios esenciales como los descritos en éste y otros trabajos. Estamos, en más de un sentido, en territorios no cartografiados. Habrá ocasiones en que el encuadre funcione como un bastión de resistencia que impida el ingreso de los materiales disruptivos, y otras en donde sea la única manera de preservar nuestra presencia y participación en ámbitos de extrema carencia.

Así como el encuadre requiere ser reformulado o adaptado – en todo caso repensado –, lo propio sucede con las intervenciones. En otro ejemplo de este mismo trabajo, una persona salva a un niño de las garras de un delincuente que no le quiere pegar: pretende asesinarlo.

Fue cuestión de suerte. La maestra Solange había ayudado a dicho malhechor cuando era niño y se reconocieron. Esto permitió que ella le recordara a él que ese niño – sin decírselo explícitamente – representaba su propia infancia, y que eso era lo que intentaba matar. Esto último es intepretación de los analistas ante el relato de la situación, quienes elogian la sencillez y eficacia de la profesora: este niño eres tú.

Ante la inminencia del triunfo de la pulsión de muerte, esa mujer – ayudada por el azar, tal como nos sucede a nosotros en consulta –, encuentra, en el extremo de la angustia letal, los recursos para erotizar, introducir la vida cuando todo parecía perdido. Estas franjas de vida (*tranches de vie* es la expresión en francés) nos interrogan y nos avisan que, si no tomamos parte activa en el proceso de consolidación de una cultura de vida, somos parte del problema. Freud recordaba que se requiere una dosis considerable de energía para permanecer pasivos. Una suerte de entropía negativa. *Contrario sensu*, en función de la segunda ley de la termodinámica, es preciso destinar un monto de energía vital para contrarrestar esa inercia que favorece al caos, la anomia, la violencia, los territorios "liberados" (así llamaba el grupo terrorista peruano Sendero Luminoso a las zonas bajo su control tanático y fanático).

Permítanme concluir con un testimonio personal. Hace varios años supevisé a una ONG vinculada a Italia, la cual había instalado un centro de acogida para niños, similar al mencionado por los colegas de São Paulo. Dicho centro se encuentra en uno de los cerros que rodean a Lima, en donde se aglomeran inmigrantes de la sierra en condiciones de precariedad brutal. Uno de los integrantes de la ONG, un siciliano, me pidió que fuera su asesor para una tesis de maestría que estaba preparando para presentar en su Sicilia natal. Presentada la tesis, viajó a su tierra de vacaciones y, al retornar, me trajo un obsequio. Es una figura de terracota, emblemática de su isla, conocida como la Trinácria. Representa una cabeza alada de mujer con serpientes enroscadas en la cabellera y tres piernas alrededor de la misma. Esto produce una impresión de movimiento perpetuo. Pero también hace pensar en la cabeza de la Medusa y su mirada mortal. La tengo en mi escritorio y, cuando la contemplo, me recuerda que el nuestro es un oficio al cual la inmovilidad, el anquilosamiento, la pérdida de capacidad de asombro en la escucha y la mirada, están, como la pulsión de muerte, acechándonos en silencio.

Bibliografía

Baudelaire, C. (1861). *Les fleurs du mal.* Gallimard.

Bick, E. (1964). Notes on instant observation in psychoanalysis training. *International Journal of Psychoanalysis.* v. 45.

Bruce, J. (2019). *Nos habíamos choleado tanto. Psicoanálisis y Racismo.* Penguin Random House (Taurus).

Caparrós, M. (2021). *Ñamérica.* Penguin Random House.

Ferro, A. (2007). *Éviter les émotions. Vivre les émotions.* Ed. D'Ithaque.

Granés, C. (2022). *Delirio americano: una historia cultural y política de América Latina.* Penguin Random House (Taurus).

Green, A. (1992). A propos de l'observation des bébés. Entretien de André Green pour Pierre Geissmann. *Journal de la psychanalyse de l'enfant*, 12:133-153.

Green, A. (2002). *Idées directrices pour une psychanalyse contemporaine.* Presses Universitaires de France (P.U.F.).

Lisondo, A. (2012). El método de la observación de bebés en la formación de la identidad analítica. *Psicoanálisis XXIV* (1).

***

PSICOANÁLISIS EN SALIDA

Sofía Uribe Arbeláez
Sociedad Colombiana de Psicoanálisis

Contexto

Colombia es un país de profundos contrastes: abundancia, generación de conocimiento, creatividad artística, miseria, precariedad en cuanto acceso a educación y salud, zonas de paz, conflicto armado. Hay diversidades étnicas, de tradiciones culturales y de expresiones. Pero desde hace 60 años un conflicto interno a causa de la honda inequidad en la tenencia y explotación de las tierras y de los demás recursos. A la situación de las guerrillas, los grupos paramilitares y la falta de presencia del Estado en ciertas partes del territorio nacional, se sumó en la década de los 1980 y 1990, fundamentalmente, el narcotráfico como fenómeno que se convirtió en una "alternativa" para zanjar la brecha de la desigualdad por criterios de clase social y de economía.

Hemos asistido en estos 60 años y hasta la firma del Acuerdo de Paz[4] a diferentes escenas de violencia. Lo social no nos es ajeno porque irrumpe en todos los espacios, incluyendo el de la clínica, y claramente no se puede soslayarlo o reducirlo a una interpretación intrapsíquica.

Los pacientes, pero también la miseria creciente en ciudades principales, como producto del desplazamiento forzoso por el conflicto armado, nos interpelan.

4 Bajo la administración del presidente Juan Manuel Santos y que el gobierno actual ha incumplido.

La pregunta por el papel del analista

Por los contrastes descritos es aún posible pensar el papel del analista desde lo tradicional: trabajo clínico y normalmente con personas en condiciones de acceder a nuestros servicios, que acá no están al alcance de todos.

Pero, otros pensamos que justamente el contexto nos está pidiendo respuestas que van más allá de las tradicionales y que es casi que un imperativo ético, ayudar y participar de la construcción de una cultura de la vida, desde nuestro saber, para ayudar a cerrar tantas heridas y armar un mejor entorno para las generaciones que vienen.

Surge una propuesta incipiente: "el psicoanálisis extramuros"

Extramuros es sinónimo de *Psicoanálisis en salida*, parafraseando Papa Francisco al respecto de *Iglesia en salida*. Frente al malestar de nuestra cultura, desde la convicción de los aportes del psicoanálisis y sintiendo una urgencia ética, hemos iniciado, algunos, un camino en donde se van dando un conjunto de acciones que podemos realizar más allá de las fronteras de nuestros consultorios. Se trata de responder con ánimo a las crecientes demandas que existen en la periferia: contextos particulares que evidencian la desigualdad social, con dinámicas de exclusión, violencia y poder así, llevar al psicoanálisis a participar de la construcción de la cultura.

El contexto de sufrimiento, angustia e incertidumbre nos desasosiega. ¿Puede el psicoanálisis hacer algo al respecto? Evidentemente ese es el punto de partida y también el reconocimiento de que no nos alcanza lo que hacemos en el consultorio de forma tradicional, para intentar construir cultura. Si nos quedamos allí, ayudamos a unos y descartamos a otros, a los de siempre, a quienes con nuestra quietud seguiríamos excluyendo. La exclusión está en la raíz de nuestra violencia.

Por eso, salimos y nos aventuramos desde nuestra formación a insertarnos en otros contextos y a dialogar con otras realidades: en los cinturones de miseria de nuestras ciudades, allí en comunidades carenciadas y sabiendo que la multiplicidad de factores en juego nos supera. Pero que podemos hacer un aporte en términos de acompañar personas, equipos de trabajo y realizar acciones de prevención en salud mental y psicoterapia. Con la realidad de la prostitución, fuertemente conectada con la pobreza y la huida de situaciones de violencia de ámbitos rurales básicamente. Y al interior de nuestra Sociedad, atendiendo a la pregunta por la construcción de conocimiento, donde desde temas complejos se dialogue con otros profesionales, atendiendo a la vez la difusión del psicoanálisis como su participación en torno de solucionar o pensar asuntos problemáticos.

Nos lanzamos desde la perplejidad, pero sabiendo que tenemos que aventurarnos y construir desde esas realidades, con lo que sabemos y con la opción de hacer uso de esto en ámbitos novedosos. El psicoanalista en la comunidad ha de ser flexible y contar con capacidad para reinventarse y para hablar con otros saberes.

Escenarios actuales de reinvención

Desde ese horizonte indicado antes, se está trabajando en lo siguiente:

1. *Diálogos interdisciplinares:* es un espacio donde una analista conversa con otro profesional sobre la cultura en torno de temas problemáticos. Se prevén encuentros con historiadores, politólogos, sociólogos... (Ya se tuvo un encuentro con un antropólogo.) La idea es hacer difusión de nuestro saber y a la vez, entrar en el concierto de voces que trabajan hoy en la sociedad colombiana para mejorar el país. Lo anterior, naturalmente, sin perder nuestra singularidad.

2. *En prevención psicosocial y formación e intervención con comunidades*, a modo de ilustración voy a citar algunos trabajos adelantados por colegas de nuestra Sociedad.

El doctor Alberto Fergusson ha sido mediador del proceso de negociación del Estado colombiano con la guerrilla del ELN en el marco de los Acuerdos de Paz. Esta tarea avanzó con la administración del presidente Juan Manuel Santos y muy poco, con la del presidente actual, Iván Duque.

La doctora Camila Morales ha viajado como voluntaria a realizar intervenciones psicosociales cuando han existido desastres naturales en diferentes latitudes de nuestro país. Así mismo ha sido voluntaria para trabajar con grupos marginales de Bogotá, en temas de ecología como excusa para pensarse.

La doctora Zoila Ortiz ha abierto su consultorio en la ciudad de Cali, de manera gratuita para atender niños y personas afectadas por la violencia derivada del conflicto armado en esa región del país.

En mi caso, interesada en vincular mi formación desde la Psicología Social Comunitaria con el Psicoanálisis y siendo sensible a los problemas sociales que tenemos en Colombia, me acerqué como voluntaria a apoyar la obra de la Fundación del Buen Pastor que trabaja con mujeres en contexto de prostitución y a la Asociación Codo a Codo, que trabaja en favor de una de las comunidades más deprimidas de la marginalidad de la capital del país, llamada Altos de la Florida.

Con enorme alegría, han sido muchos los colegas dispuestos a regalar horas de su tiempo semanal para atender en terapia a personas que habitan en Altos de la Florida, lo que se hace actualmente.

A la vez, allí mismo, otros colegas como Laura Brainsky y Liliana Figueroa han hecho un trabajo de prevención en salud mental, antes de pandemia, con mujeres gestantes y madres de bebés. Y Camila Morales realiza virtualmente talleres de eco-ternura con mujeres y jóvenes.

Futuro inmediato y formación

Vamos siendo más y más colegas los que nos sentimos convocados a ir más allá de nuestras coordenadas habituales para trabajar, precisamente, en pro de la construcción de una cultura donde triunfe la vida sobre la muerte. Asistimos a un llamado urgente en este sentido, en nuestro país, desde donde se nos invita a superar teórica y prácticamente la falsa separación entre sujeto y sociedad. Justamente, cerrar esa brecha es el camino para recorrer, haciendo uso de ciertos modelos teóricos que permiten vincular más que escindir. Por tanto, no se trata de un enfoque donde todo sea intrapsíquico, pues es indudable el impacto real de la violencia, el desplazamiento forzoso, la prostitución y otras situaciones que mal haríamos en reducir a fantasía. Pero tampoco se trata de ignorar las variables individuales de quienes viven esas situaciones.

Lentamente nos vamos uniendo, para armar grupo, y es mi sueño que alguna vez se logre situar un departamento de Psicoanálisis y Cultura en la Sociedad Colombiana de Psicoanálisis, así como existe el Departamento de niños y adolescentes. Y el de Familia y Pareja. Confío en poder trabajar por la unión de los colegas interesados de cara a mejorar nuestra formación en este sentido y ofertarla a futuros analistas en formación.

Finalmente, estar en salida es ubicarse en un ir y venir desde lo individual hacia lo contextual y de regreso, desde eso social a la constitución misma de cada subjetividad. En esto, la propuesta es ser fiel al espíritu mismo de Freud, quien en "Psicología de las Masas y Análisis del Yo" señaló que "Toda psicología individual es, al mismo tiempo, psicología social y viceversa".

***

PSICOANÁLISIS EN TRÁNSITO: CLÍNICA EXTRAMUROS EN DOS ACTOS

Luiz Moreno Guimarães Reino y Eliana Caligiuri
Sociedad Brasileña de Psicoanálisis de São Paulo

Brevísima introducción

En un momento prepandemia, iniciamos un grupo en la antigua sede de la Sociedade Brasileira de Psicanálise de São Paulo. Los participantes eran alrededor de 25 coordinadores y gestores que trabajan en una ONG ubicada en la periferia de la ciudad: Unas (Unión de Núcleos y Asociaciones de Vecinos de Heliópolis y Región). Y el pedido de ayuda fue directo y claro: *estamos sufriendo, necesitamos hablar sobre nuestro trabajo*. La primera medida que tomamos fue conocer el grupo, sin ninguna preparación inicial. Como si dijéramos: "distraídos venceremos"[5] (Leminski, 1987).

Vida y trabajo

El grupo arranca con la siguiente pregunta: ¿hasta dónde va nuestro trabajo? Lo que ocurre es que nos involucramos mucho en la vida de los niños que se quedan con nosotros. *Nos apropriamos de sus problemas como si fueran nuestros, y no sabemos hasta dónde debemos ir.* Mucho ya fue dicho ahí: es un grupo que pide ayuda para pensar los límites entre la vida familiar y trabajo. Y sienten que las fronteras están sacudidas:

> *[...] dicen que nuestro problema es que llevamos el trabajo a casa, es peor que eso, también llevamos la casa al trabajo: cuando nos damos cuenta, nuestros familiares cercanos*

5 Título del libro de poesía de Paulo Leminski publicado en 1987.

> *también están involucrados en la situación. Y resumen: Nuestro problema es que no podemos dejar de pensar en cómo resolver los problemas de los niños. Y pasan un millón de cosas por nuestras cabezas, inclusive piojos.*

Pedimos que nos cuenten cómo eso sucede. La Unas no es una escuela, sino un centro de acogida que los niños frecuentan antes o después de la escuela. Sin embargo, sucede cierta magia en ese tiempo compartido. En la convivencia, los niños cuentan sus problemas a los coordinadores, y esos problemas-piojos ya no se van de sus cabezas. Así se establece una intimidad profunda.

De manera general, los participantes del grupo sienten que los niños están sometidos a la precariedad de la zona y a la desmesura de los adultos. Son casos de todo orden, o, mejor dicho, de todo desorden: problemas escolares, ausencia de saneamiento básico, carencias materiales y nutricionales, alcoholismo y drogadicción en la familia, delincuencia, pedofilia, incesto y así por delante... (si es que es posible agregar más elementos a esa lista ya bastante amplia). Los coordinadores se sienten responsables por la protección de los niños, de tal manera que se ven en una posición de tener que hacer el trabajo de un psicólogo, de un educador, de un asistente social, de un padre, de una madre, de un Estado. *Pero no tenemos formación para eso* – ¿Y quién la tendría? Ante a la precariedad y desmesura, se sienten impotentes. Sufren y llevan los problemas del trabajo a casa, a veces quieren llevar los niños de hecho a sus casas, y lo hacen; sufren y llevan la casa al trabajo, terminan involucrando a sus familiares en los problemas del trabajo. Al final de los primeros encuentros, le pregunté a Eliana: "Amiga, ¿qué te pareció?". Ella respondió: "Creo que tengo piojos".

El camino de la sugerencia

Una forma antianalítica de resolver el problema presentado por el equipo – y que seguramente resultaría en fracaso – sería hacer la siguiente sugerencia: *¿Por qué ustedes no leen el contrato que firmaron al empezar a trabajar? Allí están los límites de sus acciones, lo que les incumbe y lo que no.* Sin embargo, lo que ellos están diciendo es que hay algo en el trabajo que va más allá de lo contractual, un excedente que no saben dónde ubicar: *nadie aqui logra ser sólo funcionario; aquellos que se mantienen de esa manera no lo suportan.* Aquí, como en otros casos, vale la anécdota: contrato es el contra-acto, es decir, aquello que impide el surgimiento de un acto que altere las coordinadas simbólicas.

Dos ejemplos

En lugar de seguir la vía contractual de la sugerencia hay una práctica secular más interesante y analítica: la de sacar uno a uno los piojos y las liendres. Aqui van dos ejemplos.

Un lunes, un alumno llega y come cuatro platos a la hora del almuerzo. Para el coordinador, y para la mayoría de nosotros, esa es una señal de que pasó el fin de semana prácticamente sin comida. La semana transcurre y, el viernes, el coordinador no puede pensar en otra cosa. *¿Tendrá el alumno qué comer?* Entonces, se queda todo el fin de semana aprensivo.

Otro ejemplo. Por la noche, tocan la puerta de una de las coordinadoras. Eran los miembros del narcotráfico, entregando dos niños para que se queden con ella – uno de unos cinco años y el otro con menos de uno. La madre y el padrastro fueron acusados y serían juzgados, quién sabe que les pasaría. Ella se queda con los niños – *¿Qué más podía hacer?* Pero el bebé no para de llorar. Ella decide prepararle una "lechecita", como hacía la madre, para calmarlo. ¿Pero cómo lo hacía *ella?* Intenta con leche tibia, leche con chocolate, nada funciona. Hasta que el hermano mayor dice que él estaba acostumbrado simplemente a tomar leche fría mezclada con un poco de agua. Ella lo prepara, el bebé lo toma y duerme. La imagen de la leche fría mezclada con agua no se le va de la cabeza.

Frontosis

En esos primeros encuentros, lo que hicimos fue esperar. "Esperar es reconocerse incompleto" (João Guimarães Rosa)[6]. Y sin forzar la asociación: "El esplendor de la mañana no se abre con cuchillo" (Manuel de Barros)[7]. Para que algo diferente pudiera surgir y revelarse.

Después de algunos encuentros, en los que todos nos sentíamos impotentes, una participante dijo: *Al principio yo lloraba, vomitaba; ahora sufro de frontosis: voy al front y lo hago*. A lo que se sigue el relato de una serie de escenas del trabajo.

Las escenas

Cuenta una participante del grupo que, una vez, uno de sus alumnos entra corriendo en la sede y detrás de él un hombre mayor que pronto todos reconocen como siendo un delincuente conocido en la región. El niño, al ver que no podía escapar, buscó su protección. Solange suplica: *No lo pegues, por favor*. El responde de inmediato: *No lo voy a pegar, ¡lo voy a matar!*. Sin embargo, el hombre la reconoce: *¡Tía Solange! Yo le di mucho trabajo.* A lo que ella responde: *Bueno, él – al que quieres matar – es igualito a ti cuando eras chico.* La intervención es tan sencilla y bella que llamarla intervención ya le quita algo de su

6 N.T.: En la versión original: "Esperar é reconhecer-se incompleto", extraída del cuento "Desenredo", publicado en 1967 en el libro *Tutaméia* [terceiras estórias].

7 N.T.: En la versión original: "O esplendor da manhã não se abre com faca", verso del poema "Una didáctica de la intervención", de Manuel de Barros, publicado en *O Livro das Ignorãças* (1994).

sencillez y belleza. El delincuente en cólera se acuerda de ella, y ella le hace acordarse de sí mismo. Ella rescata su historia y se transforma en su memoria. Y la interpretación ocurre sin que tenga que ser dicha: te perseguís a ti mismo en el pasado para matar al niño que fuiste.

Otro participante del grupo narra la escena de una visita domiciliaria. Al llegar a la casa, se queda extremadamente molesto con la suciedad en que se encuentran los pies de uno de sus alumnos. Se crea un conflicto interno: no quiere constreñir a la familia, sugiriendo que alguien le limpie los pies del niño, pero tampoco quiere dejarlo así. Entonces, ocurre un chispazo de creatividad: agarra una escoba y un cubo de agua y empieza a jugar con el niño, y en el medio aprovecha para lavarle los pies.

Una de las participantes cuenta como tuvo que entrar en la cola de la droga para hablar con el traficante que era padre de uno de sus alumnos. No podía simplemente meterse adelante de la cola sin pagar el precio de las represalias de los usuarios. Es decir, durante unos momentos tuvo que hacerse de consumidora de drogas para poder realizar su trabajo.

Otra participante cuenta una situación vivida hace poco. Un hombre, que vivía en el sobrado en frente a la sede coordinada por ella, era visto con frecuencia masturbándose mientras miraba a los niños. Ella se vio entonces en un dilema. *Si le cuento a la comunidad, el hombre muere.* (Hay un tribunal del narcotráfico que acepta y juzga algunos casos. Una especie de justicia demoniaca, que algunos consideran justicia verdadera. Para los casos de pedofilia o violación, la sentencia es la muerte). En fin, ¿cómo encontrar una solución para este dilema? No quería ser responsable por aquella muerte, pero tampoco iba a encubrir al posible pedófilo. Lo que ella hizo fue filmarlo mientras se masturbaba y, junto con una colega, ir a hablar con él – temblando de miedo, claro. Quien atendió la puerta fue la madre del hombre, que vivía en la misma casa. La participante le pide que baje y expone la situación a todos. El hombre niega; ella muestra el video y dice: *Tú sabés lo que va a pasar si le cuento a la comunidad*. En pocos días, ellos se mudan de casa.

Impactado por el propio relato, el grupo se mira y se ríe. Como si se hubiera liberado de algo. Todos sentimos que algo importante se había alterado: una torsión en la forma de posicionarse, una resignificación de cómo entender el trabajo... quizás sí. Pero lo más interesante – y aún enigmático para nosotros – es cómo eso se dio. En una palabra, ¿qué es esa *frontosis*?

***

LA ESCENA DE LA PARTERA

Luis Bibbó y Silvana Hernández
Asociación Psicoanalítica del Uruguay

Introducción

La Directora de una institución asistencial pública solicitó a la Asociación Psicoanalítica del Uruguay la intervención de psicoanalistas para atender el pedido de sus técnicos que estaban viviendo ciertas dificultades en el ejercicio de su actividad laboral.

Desde el Centro de Intercambio de APU, luego de considerar la propuesta, se designó a dos analistas para estudiar la demanda y construir el dispositivo (encuadre) para trabajar con el grupo.

El grupo que se conformó, según intereses y posibilidades horarias, fue de 10 integrantes, lo que representaba sólo una parte del funcionariado de la Institución. Estaba constituido por: médicos psiquiatras; médicos toxicólogos, psicólogos; asistentes sociales; educadores sociales; profesores de danza y teatro; enfermeros; funcionarios de mantenimiento. La participación no era obligatoria.

El encuadre acordado era de grupo cerrado, de una hora y media de duración, con frecuencia quincenal, confidencialidad de lo hablado en las sesiones, asociación libre, trabajo en torno a la tarea. Los analistas trabajamos en cocoordinación. La entrada de nuevos integrantes estaba mediada por pedido, consideración y autorización previa del grupo.

Antecedente de la escena

El grupo se venía quejando del funcionamiento de la institución y de la gestión de la directora. Al aproximarse el aniversario de la institución, la dirección propone celebrarlo con la realización de una jornada de todo el día, con presentación de trabajos técnicos de sus profesionales y con la participación de expositores externos.

Intercambiando ideas y sentimientos en torno a las jornadas surgió, como iniciativa de los integrantes del grupo, la idea de aprovechar esa instancia para presentar un documento escrito de evaluación de la gestión institucional y sugerencias de posibles cambios. Se trataba de un viraje de la queja que venía dominando las sesiones en, lo que se entendió, un aporte constructivo.

Con el objetivo de elaborar el documento, invitaron a sumarse al resto del personal, reuniéndose en varias oportunidades fuera de la institución y de los horarios laborales, al margen de la participación de los analistas.

Más allá de que los participantes activos en la confección del documento seguían siendo un grupo minoritario del funcionariado, el intercambio sobre su contenido y la coordinación de las reuniones generó un movimiento que alcanzó a toda la institución.

Fue así que se enteró la directora quien, preocupada por mantener el control de las Jornadas, preguntó a varios integrantes del grupo sobre el asunto, encontrándose, reiteradamente, con la no respuesta de los consultados, quienes se abstenían respetando el secreto de lo hablado en las sesiones.

Escena

A los 10 minutos de comenzar una de las sesiones previas a la Jornada se abrió la puerta del salón de reuniones e ingresó la directora, anunciando que en uno minuto vendría nuevamente a sumarse a la reunión. Adelantó, en esa entrada, que tenía derecho a participar ya que, después de todo, ella había sido "la partera de este grupo". Nos recordaba así su lugar jerárquico, haciendo explícita su potestad de disolver el espacio si éste se volvía negativo a sus intereses. Manifiestamente molesta por lo que entendía había sido una desvirtuación del cometido original del grupo, quería conocer el contenido del documento al que, evidentemente, estaba viviendo de una manera persecutoria.

Su ingreso sorpresivo generó una confusión general que incluía a los analistas. Al retirarse, el diálogo se desordenó y el lugar de los analistas se desdibujó. Luego de un intercambio de miradas interrogativas se empezaron a escuchar intentos de explicaciones de lo ocurrido y posibles respuestas a dar. La opinión dominante era la de aceptar la participación de la Directora en la reunión del día, acompañada por el sentimiento de "nosotros no tenemos nada que ocultarle". Cuando el asunto parecía prácticamente resuelto, nosotros, hasta entonces en silencio, retomamos la palabra.

Nuestra intervención estuvo dirigida a restaurar el encuadre transitoriamente desaparecido. Si bien comprendíamos el pedido de la directora, creíamos que su participación debía ajustarse a las pautas del encuadre todavía vigente. Esto es: el grupo debía considerar, en ausencia del interesado, la pertinencia del pedido y el momento de la inclusión y, en una instancia posterior, se le comunicaría lo resuelto.

Cuando la Directora volvió, uno de los analistas le transmitió que el grupo había considerado legítimo su pedido y que, de acuerdo a las pautas de nuestro funcionamiento, un integrante del grupo le iba a comunicar, posteriormente, cuándo era el mejor momento para que ella participara.

Esta intervención generó cierto asombro, y a la vez, alivio. Contrastaba con el estilo de funcionamiento institucional dominante de actuaciones rápidas sin soporte de pensamiento.

Para nuestra sorpresa, la Directora también aceptó la decisión y se retiró de la reunión. El éxito de las Jornadas institucionales que se realizaron después y de la producción de los funcionarios fue clave para que, cuando la Directora finalmente participó de la reunión grupal, el intercambio se diera en un clima constructivo.

5. El psicoanálisis al servicio de los educadores y profesionales de la salud[1]

MICROINSTITUCIONES Y TRABAJO CIVILIZATORIO

Marion Minerbo
Sociedad Brasileña de Psicoanálisis de São Paulo

Recibí un bloque con cuatro breves relatos que describen intervenciones psicoanalíticas extramuros. Tres de los relatos son sobre intervenciones con educadores; el cuarto aborda un trabajo con cuidadores de una institución geriátrica. Tres de ellas se realizaron *online* durante

1 El artículo que abre este capítulo, elaborado por Marion Minerbo, fue realizado en base a los trabajos de los colegas Alejandro Begue, Olga Cartañá, Rosalia Beatriz Alvarez, Maria Cristina Fernandez, Sonia Sandleris, Vivian Secco, Claudia Borensztejn, Laura Orsí y Gabriel Finquelievich, de Argentina; Denise Lahude, de Porto Alegre; Any Trajber Waisbich y Rosana Zakabi, de São Paulo; y Isabel Mansione, Diana Zac y Santiago Hector Carballo, de Argentina. Sus respectivos trabajos también componen este capítulo.

la pandemia con el objetivo de "dar algún soporte" a las personas que estaban en la primera línea.

Solo una de las intervenciones es anterior a la pandemia y se dio en forma presencial.

En todas las situaciones relatadas el telón de fondo de las intervenciones es lo traumático. En tres de ellas, tenemos la superposición de dos "tipos" de traumático: uno *crónico*, dado que las poblaciones atendidas están en una situación de gran vulnerabilidad psíquica y social; y uno *agudo*: la pandemia. La presencia del psicoanalista en la comunidad se justifica por la necesidad de ofrecer un soporte transferencial para sostener, y relanzar, los trabajos psíquicos necesarios para elaborar algo de ese doble trauma.

En todas las intervenciones se observa que, al principio, los participantes y los analistas se sienten aplastados por el peso de una realidad desesperadora. De a poco, sostenidos por la transferencia, terminan encontrando pequeñas salidas y soluciones creativas para lo que parecía no tener solución. Esto es suficiente para que sientan algún alivio y, aunque provisoriamente, empoderados.

Sin embargo, como el trauma sigue ahí, atacando la paraexcitación – el escudo protector – de los educadores y cuidadores, es inevitable que el psiquismo vuelva a quedar intoxicado/inundado de angustia. El grupo, entonces, se sumerge nuevamente en la desesperación de no ver una salida. Por eso, el trabajo con comunidades en estado de gran desamparo y vulnerabilidad debe ser constante, igual a un paciente renal crónico que necesita hacer diálisis todas las semanas.

En todos los grupos, las soluciones encontradas por los participantes no son grandiosas. No son soluciones que resuelvan o modifiquen la dura realidad con la que están confrontados. Lo que cambia es la posición subjetiva de los participantes: de *asujetados* a un destino cruel y aplastante a ser *sujetos* que se perciben capaces de actuar para transformar, aunque sea mínimamente, su situación. Puede parecer poco, pero es mucho.

Es interesante señalar que muchas veces los grupos no se dan cuenta de que simplemente *se apropiaron de lo que ya era suyo*. Como su capacidad de trabajo psíquico estaba bloqueada por lo trauma, no lograban usar su potencial. Basta con que este potencial vuelva a estar disponible para que los participantes valoren y manifiesten gratitud hacia los psicoanalistas que los escucharon y condujeron el proceso.

***

El presente capítulo está organizado de la siguiente manera: primero será expuesto un resumen de los principales elementos de cada intervención y enseguida serán presentados comentarios sobre los trabajos.

Empiezo con el trabajo en línea realizado con los cuidadores que trabajan en la primera línea de atención a ancianos durante la pandemia. Acá estará en evidencia lo *trauma agudo*. Abordaré la pandemia en cuanto *trauma blanco* (Minerbo, 2020).

A continuación, presentaré las dos intervenciones en linea con educadores durante la pandemia. Primero abordaré su proceso de cambio de posición subjetiva (Minerbo, 2019). Luego abordaré la segunda vertiente – *el trauma crónico*, que denominé *miseria simbólica* (Minerbo, 2007). Relaciono esa condición a la extrema vulnerabilidad psíquica y social que los educadores enfrentan diariamente en las escuelas.

Por último, abordaré la cuarta intervención, que es sobre la prevención de la violencia en las escuelas. Intentaré mostrar de qué manera la miseria simbólica está relacionada a determinados tipos de violencia (Minerbo, 2007 b), y cómo los dispositivos instituidos por el trabajo psicoanalítico con las comunidades la pueden enfrentar y intentar, en alguna medida, revertirla.

***

CUIDADOS A LOS CUIDADORES EN TIEMPOS DE COVID-19: PRÁCTICA CLÍNICA AMPLIADA, VIRTUAL Y EN GRUPO, EN INSTITUCIÓN DE CUIDADOS GERIÁTRICOS Y DE REHABILITACIÓN

Alejandro Begue, Olga Cartañá, Rosalia Beatriz Alvarez,
Maria Cristina Fernandez, Sonia Sandleris, Vivian Secco,
Claudia Borensztejn, Laura Orsí y Gabriel Finquelievich
Asociación Psicoanalítica Argentina

(En cursiva, elementos del material clínico presentado).

El objetivo de los grupos terapéuticos virtuales era trabajar las angustias y prevenir el síndrome de burnout *en los profesionales de salud que estaban en la primera línea, en una institución de cuidados geriátricos. Al principio el trabajo* online *era difícil y confuso. Era muy extraño hablar con cuadraditos en las pantallas. Poco a poco las personas fueron se adaptando a la nueva realidad.*

Los psicoanalistas que condujeron esos grupos trajeron algunas viñetas. Recorto algunas de las intervenciones más significativas:

- *Los pacientes no me oyen cuando hablo con el barbijo, y tampoco me puedo acercar mucho a ellos.*
- *Cuando estoy llegando a la institución, la gente cruza de vereda. Tiene miedo a contagiarse.*
- *A nosotros eso nunca nos va a pasar, el Covid-19 no va a entrar, la institución nos cuida.*
- *Escucharlos me alivia, pensé que solo me pasaba a mi.*
- *Duermo mucho y aun así estoy muy cansada.*

Los colegas traen viñetas que muestran pequeñas señales de cambio en la posición subjetiva:

- *¿Saben lo que hice en mi día libre? Preparé una capacitación para darle a mis compañeros lenguaje de señas. Así podremos entendernos con el paciente sordo que ingresó, me sentí bien en hacerlo* (relato de una fonoaudióloga).
- *Tengo un montón de trabajo atrasado, pero no quería dejar de venir.*

Como conclusión, los colegas afirman que el trabajo en grupo evidencia los recursos saludables de la psique y despierta las potencialidades creativas y curativas existentes en cada individuo.

***

Los fragmentos presentados en este relato sugieren que el agotamiento proviene no solo de la cantidad de trabajo, sino también de cómo es agotador intentar hacer trabajo psíquico cuando faltan representaciones que le den sentido al absurdo de la situación. Es absurdo que un cuidador no logre comunicarse con su paciente o porque ambos llevan barbijo, lo que dificulta el entendimiento, o porque no pueden acercarse el uno al otro por el riesgo de contagio. Es absurdo ser un cuidador de primera línea, correr riesgos diariamente, y darse cuenta de haberse transformado en un paria por la posibilidad de haberse contagiado y contagiar a otros. Es absurdo pensar que ir a trabajar puede significar una sentencia de muerte, y la defensa revela eso: "*Acá, en la institución, el covid-19 no nos va a agarrar*". Finalmente, la situación es tan enloquecedora que lo más importante es saber que todos sienten lo mismo, es decir, que no se trata de una paranoia individual.

En fin, es agotador procesar emocionalmente una situación traumática tan novedosa, tan desconocida, para la cual no tenemos una representación psíquica. Una guerra es terrible, agotadora, pero todos saben que es una guerra. Una pandemia es algo totalmente inconcebible, literalmente impensable. Por eso asocié el fenómeno de la pandemia a lo que he denominado *trauma blanco*.

***

El término *trauma blanco* surgió en un texto que escribí para el Observatório Psicanalítico da Febrapsi (Federação Brasileira de Psicanálise) en abril de 2020, justo al inicio de la pandemia. En aquella ocasión no se sabía – ¡era simplemente inimaginable! – que esa situación absurda pudiera durar años. Hoy, en mayo de 2022, parece que llegamos al final de esa pesadilla. En aquella ocasión, intenté imaginar qué destinos podríamos dar a las marcas psíquicas dejadas por ese tipo de trauma. Pensaba en términos de trauma colectivo porque la pandemia configuraba un tipo de violencia psíquica que no conocíamos. Y, por eso mismo, era difícil reconocerla como tal.

El término *violencia blanca* se me ocurrió por analogía a angustia blanca, usado por André Green para describir el sufrimiento psíquico mudo, invisible y silencioso de las patologías del vacío. De la misma manera, la violencia blanca es una violencia sin sangre, silenciosa, invisible, pero mortal.

La violencia blanca es difícil de elaborar porque no tenemos/teníamos repertorio para lidiar con: 1) la pérdida de encuadres que sostenían nuestra identidad; 2) el grado de indefensión e incertidumbre con relación al futuro; y 3) la pasividad que nos impuso. Luego de un terremoto o una inundación, podemos ser más activos, lo que por lo menos nos devuelve la condición de sujetos. Acá, todo lo que podíamos hacer por nosotros y por los demás era aislarnos. Y sólo conocíamos al aislamiento como castigo por un crimen: la detención en la cárcel y, aun peor, en una celda en régimen de aislamiento.

Al inicio de la pandemia yo me preguntaba: ¿Qué destino podremos dar a las marcas dejadas por el *trauma blanco*? Cuando alguien corre riesgo de muerte, cuando hay una guerra, ¿es posible volver a vivir como antes? No me refiero a las actividades cotidianas, trabajar, ir al supermercado, sino a la experiencia subjetiva de cada persona. Es posible, claro, negar el peligro. También es posible adaptarse a una nueva normalidad, incorporando la vida *online* y los nuevos periodos de aislamiento. Por otro lado, la consciencia aguda de que no controlamos nada ayudaría a algunos a aprovechar mejor lo que la vida les ofrece. Sin embargo, la misma consciencia aguda podría lanzar a otros en un estado de angustia brutal. Estos vivirían dentro de una pesadilla sin fin. En una línea más optimista, algunos lograrían elaborar y cicatrizar el trauma. La vida podría volver a ser "como antes". O incluso volverse más rica. Pero, como sabemos, las cicatrices de lo trauma dejan puntos de fragilidad. La sensación de vulnerabilidad puede volver a asombrarnos en cualquier momento.

Algunas cuestiones se plantean cuando pensamos en términos de *trauma blanco*. ¿Qué sería exactamente lo trauma, en el caso de la pandemia? ¿Un trauma puede ser colectivo, o es siempre individual? ¿Por qué el trauma sería blanco? Como sabemos, desde el punto de vista metapsicológico, trauma es un acontecimiento único, o cumulativo, que interrumpe temporalmente, o paraliza definitivamente, la capacidad de realizar trabajo psíquico. Siendo así, ¿tiene sentido decir que la pandemia configura un trauma? Es lo que intentaré responder a continuación.

Un primer eje de cuestionamiento es si la pandemia sería traumática en sí mesma

Convivir cotidianamente con la posibilidad de muerte, como en una guerra, ¿es traumático? ¿O lo que es traumático sería el aislamiento social? Por otro lado, el aislamiento nos es presentado como necesario para contener la pandemia. En ese caso, el sufrimiento tiene un sentido, no es una violencia arbitraria. Y si tiene un sentido, ya no es del orden de lo traumático, en el sentido metapsicológico del término. Ni todo sufrimiento, por intenso que sea, es traumático.

Las redes sociales empezaron a ser usadas de manera frenética y urgente, para compartir noticias, mensajes, textos, videos y entrevistas. No fue sólo una manera de ocupar el tiempo. Desde mi punto de vista, fue una manera de producir y de poner a disposición, unos a otros, material significante. Y cada quien pudo usar ese material según sus necesidades psíquicas.

Todo ello sugiere que la pandemia no es, en sí misma, traumática, sino que tiene una potencialidad traumática, que puede ser contenida por una dimensión colectiva del trabajo psíquico. Es lo que vemos en tres días de intervenciones realizadas por colegas psicoanalistas y descriptas en este capítulo. Esa dimensión colectiva se articula con la dimensión individual – trabajo psíquico que cada uno tiene que hacer por sí. De modo que, gracias a esa actividad psíquica en red, muchas personas pudieron encontrar soluciones creativas para reconstruir sus vidas.

Si la pandemia no es traumática en sí misma, seguramente tiene una dimensión enigmática. Frente al enigma de la diferencia entre los sexos, las niñas y niños elaboran sus teorías sexuales infantiles. De la misma manera, confrontados con el enigma representado por este virus, hemos visto surgir muchas teorías. Desde teorías conspiratorias, hasta teorías que involucran diferentes acciones predatorias de los humanos sobre el planeta.

Entonces, si yo en un primer momento pensaba la pandemia como trauma, empecé a verla como un acontecimiento que tiene una potencialidad traumática. El trabajo psíquico en red – o, mejor dicho, la dimensión colectiva del trabajo psíquico – puede contener esa potencialidad y transformarla en solución creativa.

Un segundo eje de discusión es: ¿podemos hablar de trauma colectivo?

La idea de dimensión colectiva del trabajo psíquico me llevó a reformular la idea de trauma colectivo. Empecé a pensar en términos de dimensión colectiva del trauma. Un trauma colectivo implicaría una sumatoria de individuos igualmente traumados. La dimensión colectiva del trauma, a su vez, nos habla de un cambio en la cultura en la que y por la que todos nos subjetivamos. Esa dimensión se articula con la dimensión individual del trauma, determinando algunos de los destinos de lo traumático.

Según Janine Puget, lo psíquico se manifiesta en tres dimensiones distintas, que se articulan: la dimensión intrapsíquica, la intersubjetiva y la transubjetiva o cultural. La definición freudiana de trauma privilegia la dimensión intrapsíquica. Lo traumático, para él, es la propia pulsión. Con Bion y Winnicott, empezamos a poder pensar la dimensión intersubjetiva del trauma. Hablamos, entonces, de trauma precoz, aquél que se produce en interacción con un objeto primario inadecuado. En condiciones normales, poco decimos de la dimensión transubjetiva del trauma, caso de una guerra o una pandemia. Es acá dónde podemos reconocer la dimensión colectiva del trauma – que no es lo mismo que trauma colectivo. Es importante considerar que el trabajo psíquico también se da en la articulación de tres dimensiones: colectiva, intersubjetiva e intrapsíquica.

Mencioné rápidamente la articulación entre la dimensión colectiva y la intrapsíquica del trauma. Me faltó referirme a la dimensión intersubjetiva del trauma. En el material clínico de los análisis que conducimos *online*, las figuras de autoridad brasileñas que condujeron la crisis estaban muy presentes. En la escucha analítica, son representaciones de las figuras parentales. Junto con la dimensión intrapsíquica y transpsíquica ellas pueden haber contribuido para contener, o profundizar, la potencialidad traumática de la pandemia.

Juntando los hilos del novillo: en el primer eje de discusión, empecé a pensar en términos de potencialidad traumática, más que de trauma. En el segundo, reformulé la idea de trauma colectivo y empecé a pensar en términos de dimensión colectiva del trauma.

Tenemos también un tercer eje de discusión sobre lo trauma de la pandemia: ¿por qué el trauma sería blanco?

Empecé usando el adjetivo blanco para describir el trauma de la pandemia pensando en la ausencia de representación para lo que estábamos viviendo. Pero en la discusión con el grupo de colegas franceses, alguien trajo la noción de *Unheimelich*, estudiada por Freud. Esta idea me pareció preciosa. Todos ya tuvimos la experiencia de ir al supermercado usando barbijo. El supermercado es absolutamente familiar. Pero la experiencia entera se vuelve inquietante porque el barbijo nos remite a distopías y ficción científica. Funciona como la banda sonora de la película de terror: introduce una tonalidad amenazante en una situación que parece normal. Produce angustia porque indica que algo terrible va a suceder.

Cuando las escuelas cerraron, las niñas y niños se quedaron en casa. Niños en casa podría ser una situación familiar. Inclusive, muchas familias disfrutaron de ese tiempo. Podía incluso parecerse a vacaciones. Pero era inquietante, porque nadie estaba en casa por opción, sino porque no podían salir.

La experiencia era distinta a cualquier situación conocida hasta entonces. Bastaba con mirar afuera y ver las calles vacías. No se podía jugar con otros niños, no se podía visitar a nadie. Como en una película de terror, era la calle de siempre, los vecinos de siempre, la escuela de siempre. Pero todo con un tono amenazador. Tenían que quedarse aislados, o alguien podía morir.

Como sabemos, la angustia vinculada a lo trauma desordena al psiquismo. El *unheimelich*, lo inquietante, no desordena al psiquismo, pero produce otro tipo de angustia: hace vacilar a la identidad. ¿Por qué la identidad vacila? Porque las referencias familiares siguen siendo familiares, pero son cubiertas por una aura de extrañeza y de amenaza no familiar – *unheimelich*.

La identidad ya no puede apoyarse tranquilamente en la rutina. No puede, simplemente, dar un paso tras otro, confiando que el piso seguirá ahí. Al contrario, está siempre a un paso de… dar un paso en falso. Fue esa sensación la que intenté describir con el adjetivo *blanco*.

En mi formulación inicial, blanco era la ausencia de color, y remitía a la ausencia de representación. En esta nueva formulación, blanco es la presencia de un color – el color de los fantasmas. Ni muertos, ni vivos, los fantasmas no tienen cuerpo. En un lenguaje contemporáneo, los fantasmas son seres virtuales. Como el mundo de hoy. Es el mismo de antes, pero sin cuerpo. Es una sombra del mundo de antes. El trauma actual es blanco por la ausencia, no de representación, sino de cuerpo – situación inédita en la vida de los seres humanos.

***

Paso ahora a las dos intervenciones *online* con educadores durante la pandemia. Una fue realizada por colegas de la Sociedad Psicoanalítica de Porto Alegre y la otra por colegas de la Sociedad Brasileña de Psicoanálisis de São Paulo. Como la dinámica es muy semejante, antes voy a presentar un resumen de ambas para luego pasar a los comentarios (en cursiva están los elementos de las dos intervenciones).

***

RELATO DE UNA RONDA DE CONVERSACIÓN VIRTUAL CON EDUCADORES DE JÓVENES ADULTOS DURANTE LA PANDEMIA

Denise Lahude
Sociedad Psicoanalítica de Porto Alegre

Julio de 2021

Hay un texto disparador de la ronda de conversación. Fue escrito por un profesor que se pregunta cómo sobrevivir en un mundo retemblando, y encima tener que contener a alumnos, familias y a sí mismos. Habla de la función del profesor como Maestro: proponer desafíos y salidas creativas.

Los educadores abordan varios temas. Se habla de los efectos de la pandemia asociados al negacionismo. Del punto de vista pedagógico, es frustrante darse cuenta de la cantidad de analfabetos funcionales e indignante ver el desmantelamiento del grupo de educación de jóvenes adultos (EJA) por parte del gobierno. Se hace referencia a la deserción escolar, porque muchos alumnos no pudieron seguir online. *El único hecho alentador es que el toque de queda impuesto por los narcotraficantes se ablandó: la cosas están un poco más tranquilas.*

Una profesora dice que no encuentra salidas alternativas porque es "muy cartesiana". La psicoanalista F. cita a Paulo Freire que, ante los obstáculos, alienta los profesores a alejarse de la meta tradicional de transmitir contenidos para hacer lo que sea posible. Ante eso, un grupo recuerda que, para esos alumnos, lo más importante son los vínculos, no los contenidos.

La psicoanalista D. nos recuerda que para haber educación no es necesario ni siquiera escuelas: es posible educar hasta abajo de un árbol de mango. Otra profesora recuerda que los alumnos buscan principalmente convivio y amor, porque su vulnerabilidad va mucho más allá de las cuestiones pedagógicas.

El momento de inflexión en la dinámica del grupo ocurre cuando el profesor de arte y educación física – una persona con mucha vitalidad – toma la palabra. Él repite lo que se estaba diciendo, pero su postura vitaliza al grupo. El ambiente fue pasando de la queja impotente y del pesimismo, traídos por el encuadre "muy cartesiano", a otro, en que ellos logran apropiarse de sus recursos creativos para superar los límites de un pensamiento convencional.

Este relato se distingue de los demás porque tenemos noticias de la contratransferencia de las psicoanalistas. Hay una incómoda consciencia de la desigualdad social, y una vergüenza por sus privilegios. Los educadores podrían criticarlas, pero eso no sucede. Ellas se preguntan si tienen realmente algo para contribuir, dado que no pueden ni imaginar su realidad y su cotidiano. A la vez, admiran profundamente a esas personas tan competentes. Es con alivio y perplejidad que acompañan la transformación en el ambiente en el grupo.

***

En este relato, el término "analfabetismo funcional" se torna una metáfora potente. Se refiere, inicialmente, a los alumnos que – a pesar de saber leer – no entienden lo que leen.

Luego, los profesores se dan cuenta de que ser "muy cartesiano" es, de la misma manera, limitarse a ejecutar la tarea inmediata, sin lograr alcanzar el sentido más amplio de lo que es educar.

Por último, las propias psicoanalistas descubren que estaban siendo "cartesianas" al no darse cuenta del alcance del dispositivo que habían creado. En esa intervención, lo más interesante es que ellas también salen transformadas: pasan por la experiencia de que sustentar la transferencia y promover asociaciones en una ronda de conversación produce, sí, aperturas y elaboraciones.

El relato alude a outro elemento que contribuye para la transformación observada en el grupo. Aunque no digan nada, se nota que las psicanalistas admiran la competencia de los educadores y apuestan en su potencial. Y, como en un juego de espejos, ellas también se ven reflejadas por ellos como capaces y potentes.

Ese descubrimiento es fundamental: el campo transferencial y contratransferencial que produce efectos transformadores es de admiración recíproca. Es por ello que en este caso tanto los educadores como las psicoanalistas se enriquecieron con la experiencia. No hay, de un lado, personas que lo tienen todo y, de otro, personas desposeídas – como las psicoanalistas inicialmente imaginaban. Es cierto que hay privilegios y diferencia social. Pero en el campo transferencial y contratransferencial de la admiración recíproca, ellas descubren que, del punto de vista del enfrentamiento de la vida, ellas son las desposeídas – y tienen mucho que aprender con los educadores.

"Entonces ¿eso es lo que hacemos?! ¿Por eso esas rondas de conversación son tan valiosas para los educadores?!" Y, ahora podemos agregar: ¡son también muy valiosas para las mismas psicanalistas!

***

GRUPO VIRTUAL DE REFLEXIÓN HORIZONTAL CON PROFESORES, COORDINADORES, DIRECTORES, EQUIPO TÉCNICO Y ADMINISTRATIVO DE UN GRUPO DE ESCUELAS

Any Trajber Waisbich y Rosana Zakabi
Sociedad Brasileña de Psicoanálisis de São Paulo

Junio de 2021

El relato empieza, como el anterior, con los participantes aplastados por el peso de la realidad.

Se habla de muerte, de estudiantes que desistieron del curso online, etc. En dado momento se habla, con admiración, de un estudiante que está preso, pero insiste en asistir a las clases desde la cárcel, en presencia del agente penitenciario. Luego el tono pasa a ser de indignación cuando alguien dice que el director de la escuela no permitió que ese alumno rindiera los exámenes finales por tener más ausencias de lo que permite la ley. El alumno detenido intentó objetar, pero no fue escuchado.

El tema de la injusticia continúa cuando otro participante afirma que una alumna negra no aprobó porque no le gustaba a la profesora – es decir, por racismo. Los profesores se indignan ante tanto autoritarismo. Una representante de la administración dice que ve un retroceso de la educación como un todo en el país. Alguien habla del miedo a contagiarse si vuelven a las clases presenciales.

Las psicoanalistas interpretan la resiliencia y la esperanza del alumno detenido como la resiliencia y esperanza de los propios educadores. El ambiente se aliviara, hay menos indignación, más conciliación. Alguien recuerda las cosas buenas que suceden en la institución, como tener ese grupo, tener unos a los otros, haber construido una red de apoyo solidaria.

***

Al igual que en el otro grupo el significante "analfabetismo funcional" operó como una metáfora, acá el significante potente fue "alumno que, aun estando detenido, lucha por su derecho a la educación".

Aunque él esté preso y, por lo tanto, haya probablemente cometido algún delito, los profesores reconocen en él una resiliencia admirable, más aún que de los alumnos que están en sus casas. Esa resiliencia también es de ellos, profesores, que luchan para poder educar y formar las futuras generaciones, aunque en condiciones totalmente hostiles. De cierta manera, entendieron que la vulnerabilidad psíquica y social afecta a todos – alumnos y educadores. Y, aun así, se conquista algo – la lucha es difícil, pero no es en vano – y eso tiene que ser reconocido y valorado.

En el relato hay una indignación contra dos profesores – el que impidió que el alumno detenido rinda el examen y la profesora racista que no aprobó a una alumna negra. Ambos son vistos como autoritarios, arbitrarios e intolerantes. Ese material sugiere que la situación sociopolítica perversa del país – que en 2020 y 2021 nos aterroriza tanto como la pandemia – se infiltra en la dinámica de la escuela y, probablemente, de todas las instituciones. En esa misma línea, la representante de la administración es la vocera del desmantelamiento de la educación y la cultura promovido por el gobierno. Lo traumático de la pandemia es potencializado por lo traumático de estar sometidos a un gobierno perverso y negacionista.

Ese trabajo fue fundamental porque el grupo descubre dos cosas:

1. Que las soluciones no vendrán de afuera, sino de dentro de los mismos grupos. Sólo que, para que eso suceda, tienen que cambiar la perspectiva. Ese cambio, que es bastante sutil, depende de una ayuda que viene de afuera.
2. Que "escuchar y ser escuchado es revolucionario".

***

Ante la propuesta de las psicoanalistas, uno de los participantes preguntó, un poco incrédulo: "¿O sea que lo revolucionario es escuchar y ser escuchado?"

Estamos hablando de establecer una comunicación significativa en la que todos pueden hablar y todos pueden ser escuchados. Para Freud, *escuchar es diferente de oír*. Oír tiene que ver con los sonidos que el oído capta. Escuchar es *entender, compartir y procesar lo que está siendo oído*.

Si consideramos que escuchar y ser escuchado es permitir que la palabra circule – y aún más, que el lenguaje es capaz de nombrar lo que se vive – entonces sí: eso no solo es revolucionario, como vuelve posible un cambio de posición subjetiva.

Uno de los peores sufrimientos del ser humano es el dolor de la incomunicabilidad. Especialmente cuando se trata de lo trauma, el sufrimiento tiene que ser reconocido y compartido por otros seres humanos. Cuando lo trauma es vivido en la más absoluta soledad, estamos cerca de aquello que Winnicott denominó *agonía*.

Eso vale desde el nacimiento hasta la muerte. Cuando una madre, sistemáticamente, no logra entender qué es lo que le intenta comunicar su bebé, el bebé se desestructura. Con la muerte es lo mismo: nuestro mayor miedo es el de sufrir y morir solos, sin nadie significativo cerca.

Freud cuenta una situación que ilustra bien esa idea. Un niño, que estaba muy angustiado por tener que dormir solo en la oscuridad, llama a su tía que está en el cuarto de al lado. ¡*Tía, hablame, tengo miedo*! La tía responde: ¿*Y de qué sirve que yo te hable, si no me ves*? El niño respondió: ¡*Se hace más claro cuando alguien habla*!

Para el psicoanálisis, la angustia que no puede ser comunicada por palabras terminará siendo comunicada por actos – actos a los que llamamos síntomas. Por ejemplo: masacres o suicidios. ¿Síntomas de qué? Del sufrimiento psíquico enmudecido.

El sufrimiento puede estar enmudecido porque la persona no puede compartir su angustia con nadie. Tal vez ella no sepa cómo hacerlo. Ella puede no tener el valor. Ella puede no tener con quien hablar; o incluso tenerlo, y que esa persona no logre escucharle. Quien sufre terminará haciendo ruido hasta que alguien traduzca ese ruido como urgencia de ser escuchada.

Situación aún más grave es aquella en que el sufrimiento quedó enmudecido *para la propia persona*. Ella puede haberse desconectado de sí misma. Ya no logra percibir, ni sentir, su propio dolor. Quedó anestesiada y, justamente por ello, no tiene como pedir ayuda. Acá ya no hay esperanzas. Tal vez sea el caso de los alumnos que promueven masacres en las escuelas o los jóvenes que se suicidan.

Uno de los grupos relató un episodio en que un alumno dice que quería disparar a los alumnos y profesores y luego matarse. La escena de una masacre en la escuela es pavorosa. Naturalmente, es necesario tomar una actitud. Pero, en paralelo, es necesario escuchar – traducir, interpretar – la intervención del alumno como un pedido de ayuda.

¿Entonces el psicoanálisis es sólo eso? ¿Escuchar? El psicoanalista crea un campo transferencial en que la palabra pueda circular y ser escuchada. Es necesario escuchar principalmente aquello que *no se puede decir directamente*, y por eso demanda una escucha especializada. Una escucha analítica.

El foco inicial, en las escenas relatadas, era el sufrimiento enmudecido de los alumnos. ¿Cómo lidiar con los problemas emocionales que llevan a la escuela? Pero, a la medida en que el trabajo progresaba, los sufrimientos enmudecidos de los profesores, los directores y hasta de la propia institución también ganaron voz. El asunto dejó de ser los alumnos y pasó a ser el propio grupo de educadores. Se abrió un espacio para que ellos pudieran ser vistos y verse a sí mismos como personas con necesidades *emocionales* – lo cual es muy distinto de las necesidades *profesionales* en el papel de educadores.

Era eso lo que tenía que ser escuchado, inclusive por ellos mismos. Ese descubrimiento es transformador: los educadores pudieron tener la experiencia emocional compartida de que hablar de sus propios problemas no es una señal de debilidad. Al contrario, fortalece. Y lo contrario también: intentar ignorar al elefante que está acá mismo, dentro de la sala, debilita.

Los efectos aparecieron después, con lo que nosotros llamamos el cambio de posición subjetiva. O, popularmente, "cambiar el *switch*". Es decir: cambiar la clave de lectura de una determinada situación. Todos empezaron con grandes expectativas de recibir un entrenamiento, o un protocolo, para resolver los problemas. La presión que los educadores sufrían fue transferida para las psicoanalistas.

A pesar de muy empáticas con el sufrimiento del grupo, no buscaron atender a la demanda – por lo menos no en los términos en que fue formulada. No solo porque sería inútil, sino también porque saben que el sufrimiento emocional no tiene que ver solo con los problemas – que seguramente existen y merecen toda nuestra atención. Tiene que ver, principalmente, con como cada uno se ve, se percibe, se ubica, se posiciona frente a los problemas. Con la lectura que cada uno hace de la situación en la que se encuentra.

Una cosa es que alguien se sienta *asujetado*, sometido, sin voz activa, aplastado por los acontecimientos. La persona se siente atrapada, queda desempoderada, esperando ser rescatada. "Dígannos qué debemos hacer!" Otra situación es que la persona perciba y acepte *emocionalmente* que la pelota está en su cancha. Es ella quien tiene que tomar las riendas de la situación. Aqui ella se siente empoderada y termina descubriendo caminos posibles. Recordando que "caminos posibles" son solo eso, *caminos posibles*, dado que los problemas son tan complejos que nadie por sí solo puede resolverlos todos.

Es esa diferencia de posición subjetiva, entre *sentirse asujetado* o *sentirse sujeto de su propia vida*, la que hace toda la diferencia entre una persona que sufre mucho, y otra que sufre solamente lo necesario.

Las dificultades son inmensas, vivir es muy trabajoso. Aun así, cuando la clave de lectura cambia las personas logran moverse. Cuando pasan a ocupar el lugar de sujetos se apropian de las competencias que ya estaban ahí, pero que no podían ser reconocidas – menos aún usadas. En vez de derrotadas, ellas se sienten empoderadas. Ese cambio de posición apareció en todos los relatos. Los grupos encontraron caminos, se hicieron más creativos, fueron creados dispositivos de escucha, pasaron a funcionar en red, a horizontalizar las responsabilidades.

Como dijimos, el psicoanalista también se apropia mejor de su función, tanto en la clínica del consultorio como en la clínica extramuros: lo único que una intervención psicoanalítica puede ofrecer es ayudar al otro a cambiar de posición subjetiva – y eso no es poco.

***

Si un grupo de educadores queda tan sorprendido con la potencia de la escucha y del habla es porque, probablemente, el contexto sociocultural – el de ellas, pero también de todos nosotros – esté marcado por su ausencia. De hecho, se constata el empobrecimiento de una comunicación que tenga lastro emocional y sea significativa. Denominé esa condición *miseria simbólica* (Minerbo, 2007).

La miseria simbólica me parece consubstancial a lo que hoy denominamos postmodernidad y tiene efectos en la constitución de la subjetividad. Desde mi punto de vista, es uno de los factores que determinan el estado de vulnerabilidad social y psíquica que es el telón de fondo contra el que todas esas intervenciones tienen que confrontarse. En realidad, lo que tales intervenciones pretenden es justamente buscar rescatar el potencial subjetivante y humanizador del lenguaje.

Para introducir esas ideas caben dos palabras sobre la modernidad. Las instituciones modernas – y entre estas, las escuelas – eran jerarquizadas, tenían pretensión de ser dueñas de la *Verdad*, defendían definiciones estrechas sobre lo que está bien y lo que está mal. Estoy usando el verbo "eran" en el pasado, pero está claro que en muchos sectores las instituciones siguen funcionando de esa manera. De un modo general, sin embargo, se puede decir que entraron en crisis porque eran excesivamente rígidas. No lograban abarcar la diversidad de las formas de subjetividad que buscan reconocimiento y legitimidad. Excluían a los que no encajaban en los supuestos valores universales.

Con la crisis de las instituciones pasamos a hablar en *verdades* – que son relativas a como cada grupo se percibe y percibe el mundo. Con eso, las minorías y otros excluidos pasaron a tener voz, lo que, obviamente, es una ganancia. Un sano ambiente libertario y progresista oxigenó las relaciones sociales. Pero, como todo movimiento pendular, incluye necesariamente un pasaje por el otro extremo. Es en ese lugar que reconozco la miseria simbólica. Aquello que era un sano relativismo se transformó en un *relativismo absoluto*. Todas las referencias son cuestionadas.

Todo lo que es sólido se disuelve en el aire, para retomar la expresión de Marshal Berman. Eso puede ser vivido como libertad, pero también como falta de piso.

Cuando el péndulo va al otro extremo, encontramos ideas libertarias y progresistas transformadas en ideología, al punto de atacar cualquier posición divergente como manifestación autoritaria. Reconocemos la figura paradójica del libertario progresista *radical*.

Además, dado que no hay verdades universales, el concepto de verdad se tornó en sí mismo viejo, innecesario, nocivo y hasta autoritario. Y si no tiene sentido hablar de verdad, tampoco tiene sentido hablar de mentira. La mentira puede ser tratada como verdad, y la verdad, como mentira. La única verdad legítima pasa a ser aquello que *yo siento que es verdad*: la emoción es la única verdad. Se abre el espacio para la post verdad, las *fake news* y las varias formas de negacionismo. Ya no hay hechos, o mejor dicho, los hechos no importan. Todo lo que importa son las opiniones, que no pueden ser contestadas en nombre de la libertad de expresión.

Ese relativismo absoluto produce lo que vengo llamando de miseria simbólica: una imposibilidad de afirmar cualquier valor como algo vigente. Lo importante en esa discusión es como esa condición afecta la constitución de la subjetividad.

Para comprender mejor esa idea, podemos hacer un paralelo con la idea de "depleción" – término médico que significa la reducción de alguna sustancia en el medio celular que perjudica su funcionamiento. La depleción del hierro en el organismo, por ejemplo, produce anemia, generando extrema debilidad y falta de aire.

Esa imagen expresa bien lo que viene sucediendo con el aparato psíquico y su funcionamiento en el mundo contemporáneo: la insuficiencia/fragilidad del símbolo está produciendo una especie de "anemia psíquica". Frente a eso, el sujeto lucha para encontrar mecanismos compensatorios, lo que nos introduce, como veremos, en el campo de la psicopatología psicoanalítica.

Las instituciones tienen la importante función de proteger nuestra vida psíquica; cuando su crisis es tan profunda que todo puede ser relativizado, quedamos huérfanos de las narrativas que crean y sostienen. Es fundamental creer en algo que pueda dar sentido a nuestras vidas, para no caer en el vacío existencial.

La miseria simbólica puede ser considerada tanto a nivel "macro" – de la crisis de las instituciones en el marco de las cuales nos subjetivamos –, como a nivel "micro" – abarcando la crisis en el ejercicio de la función materna y paterna. En ambos niveles, la fragilidad del símbolo deja la pulsión "suelta", desconectada, lo que es profundamente desordenador para el psiquismo. Los efectos de eso son, por un lado, el empobrecimiento del lenguaje, como vimos en todos los relatos. Por otro lado, el recurso y las actuaciones violentas en los vínculos intersubjetivos – el cuarto relato lo hace evidente.

Como sabemos, la subjetividad que se constituye en medio a la miseria simbólica está sujeta a experiencias emocionales que exceden su capacidad de elaboración. Eso afecta la constitución del yo y lo obliga a echar mano de defensas que podrán ser extremadamente costosas para el individuo y la sociedad. Entramos en el campo de la psicopatología.

¿Cómo revertir ese estado de cosas? De la misma manera que la reposición del hierro ayuda a mejorar de la anemia, el fortalecimiento no rígido de las instituciones (macro y micro) las vigoriza ante la "anemia psíquica" al promover una especie de "reposición simbólica". La credibilidad y la confianza en las significaciones instituidas alivian considerablemente el sufrimiento existencial y psicopatológico que caracteriza la subjetividad postmoderna. Los grupos de intervención que estamos analizando son *microinstituciones* capaces de relanzar el proceso de simbolización, enriqueciendo, así, los recursos psíquicos para lidiar con las adversidades.

Subrayo el hecho de que la miseria simbólica no tiene relación necesaria con la clase social. Familias de las clases A y B pueden ser absolutamente miserables desde ese punto de vista, como constatamos a diario en nuestros consultorios. Por otro lado, la inclusión cultural de las clases desfavorecidas se ha mostrado como un factor terapéutico de alcance indiscutible. Noto también que la inclusión cultural es completamente distinta de la así llamada inclusión social, que suele ser medida por el aumento de poder de consumo de la población.

Una consideración sobre los efectos de la miseria simbólica en la constitución de la subjetividad. Cuando el yo es obligado a constituirse en medio a la miseria simbólica, algunas funciones esenciales a la vida psíquica quedan perjudicadas. Una de ellas es la capacidad de llevar a cabo la gestión de la angustia por medio de una continua actividad simbolizante. El exceso de angustia desorganiza el psiquismo. En otra vertiente, la miseria simbólica produce una identidad claudicante y mal integrada, lo que puede ser vivido como amenaza de despersonalización o ruptura de la continuidad del ser.

Para lidiar con el sufrimiento vinculado a la miseria simbólica, el yo echa mano de estrategias defensivas específicas, entre las cuales destaco tres.

1. Cuando la capacidad de gestión de la angustia por el ego es insuficiente, hay un desborde pulsional. Según Green (1998), que estudió los estados-límite, los afectos vinculados a experiencias emocionales que el psiquismo no puede contener/elaborar en su espacio propio son evacuados *para afuera de sus límites.* Él ve dos tipos de desborde: "para afuera", en el campo social; los síntomas son las actuaciones, la impulsividad y la violencia, como veremos más adelante. Y/o un desborde "para adentro", en el soma.
2. Cuando el lazo simbólico necesario para vincular la pulsión es excesivamente resbaladizo, el sentido – que podría nutrir un proyecto de vida o el ideal del yo – no se fija, y no puede ser sostenido

por el aparato psíquico como deseo. Se observa una desinversión pulsional generalizada, que produce los cuadros en los cuales el paciente relata experiencias de vacío, tedio o apatía, lo que puede ser confundido con depresión. Como veremos, una defensa posible es justamente la *violencia* (en la escuela).

3. El tercer recurso defensivo que el sujeto contemporáneo encuentra para lidiar con el sufrimiento narcísico-identitario vinculado a la miseria simbólica puede describirse como conductual. Ese recurso – que asume dos formas metapsicologicamente distintas – tiende a ser más aceptado socialmente que el rebasamiento o la desinversión pulsional (descriptos en los ítems a y b), porque la conducta se confunde con modos de ser culturalmente esperados, y el síntoma queda camuflado. Me refiero a la adicción a estímulos sensoriales autocalmantes y a la compulsión que busca producir prótesis identitarias.

Podemos hablar de *adicciones* cuando el sujeto recurre a sustancias y conductas que buscan atenuar la angustia (de fragmentación, persecutoria, etc.) o estimular o excitar el ego tomado por el tedio y la apatía (angustia blanca).

Y hablamos de *compulsiones* cuando el sujeto es obligado a recurrir continuamente a conductas cuya función es construir y dar sostén a la identidad "de afuera para adentro", funcionando como prótesis.

Todo lo anterior muestra que la miseria simbólica está por detrás de muchos de los síntomas con los cuales el analista se encuentra en su trabajo con las comunidades. Por un lado, la violencia vinculada al desborde pulsional o, al revés, la violencia buscada para evadir el tedio. O aun, la adicción a sustancias psicoactivas para anestesiar el dolor de una existencia sin perspectivas.

Eso nos introduce en la última intervención de este bloque: el trabajo de los colegas de APdeBA en la prevención de la violencia en las escuelas.

***

INVESTIGACIÓN Y INTERVENCIÓN EN ESCUELAS PARA LA PREVENCIÓN DE LA VIOLENCIA

Isabel Mansione, Diana Zac y Santiago Hector Carballo
Instituto Universitario de Salud Mental
de la Asociación Psicoanalítica de Buenos Aires

Esa es la única intervención de este bloque que antecede la pandemia y que fue realizada presencialmente, en la escuela.

Los autores fueron llamados debido a la "violencia entre niños" y de la sensación de fracaso e impotencia del cuerpo docente y de la dirección. Se construyó un modelo de intervención en el aula para abordar a una "clase" que no podía considerarse como un grupo.

La premisa teórica que fundamenta esa intervención es la de que la violencia y el acto surgen cuando faltan palabras. Y que la prevención de la violencia pasa necesariamente por la capacidad de escuchar el sufrimiento de esos niños, creando así una matriz simbólica que les permita escuchar al otro. Recorto algunos fragmentos del rico y detallado relato presentado por los colegas.

- *En el aula pudieron observar como dos alumnos por mesa copiaban lo que la maestra escribía en la pizarra. A los diez minutos todo se interrumpió: algunos alumnos se pegaban, otros se escondían, uno se escapó del aula. Aturdida, la maestra explicó: "es así todos los días..."*
- *Juan, uno de los alumnos, cuenta que fue a ver un partido de fútbol; cuenta que su madre juntó la plata cuidando autos y que está muy contento. En el mismo instante, su vecino José le pega con furia.*

Naturalmente, lo traumático de la situación de vulnerabilidad psíquica y social es el telón de fondo de esa intervención. La violencia como síntoma involucra elementos intrapsíquicos e intersubjetivos. Teniendo eso en consideración, fue posible construir un modelo para tratar la violencia en el aula.

Cada vez que alguien en pequeños grupos se ponía inquieto, una de las coordinadoras los invitaba a charlar fuera del aula, a veces en presencia de la directora y la secretaria, que se asustaba al escuchar "todo lo que cuentan y definen los niños sobre la vida que llevan".

Los coordinadores observan que el tedio puede preceder a una explosión; que el sentimiento de impotencia se apodera del individuo y que, destituido de subjetividad, se torna incapaz de pensar en el prójimo. Fue fundamental recuperar el contexto que le da sentido a los eventos y a las experiencias. Fue igualmente fundamental acceder a la experiencia subjetiva de cada uno de los actores – alumnos y docentes. Solamente a partir de eso es posible rescatar el contacto emocional consigo mismo y con los demás.

Con el tiempo, los alumnos empezaron a entender que, si se sentían mal, podían salir para conversar hasta poder controlarse. Luego de dos meses ininterrumpidos de trabajo, el grupo de primer grado fue capaz de sentarse a escribir y disfrutar de las clases. Las mesas fueron posicionadas de modo a formar pequeños grupos, y hubo algunas reuniones con los padres.

Una observación inesperada fue constatar que la vulnerabilidad narcísica no afecta solamente a las personas involucradas, sino también a la institución. Cuando hay violencia, la escuela sufre. Tampoco soporta conflictos, se siente atacada en su prestigio y siente vergüenza y culpa por la violencia que emerge en los conflictos. Al defenderse, también puede ser violenta con los alumnos. "Nos quedamos con la impresión de que, en muchas ocasiones, los niños deben tener paciencia ante la intolerancia del profesor".

***

Al leer este relato me pregunté si queda claro para educadores y psicoanalistas que existe cierta incompatibilidad entre el recorte pedagógico y el recorte psicoanalítico: en el primero es necesario imponer reglas de convivencia y transmitir contenidos; en el segundo se intenta escuchar lo que está impidiendo, en un nivel inconsciente, la adhesión a esas mismas reglas. La excelente solución encontrada en este caso fue la de preservar los dos recortes con sus especificidades: los profesores educan y los psicoanalistas escuchan a los profesores y ayudan a poner palabras al sufrimiento enmudecido que se expresa como violencia. Cito:

> *Cada vez que algún pequeño grupo se inquieta, una de las coordinadoras los invita a conversar fuera del aula, a veces en presencia de la directora y de la secretaria, quienes se asombran de escuchar "todo lo que los chicos dicen y definen de la vida que llevan [...] Con el tiempo los niños comienzan a entender que si se sienten mal saldrán a conversar hasta poder controlarse".*

Mucho ya se dijo sobre las funciones de la violencia en la economía psíquica individual. En el ítem anterior anticipé la idea de violencia como desbordamiento pulsional y como defensa contra el tedio y el vacío. Es lo que pretendo desarrollar ahora.

En las escuelas, o fuera de ellas, varias órdenes de determinación se articulan y potencializan produciendo el comportamiento violento. Destaco algunas:

1. La violencia funciona como una droga altamente excitante usada para combatir el tedio. El relato de los docentes muestra claramente que el tedio puede ser un disparador para el acto. Ese afecto corresponde a una angustia blanca, una sensación de vacío desesperante. Puede ser entendido como un sentimiento de tipo depresivo o esquizoide, resultado de una desinversión maciza de los objetos, tanto internos como externos. La excitación proporcionada por la violencia aleja temporalmente el sentimiento de vacío y futilidad de la subjetividad aburrida.

2. La violencia puede ser una respuesta del adolescente a la indiferencia del mundo. Los relatos muestran como es violento el sistema que torna las personas transparentes e invisibles. En casos extremos, la respuesta es igualmente violenta: es necesario matar a alguien para tornarse visible, para ser alguien y hacerse oír. La violencia es una forma extrema de convocar el objeto y la ley: un grito de socorro.
3. El adolescente, en su discontinuidad identitaria, necesita, en ese paso hacia la vida adulta, ser acogido por lo social. Si lo social está desgastado, si los adultos están ellos mismos en estado de vulnerabilidad psíquica y social, los adolescentes quedan colgados en un vacío simbólico. Las instituciones no cumplen con su rol de contener y ofrecer un lugar valorado, referencias identificatorias e ideales que puedan ser invertidos. Queda la pura sensorialidad excitante, que alivia la angustia de aniquilamiento producida por la discontinuidad identitaria.
4. Está también la violencia motivada por la envidia de aquellos que todavía tienen algo vinculado a los valores tradicionales. En el relato más arriba, José agrede a Juan cuando le cuenta que su mamá trabajó para ofrecerle una ida a la cancha de fútbol. Juan tiene una madre presente y atenta. José le tiene envidia y ataca a Juan. La solución para apaciguar la envidia es destruir lo que no se puede tener/ser. Eso nos hace acordar a la masacre de *Columbine*, en la que dos jóvenes dispararon a sus colegas de escuela y luego se suicidaron. Nos enteramos de que los autores de los disparos eran los alumnos que son vistos y se ven como perdedores y excluidos. La violencia es la forma desesperada de expresar la vivencia subjetiva de *no future* – futuro bloqueado.
5. Pero hay otro tipo de violencia que podemos denominar "post-moderna" porque es deflagrada por la miseria simbólica y por la fragilidad del símbolo (Minerbo, 2007). Ya en 1971, la película *La Naranja Mecánica* anticipó esa nueva forma de violencia. Se trata

allí de una violencia lúdica, aparentemente sin motivos, practicada por adolescentes – el protagonista es Alex – en contra de víctimas inocentes y débiles. En la vida real tuvimos en Brasilia una pandilla de jóvenes que prendieron fuego a un indígena y una persona en situación de calle por pura diversión.

La película aborda también el intento de curar ese tipo de violencia con métodos científicos dichos "modernos": el acondicionamiento. Ese método revela la miseria simbólica, el fracaso del lenguaje y la incapacidad de los propios adultos de conectarse con el sufrimiento psíquico que la determina.

En un primer nivel de análisis, la violencia está al servicio del combate al tedio y el vacío. Pero tras una mirada más atenta, encontramos elementos que apuntan a la crisis de las representaciones, y como *la realidad es convocada para sostener una representación sin lastre*. Esa forma de violencia típicamente postmoderna también está vinculada a la miseria simbólica.

¿Quiénes son las víctimas de la violencia de la pandilla de Alex? Son individuos que, por su estilo de vida y visión de mundo, representan valores de una civilización en vías de desaparecer. Alex no ataca una escultura, un libro o una partitura musical, símbolos de la cultura que está desapareciendo. Ataca y mata a la coleccionista de arte, al profesor y al músico. La realidad es llamada a dar consistencia allí donde el símbolo no se sostiene.

En el ataque a las Torres Gemelas en Nueva York el 11 de septiembre, tenemos esa misma situación: las torres representan al capitalismo salvaje y al imperialismo norteamericano – son un símbolo potente. Pero las torres también son el lugar real en el que decisiones sobre la economía mundial eran tomadas por personas reales que trabajaban ahí todos los días. Las torres gemelas son un símbolo, pero también son "de verdad".

En *Naranja mecánica* hay una forma de violencia lúdica a la que cabe denominar *reality game*, híbrido de *reality show* y *videojuego*. Toda la gracia del *reality game*, cuya traducción es "juego de verdad", es jugar doblemente con la ambigüedad entre la cosa y su representación. El ataque, la violencia, es un juego, pero es de verdad. La víctima elegida es un símbolo, pero también es la cosa simbolizada.

Estamos a leguas de la situación clásica en que una niña o niño usa su masita para crear peones que representan a algún personaje odiado, para luego destruirlos, expresando así su violencia. Como se dijo, no le serviría a Alex quemar la partitura de música tradicional irlandesa. Es necesario atacar a la persona que la está cantando. La representación solo vale para el psiquismo si ella también es la propia cosa. Aquí el peón del juego debe ser de carne y hueso.

Aunque la representación tenga, tradicionalmente, la función de ocupar el lugar de la realidad, en el mundo contemporáneo, la representación – el lenguaje – perdió su lastro. En ese sentido está en crisis; podemos entonces hablar de fragilidad del símbolo y de desnaturalización del lenguaje. En esas condiciones, la representación perdió su capacidad de representar; ante eso, el recurso defensivo es usar la propia *realidad para dar lastre y sostén a la representación*.

Alex no es esquizofrénico. Él no trata a la representación como si fuera la cosa en sí. Sucede algo distinto de la ecuación simbólica: es la propia cosa la que está siendo tratada como símbolo, como representación. Insisto en esa idea. Es como si un bebé, no confiando en la capacidad del peluche de representar a la madre en su ausencia, necesitara un pedazo de su cuerpo "de verdad". Como ya dijo un filósofo, el concepto de perro no ladra. Hoy, para que el concepto de perro tenga fuerza y sea significativo debe, de alguna manera, ladrar.

Dos palabras sobre el vaciamiento semántico. Al inicio de la película hay una escena perturbadora. Vemos una violación sucediendo sobre el escenario de un viejo teatro. La escena nos afecta porque experimentamos en nosotros la fragilidad del símbolo: durante algunos segundos, no sabemos si aquello es de verdad o si es una puesta en escena. Pero la escena tiene otro elemento fundamental que aún no ha sido analizado. Alex no llama aquello de violación, sino de "entra y sale".

Es un ejemplo mínimo de desnaturalización del lenguaje cuyas consecuencias son el vaciamiento semántico y la alteración en nuestra sensibilidad. Cuando la palabra violación es sustituida por "entra y sale" está en curso el proceso de desnaturalización del lenguaje. Cuando Alex usa otra palabra para denominar la escena de penetración sexual violenta, él deshace el lazo simbólico que unía el significante "violación" al significado "delito sexual".

La escena sigue existiendo, pero la palabra "entra y sale" la reviste de un nuevo significado. Eso significa que pasamos a sentir cosas distintas frente a la misma escena. La palabra "violación" nos introduce en el campo de la ética. Despierta en nosotros una sensibilidad relacionada a la violencia y al delito; evoca e produce sentimientos de repudio moral y de horror. La palabra "entra y sale", a su vez, evoca una situación lúdica, de parque de diversiones. Nos introduce en el campo del ocio y no de la ética. La palabra "entra y sale" evoca en nosotros movimientos del cuerpo de un balancín, o una calesita en que los caballitos "suben y bajan".

Repito lo que me parece esencial en ese proceso: el vaciamiento semántico altera nuestra sensibilidad; la violencia sexual pasa a ser vivida como algo inocente y divertido. El concepto de violación ya no existe; la idea de violencia sexual se perdió. A partir de ese punto, un joven puede forzar una mujer a mantener relaciones sexuales, y todo no pasará de un juego (de verdad). La miseria simbólica produce infinitas figuras mínimas de la banalidad del mal – expresión de Hannah Arendt. Inclusive en la escuela.

Finalizando

Me gustaría resaltar que, frente al diagnóstico individual/social de miseria simbólica – y los ya mencionados efectos sobre la constitución de la subjetividad –, la propuesta de intervenciones psicoanalíticas extramuros cobra aún más relevancia.

No se trata solamente de "dar apoyo" o "escuchar" a educadores y cuidadores para evitar el *burnout*, o para que puedan hacer su trabajo, como consta en el relato de los colegas.

No se trata solamente de sostener la transferencia para que la palabra pueda circular; o para que puedan realizar el trabajo psíquico necesario para elaborar lo traumático de su cotidiano.

Es mucho más que eso: es instalar un dispositivo humanizador. Al instituir esos pequeños grupos – o rondas de conversación – lo que se está haciendo es *fundar microinstituciones como estrategia para revertir la miseria simbólica derivada de la crisis de las grandes instituciones.*

La idea es importante y vale la pena repetirla: frente a la actual crisis de las instituciones, esos pequeños grupos – verdaderas microinstituciones instituidas como parte de la intervención psicoanalítica en las comunidades – son la "cura" posible para el sufrimiento existencial postmoderno vinculado a la fragilidad del símbolo y desnaturalización del lenguaje.

Con sus encuentros regulares, con su dinámica, y por su propia existencia pautada exclusivamente por la palabra que circula, se opera una reconstitución – aunque mínima – del tejido simbólico desgastado.

En ese sentido, se revierte el proceso de vaciamiento semántico y se recupera el lastre de las palabras, perdido en el proceso de desnaturalización del lenguaje.

Esas microinstituciones rescatan la potencia del lenguaje en el trabajo civilizatorio.

Bibliografía

Minerbo, M. (2007a). *Neurose e não neurose.* (2. ed.). Blucher.

Minerbo, M. (2007b). *Reality game*: violência contemporânea e desnaturação da linguagem. *Revista Ide,* v. 30, n. 44, p. 103-107.

Minerbo, M. (2019). Comentário sobre uma intervenção psicanalítica na escola. Texto apresentado na jornada da Diretoria de Atendimento à Comunidade da SBPSP. *Movimentos na Fronteira*: psicanálise e comunidade em 5 out. 2019.

Minerbo, M. (2020). Trauma branco. II Simpósio Bienal da SBPSP (*online*).

***

CUIDAR A LOS QUE CUIDAN EN TEMPOS DE COVID-19: PRÁCTICA CLÍNICA AMPLIADA, VIRTUAL Y GRUPAL EN UNA INSTITUCIÓN GERIÁTRICA Y DE REHABILITACIÓN

Alejandro Begue, Olga Cartañá, Rosalia Beatriz Alvarez,
Maria Cristina Fernandez, Sonia Sandleris, Vivian Secco,
Claudia Borensztejn, Laura Orsí y Gabriel Finquelievich
Asociación Psicoanalítica Argentina

El objetivo de los grupos terapéuticos era trabajar las angustias y prevenir el síndrome de *burnout*. Se llevaron a cabo, simultáneamente, diez grupos: nueve de reflexión con los trabajadores de la salud; y uno con los propios coordinadores, cuyo foco era compartir las experiencias y aunar criterios de trabajo ante la urgencia de la situación. Junto a los profesionales de salud, nuestro mayor objetivo era mantener su capacidade de trabajo ante el temor y la angustia cresciente despues de la aparición del Covid-19.

El espacio grupal generara nuevas miradas, observaciones y reflexiones que permitieran alivianar este presente, investir y estructurar um futuro posible.

Aquí se presentan algunos registros de diálogos entre el coordinador y los participantes de los grupos:

> P: – Que lío es estar con todo esto (señala el barbijo y los anteojos). Hay que comodarse a todo.
>
> P: – Los pacientes no me oyen cuando hablo con el barbijo, y tampoco me puedo acercar mucho.
>
> Coordinador: – Entiendo lo que les pasa, es esfuerzo extra, a mí también me pasa, a veces no llego a entender bien lo que ustedes dicen, no sé exactamente quien está hablando y si a eso si le agrego que no entran todos en la pantalla…

Lo que parecía una uniformidad al principio fue diferencíandose. Pudimos rescatar las singularidades al mismo tiempo que las producciones grupales.

> P: – Tengo miedo a contagiarme, contagiar a mi familia.
>
> P: – A mí me dicen mis amigas, no me cuentes, que difícil es trabajar en un lugar así.
>
> P: – Cuando voy llegando a la institución, la gente cruza de vereda. Tienen miedo a contagiarse.
>
> Coordinador: – Acá si pueden contar lo que quieran, es entendible que tengan/tengamos angustia.
>
> P: – Estoy muy cansada, aunque duermo mucho.
>
> Coordinador: – Ustedes son las encargadas de cuidar y quién los cuida a ustedes? Esta es una oportunidad para que juntos aprendamos

cómo cuidarnos, sostenernos y contenernos, armando entre todos una red de sostén.

Si de lo social viene lo que daña, de lo social debe provenir lo que cura.

P: – Me angustia ver lo que está pasando en todos los geriátricos.

P: – A nosotros eso nunca nos va a pasar, el Covid-19 no va a entrar, la institución nos cuida.

COORDINADOR: – Cada uno está viviendo este momento de manera diferente y está teniendo la posibilidad de compartirlo. Una manera de calmarse es pensar que el lugar de trabajo las va a proteger.

***

P: – Escucharlos me alivia, pensé que solo me pasaba a mi.

P: – Estoy harta, cada vez más trabajo.

P: –Llego a mi casa y me siguen llegando WhatsApp con los nuevos protocolos, no termino de acomodarme a uno, que ya llega otro.

P: – Estoy cansada, no pude dormir y hoy a la mañana no quería venir a trabajar.

P: – Estamos sobreexigidos y no podemos más.

COORDINADOR: – Parece que por un lado se sienten cuidados por la institución y al mismo tiempo son sobreexigidos.

P: – ¿Y si pensamos de qué manera podrían hablar con sus coordinadores y transmitirles lo que están sintiendo?

P: – Es muy difícil el dialogo en esta institución.

COORDINADOR: – Quizá la institución es muy exigente, pero tal vez se une a las exigencias de cada uno de ustedes.

El sostén y mantenimiento de los vínculos proveen inmunidad psíquica, verdadera usina de recursos para la prevención del *burnout*.

> P: – El virus al final se hizo presente, yo todo el tiempo me hacía el bocho, ¿qué iba a pasar? ¿Qué me iba a pasar? ¿Qué nos iba a pasar? Para mí fue un alivio.
>
> Coordinador: – ¿Cómo es eso del alivio?
>
> P: – Estábamos ya preparados para recibirlo.
>
> Coordinador: – A veces lo que uno imagina supera la realidade.

Efectos de la tarea

– ¿Saben lo que hice en mi día libre? Preparé una capacitación para darle a mis compañeros lenguaje de señas, así podremos entendernos con el paciente sordo que ingresó, me sentí re bien en hacerlo. (Relato de una fonoaudióloga)

– Tengo un montón de trabajo atrasado pero no quería dejar de venir. – Venir acá es un respiro en medio de tanto trabajo.

– Podemos llamar a este momento de la semana "el campito".

El trabajo grupal pone en juego, los recursos saludables del psiquismo y remite a las potencialidades creativas y curativas existentes en cada sujeto.

***

INVESTIGACIÓN E INTERVENCIÓN EN ESCUELAS PARA PREVENIR LA VIOLENCIA

Isabel Mansione, Diana Zac y Santiago Hector Carballo
Instituto Universitario de Salud Mental de la
Asociación Psicoanalítica de Buenos Aires

Formamos parte de un equipo interdisciplinario con psicoanalistas, psicólogos y psiquiatras, sociólogos y educadores. Radicado en la Asociación Psicoanalítica de Buenos Aires (APdeBA) y su Instituto Universitario de Salud Mental (IUSAM).

Trabajamos en prevención primaria y secundaria en escuelas del conurbano bonaerense, de CABA y algunas del interior en Córdoba y Santa Fe. También formamos parte de un corredor educativo con Italia como parte del proyecto Educreando, de prevención de la violencia en la escuela.

Además, el equipo realiza acciones de sensibilización, capacitación y acompañamiento con supervisores, equipos directivos y docentes del sistema educativo y también con Institutos de Formación docente. Realizamos dos tareas la de asistir a la escuela y la de formar nuevas generaciones de psicólogos y educadores que continúen la tarea.

En las intervenciones en el aula utilizamos la acción para investigar con los docentes los complejos modos en que se manifiestan las urgencias subjetivas en contextos de vulnerabilidad psíquica y social.

Hoy presentaremos una experiencia en la que se fue construyendo un modelo vincular de intervención en el aula, para abordar un grupo que no podía constituirse en grupo de aprendizaje.

Es una directora quien nos llamó, el motivo es la violencia "de los niños" y las sensaciones de fracaso e impotencia del equipo docente y directivo.

El equipo comienza a prepararse desde el ISFD 1, colaboran estudiantes del profesorado de enseñanza primaria. Se organizan diez parejas de futuros docentes, varón- mujer, y una pareja "volante", cuya función es armar espacios de comunicación con los niños que no puedan escuchar ni ser escuchados. Nos propusimos:

- ayudar a la maestra a constituir un grupo de aprendizaje inclusivo, ayudarla a escuchar.
- sostenerse en una situación de comunicación, ayudando a poner palabras donde hay acción.
- aplicar normas y valores para la convivencia desde la perspectiva de que no se puede prohibir el deseo, sino poner límites a los actos.

En el aula encontramos gran desorden dos alumnos por banco, copiando lo que la maestra ha escrito, a los diez minutos todo se interrumpe, unos pegan, otros se esconden, alguno se escapa del aula, la maestra parece aturdida, nos mira y dice "todo el día es así… me voy con dolor de cabeza". Sabemos que el cuerpo sostiene el grupo. Uno de nosotros se ocupa de escuchar activamente a la maestra y el resto de las parejas se ocupan de estar con los alumnos en pequeños grupos, preguntándoles qué les sucede, pero es imposible entenderlos, se superponen.

Juan, un alumno, cuenta que fue a ver un partido y que su mamá juntó dinero cuidando autos, que está muy contento. En el mismo momento su vecino José le pega con furia.

Se le dice a José que no entendemos qué le pasa, pero que lo intentaremos, que saldremos un rato con él. Quiere jugar a que lo vayan a buscar y le digan algo lindo, se le dice: ¡Qué bueno que viniste! ¡Te esperábamos! Nos pregunta si sabemos si su mamá va a dar al hermanito que va a nacer. Luego entra contento al aula. Puede volver a su lugar y trabajar un rato. La directora nos cuenta que la madre está embarazada, que José es el hijo mayor y que su madre ha dado antes dos hijas mujeres a otras familias.

Con el tiempo los niños comienzan a entender que si están mal saldrán a conversar hasta poder controlarse. No se puede cumplir con una planificación tradicional, pero se está construyendo lenguaje y comunicación, se está construyendo pensamiento.

La técnica vincular que se fue construyendo

Se acompaña al docente y a los niños en presencia de los estudiantes, a los efectos de que observen una manera de trabajar.

Cada vez que algún pequeño grupo se inquieta, una de las coordinadoras los invita a conversar fuera del aula, a veces en presencia de la directora y de la secretaria, quienes se asombran de escuchar "todo lo que los chicos dicen y definen de la vida que llevan". Muchos niños eligen escuchar cuentos. Y éstos se eligen a su vez con cierto propósito, aluden a niños que no se sienten bien con los adultos cuidadores y que logran "escapar" de desventuras con ciertas ocurrencias divertidas.

Dijo un niño a su maestra: "Estoy contento porque vos piensas en mi". Luego de dos meses ininterrumpidos de trabajo, el grupo de primer grado puede sentarse a escribir, disfrutar de los cuentos en clase. Se han colocado las mesas formando pequeños grupos y ha habido alguna reunión con los padres.

La idea fue sostener a la docente en el desarrollo de su potencial poniendo un andamiaje para alcanzar lo que fuera posible.

Nos queda la impresión de que en algunas ocasiones son los niños los que tienen paciencia a la intolerancia del docente, promovida en general desde una situación de desamparo intersubjetiva.

Algunos supuestos y algunos conceptos del marco teórico

Cuando nos consultan por situaciones de violencia, lo primero que nos planteamos como investigadores es desnaturalizar obviedades, lo que el sentido común ha naturalizado, lo que los medios han impuesto como un mensaje breve y entrador: niños que golpean, padres que golpean, maestros golpeados, adolescentes golpeadores. ¿Pero es eso lo que ocurre? ¿Qué entiende cada protagonista por hechos violentos? ¿Qué vínculos promueven violencia?

Encontramos intersticios interesantes en lo no escrito hasta el momento: la dinámica intersubjetiva e intrasubjetiva previa y subsiguiente a la explosión o a la implosión, en contextos grupales, con un coordinador supuestamente adulto a cargo de personas de menor edad.

Así fue que nos propusimos armar los indicadores de aparición de incidentes críticos, para lo que el equipo diseñó una investigación desde donde aprendimos, por ejemplo, que un estado mental de aburrimiento puede preceder a una explosión, que los sentimientos de impotencia desbordan al sujeto que luego enferma, o que devastada su propia subjetividad no puede pensar en el otro, en el alumno, en el colega, el director en el docente, el padre en su hijo y que alguien no pensado queda invisibilizado.

Si ese otro es un alumno, puede llegar a convertirse en un sujeto invisibilizado si el adulto cuidador no puede pensarlo, es decir, una forma sutil de violencia. O queda hipervisibilizado cuando es "rotulado", otra forma de violencia.

Creemos que lo que caracteriza nuestro accionar es dirigirnos a la comprensión de la subjetividad e intersubjetividad desde las significaciones dadas por los mismos sujetos, proponiendo recuperar el registro emocional de los otros y de sí mismo en las interacciones

Respecto a los alumnos

Sensibles e inteligentes, y en general en un lenguaje claro, aunque escaso, presentan una escuela muy querida y valorada, que les falla en la búsqueda de la verdad. Hemos encontrado fuertes indicadores de que la escuela como institución y sus maestros todavía son un lugar donde se depositan altas expectativas. Si se los critica es porque duele que no tengan lo que se espera de ellos. Los alumnos reclaman que la maestra haga algo por ellos. Al organizarse un vínculo entre alumno y docente, uno puede desilusionarse del otro porque espera respuestas diferentes a las que recibe. Lo llamativo es la insistencia de este eterno buscador, el niño que busca y busca como queriendo encontrar lo que no encuentra, porque parece que prefiere pensar que hay algo, y que en todo caso no lo ha encontrado, pero está.

Los niños perciben adecuadamente las situaciones de ellos y de los adultos cuidadores y hacen interpretaciones correctas hasta que la fuerza del medio les impone desestimar sus apreciaciones y una parte de ellos deja de pertenecerles. El desarrollo se vuelve intermitente, discontinuo.

El aprendizaje:

Es fundamental entenderlo como un proceso emocional y cognitivo para el cual el peor enemigo es la rigidez. Y es muy importante comprender que se aprende con dolor, y ese dolor debe ser administrado en dosis soportables.

La escuela:

No puede soportar tener conflictos, parece que siente que defrauda si los tiene, que traiciona una historia de prestigio, y la violencia emergente se convierte en un flagelo que la acusa, la culpa y la avergüenza.

Nos queda la impresión de que en algunas ocasiones son los niños los que tienen paciencia a la intolerancia del docente, promovida en general desde una situación de desamparo intersubjetiva.

Conclusiones

Cuando lo que hay parece violencia, se necesita recuperar:

- el pensador en el cuidador adulto;
- el contexto que otorga sentido a los hechos y vivencias;
- la conjunción de pensamientos y sentimientos;
- el espacio del deseo;
- el diálogo, pero un diálogo especial en el que el niño y el docente sean escuchados activamente y no se intente anular la subjetividad de los mismos.

***

GRUPO DE REFLEXIÓN HORIZONTAL CON PROFESORES, COORDINADORES, DIRECTORES, EQUIPO TÉCNICO Y ADMINISTRATIVO DE UN GRUPO DE ESCUELAS

Any Trajber Waisbich y Rosana Zabaki
Sociedad Brasileña de Psicoanálisis de São Paulo

Contexto

Esta intervención se desarrolla desde 2018 y es una de las colaboraciones entre la SBPSP (Sociedad Brasileña de Psicoanálisis de São Paulo), a través de la DAC (Dirección de Atención a la Comunidad), y el Centro Paula Souza (CPS). El Centro Paula Souza es una institución de enseñanza vinculada al gobierno del Estado de São Paulo y tiene como objetivo la educación formal en dos segmentos: las Etecs (escuelas técnicas), orientadas a los jóvenes al final de su formación académica obligatoria, con edades entre 15 y 18 años; y las Fatecs (facultades técnicas), destinadas a adultos y cuyos cursos tienen duración de tres años.

Esta organización posee un cierto grado de independencia, a condición de que se adecue a los parámetros del Estado en relación con la educación y al gobierno de turno.

La demanda por atención, en ambos segmentos, partió del CPS a través de su presidenta, que al ponerse en contacto con las acciones de la DAC, se interesó por armar un proyecto que contemplara la atención grupal de equipos transversales de profesionales que trabajan en las diversas unidades dispersas por el Estado de São Paulo. Las reuniones fueron realizadas por la directora y coordinadora de la DAC, junto con la dirección ejecutiva del CPS.

Denominamos grupos transversales a aquellos que integran profesores, coordinadores, directores, profesionales del área administrativa y representantes de la dirección general.

El trabajo que relatamos a continuación tiene lugar junto a las Fatecs y fue iniciado en agosto de 2018. Los participantes venían hasta el centro de la ciudad de São Paulo, donde se encontra la sede administrativa y una de las Fatecs. Los grupos estaban formados por ocho facultades con al menos dos representantes de cada una que, al ser invitados por sus respectivos directores, se interesaron en participar en ocho encuentros a lo largo del semestre, coordinados por tres psicoanalistas.

Es importante destacar que estos grupos no eran obligatorios, no resultaron en certificados ni se incentivaban mediante beneficios, salvo una contribución para el transporte cuando necesario.

Cabe recordar que algunos miembros viajaban más de 12 horas para participar en un grupo de una duración de una hora y media, cada 15 días, los viernes, a partir de las 14 horas.

A partir de marzo de 2020, por la coyuntura de la pandemia, el trabajo comenzó a desarrollarse a través de una plataforma virtual proporcionada por la institución y con dos coordinadoras. La asistencia aumentó considerablemente y la participación adquirió otra calidad, con una franqueza que debe ser destacada.

El fragmento que sigue fue extraído de un encuentro ocurrido a fines de junio de 2021.

Viernes, 14h. Los participantes de esta reflexión en grupo empiezan a entrar en la sala *online* proporcionada en la plataforma Microsoft Teams y son recibidos por las analistas Any y Rosana. Los nombres de los miembros de la institución fueron cambiados para mantener la confidencialidad.

– ¿Puedo empezar? – pregunta María. – Siempre vengo acá trayendo problemas, pero estoy angustiada. La última vez fue por la muerte de un profesor muy querido y que hace falta.

Otros participantes, mediante movimientos con la cabeza, concuerdan con el sentimiento de María.

– Miren lo que sucedió junto con este clima de fin de semestre, la deserción de estudiantes y el miedo de que, sin suficientes alumnos, corremos el riesgo de cerrar cursos: uno de nuestros alumnos, João, está detenido. No sabemos por qué delito – suspira Maria y continúa – Asiste a las clases desde la prisión y en presencia de un carcelero. El profesor Milton no permitió hacer los exámenes finales porque no tuvo suficiente participación en las clases. Reprobó al chico. No estoy diciendo que debamos tener lástima.

Surgen miradas con los ojos muy abiertos, incluso por parte de las analistas.

– ¡Eso es un absurdo! – grita el profesor Claudio, visiblemente emocionado. – Ya no podemos dejar en manos de un docente la decisión sobre el destino de un alumno. Necesitamos analizar el contexto en cada caso y este es un buen ejemplo: es un alumno que está en la cárcel y intenta salir dignamente de ella.

– Me enteré después, cuando ya no se podía hacer nada – se justifica María, avergonzada. – El estudiante intentó oponerse, pero no fue escuchado. Intenté de hablar con el profesor, pero fue inflexible; siempre ha sido difícil. Lo que me hizo sentir aún peor es que este profesor vino a fallecer poco después, de Covid-19.

– ¡Ay! La realidad cruda y desnuda – comenta Any, impactada, pensando en todos los aprisionamientos singulares y grupales. – Este alumno puede haberse sentido culpable, responsable, o hasta haber sentido que contribuyó a la muerte del profesor. Esas emociones son comunes y ese sentimiento es arrasador, llevando al sujeto a aceptar las condenas. ¿No quiso o no sabía que podía reivindicar?

– Puede ser – reflexiona María. – Pero, en las otras disciplinas, él fue aprobado con calificaciones altas, fue uno de los mejores de nuestra unidad.

– También tengo una historia similar – interrumpe Flavia, directora de otra unidad. – Me enteré de la reprobación de una alumna porque la profesora no le caía bien; ella era negra y también tenía dificultades para asistir a las clases.

– Ahí está lo que yo digo hace tiempo – comenta Claudio, indignado. – No es posible que nos quedemos sin una reglamentación de las acciones en este establecimiento, y dejar la decisión a cargo de profesionales que no se preocupan por los seres humanos.

Los participantes asienten con la cabeza y hay un silencio. Entonces Paula, representante de administración, muy conmocionada, decide intervenir.

– No veo que la educación en este país avance como era deseado – dice ella, con la voz temblorosa y entrecortada. – He trabajado más de veinte años en educación y solo veo las cosas retrocediendo. ¿A dónde vamos a llegar de esta manera?

– Pero también hay muchas cosas buenas sucediendo en la institución – interrumpe la profesora Marcia, en un tono conciliador y casi maternal. – Nosotros tenemos estos grupos para poder intercambiar ideas y angustias.

Marcia hace una pausa, respira hondo y sigue, con tono pesaroso:

– Ahí viene el miedo de volver a las clases presenciales, al pensar en las muertes que ya ocurrieron.

Hay un visible malestar. Algunos de los participantes miran hacia arriba, otros hacia los lados, los ojos húmedos.

– Escuchándolos hablar, pensé en lo siguiente: llegamos a asuntos áridos en este encuentro, pero ustedes también hablaron de resiliencia y esperanza al traer la historia del alumno detenido – dice Rosana, rompiendo el silencio. – De alguna manera, ustedes lograron transmitir algo bueno para él, que le hizo creer en sí mismo y en la institución de enseñanza.

– ¡Es cierto! – responde María, con la alegría de una niña. – Mirando por ese lado, me doy cuenta de que, a pesar de las dificultades, nuestro esfuerzo no es en vano.

– ¡Nuestra! Me acabo de dar cuenta de algo ahora – interrumpe Flavia, como si se hubiera acordado de un sueño – Parece que nosotros nos conocemos hace mucho tiempo, pero muchos de nosotros nunca nos hemos visto personalmente. ¡Tengo que anotar sus contactos para que sigamos intercambiando experiencias!

– Verdad. Necesitamos formar un grupo de escucha, porque queremos cambios – afirma Claudio, ahora en un tono conciliador.

– Sí, y por cuenta propia – completa Any.

– No me vengas con esa – responde Claudio, de forma jocosa – Si ustedes nos dejan así, ¡nos pondremos carentes!

Risas y despedidas.

***

RELATO DE UNA RONDA DE CONVERSACIÓN CON EDUCADORES DURANTE LA PANDEMIA

Denise Lahude
Sociedad Psicoanalítica de Porto Alegre

Relataremos la ronda de conversación (RC) realizada virtualmente como una de las actividades de la Jornada Pedagógica de la Escuela Municipal de Enseñanza Fundamental Mariano Beck, el día 22 de julio de 2021. Partimos del material escrito por un profesor. A continuación, el texto:

> *Pandemia, ¡Ok! Pero ¿la "Pandemonia"? ¿Qué hacer? ¿Cómo sobrevivir a un mundo trepidando todo el tiempo y tener que sostener a nuestros alumnos, a nuestras familias y a nosotros mismos? Nos enfrentamos a un regreso incierto que, de seguro, sólo tiene la constatación de que los alumnos no aprenden sin el protagonismo del profesor, no por falta de información y contenidos, sino por la comprobación de que las personas sólo aprenden cuando son provocadas. Y el profesor es el Maestro en proponer desafíos, reconstruir lo que parecía tener una sola forma de existir.*

El grupo tuvo una duración de sesenta minutos y arrancó con la presencia de aproximadamente quince profesores de la Educación de Jóvenes y Adultos (EJA).[2]

Después de algunas consideraciones acerca de los efectos de la pandemia, asociadas al negacionismo y desmanes del gobierno, se animó

2 N.T. La Educación de Jóvenes y Adultos (EJA) es la modalidad de enseñanza destinada a garantizar los derechos educativos de las personas de 15 años o más que no tuvieron acceso o no concluyeron la educación básica. Se trata de un público sin límite de edad, generalmente caracterizado por la condición de exclusión socioeconómica, cultural y educacional.

a hablar una maestra de matemáticas, S., con la voz embargada, sobre cómo ese año estaba difícil para ella, no solo en el trabajo sino en todos los campos: "No esperaba encontrar alumnos analfabetos en el último año y tantos sin preparación!". Se vio frustrada y desafiada y no se sentía más profesora, pues encontraba tan pocos alumnos en el aula que sus clases parecían más bien particulares. Empezó a comentar y a pedir ayuda a los colegas, y una de ellas sugirió que S. hiciera actividades más adaptadas, lo que la llevó a tener que estudiar para "encontrar la manera".

El maestro de historia, A., tomó la palabra y habló de la medida del gobierno para excluir de la EJA a alumnos de 15 a 18 años. Estos son los que más aprovechan y necesitan ese recurso, porque necesitan trabajar de día para ayudar a los padres (muchos de los cuales perdieron su trabajo) a proveer para las familias. Relató que en el grupo de 30 a 60 años hay un número alto de analfabetos funcionales. Están también los pibes que no trabajan, se quedan por la calle metidos con el tráfico y fueron trasladados al turno de la noche por una acción del Consejo Tutelar.[3] Según él ese grupo "no quiere nada de nada". Informó que gran parte de los alumnos están participando de manera remota, es decir, vienen a la escuela por los materiales y estudian en casa. Muchos también perdieron sus empleos.

Muchas quejas se hicieron respecto del gobierno, que no valora y, si puede, terminará con el EJA. La maestra I., que ya había participado en las RC de la Sociedad Psicoanalítica de Porto Alegre, supo de este encuentro y vino "porque lo extrañaba". Relató que, durante el día, le pasa parecido con los niños, que no saben adicionar o sustraer. El año pasó, los niños no aprendieron, pasaron todos de grado y los profesores tienen que lidiar con desfasajes en el aprendizaje que difícilmente serán eliminados. Otro aspecto destacado fue que las disputas del narcotráfico en el barrio de la escuela, que provocaban frecuentes toques de

3 N.T. Institución pública autónoma, no jurisdiccional, dedicada a la protección de los derechos de los niños, niñas y adolescentes.

queda y tiroteos asustadores, se redujeron y el clima es de relativa paz. La profesora S. volvió a comentar sobre su dificultad por el hecho de haber sido formada de manera cartesiana, lo que dificulta la elección de un camino alternativo.

La psicoanalista F. comentó que conocemos los impactos de la administración de la enseñanza por parte del gobierno actual y que también en las RC con el Foro Municipal prevalecía el mismo tono de quejas y desesperanza. Sin embargo, era necesario continuar y era necesario encontrar los medios para lidiar con las adversidades. Citó a Paulo Freire, recordando que tal vez sea necesario que los profesores se animen a experimentar algún distanciamiento del compromiso con la enseñanza tradicional enfocada en los contenidos. La psicoanalista D. relató brevemente sobre el encuentro que tuvimos con el educador Tião Rocha, de Minas Gerais, que desarrolló un método de educación que apostaba a los conocimientos de los niños y a su capacidad de dialogar e intercambiar con los demás. Completó diciendo que, para haber educación, no es necesario ni siquiera que haya escuelas, porque esos intercambios se darían hasta debajo de un árbol de mango. La profesora S. y los demás demostraron interés en conocer esa pedagogía.

La profesora N., que también trabaja en otra escuela y está en el turno de la noche, trajo la buena noticia de haber participado en una formación de la Mantenedora, compuesta por educadoras de la Secretaría Municipal de Educación (SMED), que ayudará a los profesores a trabajar con los alumnos de la escuela dentro de las condiciones reales y no condicionales. Esta profesora enfatizó que los alumnos buscan, en realidad, no solamente contenidos, sino sobre todo convivio y amor. Son personas que tienen problemas de salud, hambre, falta de asistencia, pasan por situaciones de duelo y tienen necesidades afectivas y económicas. Necesitan apoyo integral socioeducativo-emocional.

El profesor J., que trabaja con artes y educación física, personaje entusiástico y muy hablador en la ronda, tomó la palabra y dijo que viene acompañando las angustias de los colegas que trabajan en la EJA.

Él ve mucha ansiedad, pero recuerda que los maestros son los agentes de las acciones para mover las cosas. Reconoce que es necesario avanzar en los contenidos, pero también hay que mirar los desfasajes desde la práctica del convivio con los alumnos. Percibe en la EJA "un gran hiato, que desconsidera la historia y la edad cronológica y subjetiva de cada alumno – cada uno tiene sus historias, deseos y frustraciones". Cree que "quienes trabajamos con arte tenemos mayor apertura para crear, inventar soluciones posibles y nuevas". La psicoanalista F., reforzando la intervención del profesor J., dice que el aprendizaje es una experiencia que se da en el plano existencial, no solamente intelectual y racional.

A partir de esas intervenciones e intercambios, se fue experimentando en el grupo la transformación del ambiente quejoso de impotencia y pesimismo, de quienes estaban aferrados a conceptos estanques y cartesianos (palabra expresada por la profesora S.) en otro, en el que las capacidades creativas de sus miembros pudieron ser liberadas y vividas como potencia y libertad para transformar la realidad presente en otra desconocida, que espera para ocurrir, como bien dice el profesor J. Se confirmaron las palabras del relato expuesto inicialmente: "Y el profesor es Maestro en proponer desafíos, reconstruir lo que parecía tener una sola forma de existir".

El conjunto de manifestaciones del grupo, inicialmente, tuvo un tono catastrófico, y fue generando en las coordinadoras psicoanalistas una creciente sensación de aplastamiento bajo el peso de los relatos cargados de adversidades, aparentemente sin solución. Una de las coordinadoras, la que primero habló, "acusó" este estado-sin-salida y de intensa presión, proponiendo que alguna válvula se abriera para disminuirla: "¡Hay que hacer algo!", dijo. En ese momento, sobreviene a la mente de la otra psicoanalista la conciencia de la desigualdad entre ellas – psicoanalistas que trabajan de manera remota, tienen sus ingresos o "adiciones" garantizados, viven en casas cómodas y preparadas para la supervivencia, vacunadas con prioridad (a través de la representación de sus consejos y sindicatos) y que disfrutan de su privilegio blanco, etc. – y el resto del grupo. Por instantes, una incómoda vergüenza domina su mente, por la ruptura de las reglas y el no respeto a las normas y valores igualitarios. Sentimiento de inadecuación, que parte de una evaluación interna, de su auto juicio, y que se torna peor porque no se las está criticando o condenando.

¿Qué tendrían esas psicoanalistas para decir a estos educadores? Ellas se la pasan repitiendo, en sus reuniones, "cómo es triste y asustador" pasar por lo que pasan esas personas, a las que les faltan recursos de todo tipo y están con hambre..., pero ellas no saben qué es eso – nunca lo vivieron. ¿Qué decir, entonces? Pero es necesario alejar tales pensamientos, porque los educadores piden, aquí y ahora, respuestas que los psicoanalistas no tienen.

Es sorprendente, y a la vez provoca alivio, la percepción de que las respuestas están debajo de nuestras narices. Los educadores ya lo venían haciendo y siguen actuando y movilizando sus propios recursos creativos, liberados por la urgencia de la situación. Del mismo grupo, inicialmente oprimido, emergen pensamientos: es como si un "analfabetismo psíquico funcional" se hubiera diseminado en aquél ambiente, tornándolos individuos que, aunque supieran organizar problemas de los más diferentes tipos y encontrar soluciones para ellos, no pudiesen operar con ellos, es decir, reconocer que dichas soluciones no son, necesariamente, las cartesianas, regidas por la batuta de lo previsible, de lo ya pensado y ya escrito, sino que requieren la activación del pensamiento autoral o del protagonismo – precisamente el rol que están desempeñando, aunque sin saberlo y sin apropiarse de él como acto creativo. Protagonistas, que poseen el papel de mayor destaque en las obras en las que es posible construir una trama, como cuentos y guiones. Se tratan, entonces, de constituyentes de la historia narrativa, que cobran importancia y protagonismo por las acciones realizadas por ellos, para ellos o sobre ellos.

¿Qué es, entonces, eso que hacemos? ¿Por qué esas rondas de conversación son tan valoradas por los educadores? ¿Será porque compartimos su dolor? ¿Será que llegamos a compartirlo, de hecho, cuando nos encontramos detrás de esas membranas a servicio de nuestra protección, ya que el exceso de sufrimiento de muchas personas al mismo tiempo nos angustia a tal punto que sentimos agotamiento y estrés empático? ¿Sería distinto si fuéramos a campo para visitar y conocer de cerca a las familias en problemas, sobre las que hablan los educadores? ¿O sería porque "aprendimos" de la experiencia de muchas rondas de conversación ya realizadas con ellos que esos educadores son extremadamente competentes y los admiramos por ello? Ellos sienten, se dan cuenta de cómo nos impresionan sus capacidades para enfrentar situaciones de "sustracción" muy difíciles, verdaderas experiencias de guerra y que no son parte de nuestro repertorio existencial, solamente cognitivo. Y, a partir de ese encuentro especular, ¿terminan viéndose a sí mismos como personas admirables? Un viejo rabino dijo que nosotros amamos aquello a lo que cuidamos, y se puede decir que un complejo juego de espejos en las RC termina por crear una ambivalencia, un espacio organizado y animado, que constituye un medio físico y, a la vez, medio estético y psicológico, capaz de diseminar sentimientos y pensamientos de potencia creativa, autoestima, bien-querer y admiración mutua.

PARTE III
Abismo social

6. El mecanismo de negación y el psicoanálisis en la deconstrucción del racismo estructural[1]

PSICOANALISTAS EN COMUNIDAD: EXPANDIENDO FRONTERAS

Alberto César Cabral
Asociación Psicoanalítica Argentina

Me resulta más que oportuna la iniciativa de la Secretaría de Cultura de Fepal de recopilar y difundir los testimonios de la así llamada "práctica en comunidad". Este libro los hace ingresar – por pleno derecho – al

---

1 El artículo que abre este capítulo, elaborado por Alberto César Cabral, fue realizado en base a los trabajos de las colegas Silvia Bracco y Karina Santos da Silva, de São Paulo, Brasil; y Heloísa Tonetto, Ivani Bressan, Josênia Heck Munhoz, Luciana Aranha Secco, Magali Fischer, Maria Elisabeth Cimenti, de Porto Alegre, Brasil. Sus respectivos trabajos también componen este capítulo.

patrimonio diversificado de experiencias clínicas que impulsan nuestros colegas y atesoran nuestras instituciones.

Es un paso importante para promover una reflexión amplia en torno a estas prácticas que circulan con frecuencia en sordina, toleradas a regañadientes por un "discurso oficial" que tiende a menoscabar todo cuanto se aleja de los moldes clásicos en los que se ha desplegado (¿o replegado?), históricamente, nuestra disciplina. Cuestionar esta condición periférica, fronteriza y hasta sub-oficial, permite recuperar su aptitud para interpelar la arrogancia de un centro que imaginariamente podría dictaminar con precisión (y de antemano) qué *es* y qué *no es* psicoanálisis.

En un video de difusión para nuestro anterior Congreso de Fepal, compartí algunas de las resonancias que tenía para mí el eje escogido en ese entonces: "Fronteras". Insistía ahí en el hecho de que las zonas de frontera eran zonas en las que "pasaban cosas"... en varios sentidos. En tanto zonas privilegiadas de intercambio, pasan a través de ellas bienes, mercancías y personas. Pero también giros idiomáticos, que hacen que la lengua hablada en las fronteras sea particularmente híbrida... así como las pautas culinarias y culturales en general, que suelen participar de un mestizaje habitualmente enriquecedor.

Las fronteras configuran, también, zonas más desreguladas: pese a los esfuerzos de los Estados, la mano larga de la Justicia no llega a regir con plenitud en los confines, impregnados de un clima trasgresor que les confiere un aire inquietante. Es que en ellos "pasan cosas", también, en el sentido de que "ocurren" acontecimientos – menos frecuentes en ámbitos "normales" – que los convierten en escenarios privilegiados para ficciones policiales o de espionaje.

El caso es que también nuestra disciplina tiene fronteras, que delimitan su jurisdicción y sus áreas de incumbencia. Fronteras que – si se adopta una mirada "de águila" (Nietzsche, 1881), extendida en el tempo – demuestran ser tan móviles y cambiantes como las estatales. Es por eso que el desenvolvimiento de nuestra disciplina, en el siglo largo que lleva de existencia, se ha visto impulsado por la convicción entusiasta de analistas que extendieron la práctica basada en la asociación libre y la atención flotante más allá de las fronteras consagradas por el "estado del arte" que les fue transmitido. Practicantes de la disciplina, entonces ... ¡paradojalmente "*in*-disciplinados"!

Lo que nos permite pensar que, afortunadamente, estos "analistas-exploradores" se beneficiaron de una transmisión que alentó en ellos un espíritu innovador y transgresor, que los autorizó a incursionar más allá de las fronteras que encuadraron la práctica de sus "padres" preservando a la vez la "diferencia específica" (Aristóteles) que hace de un diálogo, un diálogo propiamente psicoanalítico. Sin hesitar a la hora de modificar – cuando fue necesario – encuadres y modalidades "clásicas" de intervención, para alojar y diseñar respuestas a las nuevas demandas a las que se proponían responder.

Diríamos que cada uno de ellos pudo modelar una "ecuación personal" (Ferenczi, 1928) que le permitió habitar en forma creativa pero rigurosa a la vez, el espacio evocado por el binomio – casi un *oxímoron* – que convocó otro Congreso reciente de Fepal: "Tradición-Invención". Y sabemos – esto también hace a la historia de nuestra disciplina – que cada uno de ellos tuvo que soportar en su momento, y en mayor o menor medida, las resistencias y las descalificaciones de un *stablishment* siempre más consagrado a resguardar lo que una tradición puede tener de esclerosante, que a acoger lo que una innovación puede aportar de desarrollo.

A pesar de estos obstáculos, el psicoanálisis incursionó – primero tímidamente, para consolidar su presencia después – en el trabajo con psicóticos, con niños, con parejas, con grupos, con familias, con adicciones. La homologación del uso de dispositivos virtuales para desplegar nuestra práctica ha recorrido en los últimos años un camino similar, sembrado de imputaciones de herejía y de resistencias análogas a las que despertaron, en su momento, las sucesivas extensiones de las fronteras iniciales de nuestra disciplina. Mi impresión es que en los analistas cuyos testimonios recoge este libro palpita el mismo impulso *in*-disciplinado que en aquellos practicantes y teóricos innovadores a los que debemos los desarrollos sucesivos del psicoanálisis.

Poblaciones "vulnerables": una aproximación psicoanalítica

Los testimonios reunidos por las colegas de São Paulo y de Porto Alegre tienen en común el trabajo con niños y jóvenes de poblaciones mayoritariamente "vulnerables", de muy bajos recursos económicos. Se trata de franjas de nuestras comunidades en las que registramos el fracaso de lo que Durkheim (1897), para muchos el padre de la sociología moderna, consideraba la tarea prioritaria de las generaciones adultas. Esto es, anudar las generaciones jóvenes a la trama sólida del cuerpo social, mediante la transmisión de tradiciones, valores e ideales a los recién llegados.

Ya en los comienzos del siglo XX Durkheim detectaba en la anomia y el aumento de las tasas de suicídio, el correlato del tránsito de formas tradicionales a formas modernas de organización social, caracterizadas por la pérdida del factor cohesivo de prácticas, vínculos, creencias y significaciones compartidas. Esto es, el arsenal simbólico que la cultura provee para domesticar el encuentro con lo real traumático. Es el mismo registro que unas décadas antes había llevado Karl Marx a formular su conocida sentencia, devenida en aforismo: "todo lo sólido se desvanece en el aire".

Los cambios culturales que se han ido produciendo al compás de las incesantes innovaciones científicas y tecnológicas que caracterizaron al siglo XX y lo que va del actual parecen intensificar este impulso al debilitamiento creciente del lazo social. Verificamos así un panorama contradictorio en apariencia: al "amparo" de nuestras sociedades desarrolladas medran franjas cada vez más amplias de "desamparados".

Es un contraste que configura una tensión inquietante. Las colegas de São Paulo la insinúan al describir las coordenadas en las que despliegan su trabajo:

> *Nuestro público viene mayoritariamente de dos favelas ubicadas cerca del Ceagesp, el mayor centro de distribución de alimentos de América Latina, en un área rica de la ciudad de São Paulo.*

Es una descripción casi minimalista: la vecindad geográfica exacerba el contrapunto entre el hambre de las dos favelas y el mayor centro de concentración de alimentos de América Latina.

Hace comprensible, también, la expresión aterrorizada del ángel de la historia, que Walter Benjamin (2021) vislumbra en el cuadro de Klee. Impulsado hacia adelante por un viento huracanado, que se ha enredado en sus alas y ya no le permite frenar, dirige su mirada hacia atrás, pasmado ante los destrozos e inequidades que siembra inexorablemente a su paso. "Ese huracán es lo que nosotros llamamos progreso", concluye el filósofo alemán.

Asistimos a la paradoja de un tejido social que incluye cada vez a menos, y que excluye cada vez a más de los "beneficios" que – sin embargo – impone mediante el imperativo de consumir. Un imperativo que esconde la amenaza de expulsar del juego (del mercado) a quienes no obedecen el mandato. Bauman ha condensado en sus desarrollos sobre la modernidad "líquida" el carácter precario, siempre amenazado de las pertenencias simbólicas del sujeto contemporáneo, cada vez menos alojado en sus vínculos laborales y amorosos, atravesados por un rasgo de transitoriedad que parece constituir una marca temporal distintiva. Exacerbada, por supuesto, en los nichos más desprotegidos de nuestras comunidades.

Podemos entonces precisar, ahora desde una mirada psicoanalítica, las peculiaridades de la franja social con que trabajan nuestras colegas. Ahí donde sociólogos y economistas definen la categoría de "población vulnerable", los analistas (por supuesto, no son perspectivas excluyentes) reconocemos una franja de subjetividades *más vulnerables al trauma*. Más expuestas al mismo, en tanto desprovistas de *buffers* (amortiguadores) simbólicos que operen como "parapetos psíquicos" (Freud, 1895) ante la emergencia de lo real traumático. Se tratan, entonces, de subjetividades en las que la *hilflosigkeit* freudiana deja su marca a cielo abierto.

Pero avancemos un poco más. Lacan ha señalado que la cura analítica conduce al sujeto a confrontarse con el *deseado* o *no deseado* que presidió su venida al mundo. Es el punto en que la experiencia analítica echa luz sobre un momento crucial en la constitución de la subjetividad: el grado de alojamiento en el deseo del Otro del que fue objeto en sus primeros momentos esa pequeña "pulgada de naturaleza" (*poor inch of Nature*) que es la cría humana en los comienzos.

En circunstancias habituales, el discurrir de los asuntos humanos inclina tendencialmente la báscula en la dirección del "deseado". Son en cambio las patologías graves (las adicciones severas, las conductas suicidas persistentes) las que – retroactivamente – ilustran los estragos que induce el polo "no deseado" cuando ha predominado en este tiempo lógico inicial de estructuración de la subjetividad. Los llamados "sectores vulnerables" lo son, aún más, en este sentido: se nutren de subjetividades *homeless,* sin alojamiento real (en tanto objeto) en el deseo del Otro (Cabral, 2019).

Si consideramos que la referencia al deseo del Otro no se limita en forma excluyente a las particularidades de las figuras parentales, sino que conjuga también la medida en que el Otro de la cultura (sus dispositivos educativos, sanitarios, recreativos, disciplinarios) promueve un albergue acogedor a las nuevas generaciones, podemos ponderar los grados potenciados de desamparo en que se modelan están subjetividades. Son desarraigos que no se limitan a una dimensión simbólica: extienden también su incidencia (de ahí la magnitud de sus estragos) al plano de lo real. Ponen en juego una orfandad aún más radical que la recibida habitualmente en nuestros consultorios.

Podemos comprender entonces que no es un patetismo romántico el que transmiten las colegas de Porto Alegre: "Es imposible realizar este trabajo sin sentirse profundamente conmocionado y transformado. Trae a la superficie situaciones de extrema vulnerabilidad comúnmente desconocidas por nosotros".

Es un registro también compartido por las colegas de São Paulo:

> *Soportar intensas angustias, muchas veces impensables, es parte de la práctica de cualquier psicoanalista. [...] Pero la escucha atenta de jóvenes en situaciones de profunda desventaja social, entender cómo el ambiente, en su condición traumática, produce marcas en la subjetividad... constituye un desafío aún mayor.*

Se tratan de experiencias en que el analista es interpelado en áreas arcaicas de su subjetividad, que en la práctica convencional no suelen entrar en conversación. Son experiencias que en circunstancias propicias permiten la emergencia de intervenciones "desde las tripas", para retomar la feliz formulación de Little (1957). En términos más formalizados: intervenciones formuladas desde un lugar de enunciación que permita transmitir el deseo genuino de alojar un padecimiento que hasta entonces (muchas veces) tenemos que suponer desoído.

Sin enjuiciar y sin negar: alojar lo disruptivo para su elaboración

De ahí la importancia de la puesta a punto del deseo del analista,[2] para operar eficazmente en estas fronteras. Las colegas comparten con

2Una de las "circunstancias propicias" a las que hacía mención en el párrafo previo.

franqueza los momentos en que este puede flaquear y dar paso, por ejemplo, a intervenciones *clichés*, "de manual", en el intento de aplacar una angustia que se hace incontenible. Es el caso de la respuesta ante la confesión de Preciosa: "Todos nosotros a veces matamos a partes de nosotros mismos".

Es claro que la exclamación de la adolescente (¡"Yo ya maté a un hombre!"), cuando estaba por finalizar la reunión grupal, tiene todas las características de una confesión difícil: retenida hasta el cierre mismo de la sesión, pero por fin pronunciada. Las colegas transmiten el silencio "insoportable también para nosotras" que se instaló a continuación.

Es un enunciado curioso: además de anunciar intempestivamente que mató a un hombre, incluye un "ya". El episodio parece evocar el título de la novela de García Marquez (2003): *Crónica de una muerte anunciada.* ¿Preciosa está queriendo transmitir que concretó finalmente algo que podía preverse, por el curso ineluctable de acontecimientos que desconocemos? ¿O que cumplió (ya) con un mandato, tal vez con lo que se esperaba de ella que, en tanto miembro de un grupo de mujeres acosadas, en algún momento consumaría el asesinato de un hombre? ¿Qué ya mató a uno, y seguramente vendrán más después?

Por supuesto que no lo sabemos, y podrían acercarse, seguramente, otras hipótesis. Las colegas asumen, con fundadas razones (dado que la conocen), que "en su desprotección, Preciosa había tenido de hecho que matar a un hombre, y que encontró en el grupo un espacio para hablar de ello". Esto es, que se vio obligada a cometer un asesinato, posiblemente en defensa propia (o de alguien conocido).

Las colegas comentan que "en las sesiones siguientes no se habló más del tema". Pareciera que el grupo – una vez alojada la confesión – se sintió impotente para abrir en un segundo tiempo una perspectiva elaborativa. El grupo no "condenó" a Preciosa: esto es, sorteó el riesgo de asumir una posición enjuiciadora y rechazante. Pero a la vez parece no haber podido habilitar un espacio para sancionar (en el sentido de atestiguar) que lo ocurrido es un hecho grave, que seguramente ha dejado marcas en la subjetividad de la adolescente... tanto más traumáticas cuanto menos acompañada esté para su tramitación. En ese sentido, el silencio ante el episodio en las sesiones subsiguientes, de mantenerse, puede inducir un efecto de negación: una suerte de "de eso no se habla, y en realidad no ocurrió, porque nos resulta insoportable".

Apostar a la rectificación del unwanted

Las colegas del Proyecto Pescar refieren un lugar de enunciación equivalente al que Little evoca con su "desde las tripas" en estos términos: "Es necesario una sumersión profunda del analista en sus emociones, para que un sujeto históricamente excluido se sienta (re)conocido." Yo agregaría: para que el sujeto se sepa a la vez "alojado" en el deseo del Otro, del que hasta el momento experimentó la renuencia a albergarlo. Es una *addenda* que nos permite trascender el plano del reconocimiento simbólico y abarcar la dimensión de lo real que también está en juego.

Recordemos al respecto el relato de Leila, la adolescente *gaúcha*:

> *Yo nunca le gusté a mi madre. Ella no me quería... Un día, cuando era chica, ella estaba muy enojada, me pegó con mucha rabia y rompió mis dos brazos... ella me odia. Ella no me quería y me fui a vivir con mi abuela. Cuando tenía 13 años la abuela se enfermó de diabetes. No quiso ir al hospital, se quedó en casa y su cuerpo fue pudriéndose hasta que se murió.*

Es un testimonio crudo de la condición *homeless* de Leila en el deseo del Otro. Es en esta perspectiva que podemos valorar los efectos de rectificación subjetiva que en estos casos puede promover la disposición a una escucha atenta y empática de experiencias de vida, tanto en las Rondas de Conversa da Fundação Pescar como en las clases y talleres del Instituto Paulista.

Son instancias que promueven la subjetivación de estas experiencias. En términos de Walter Benjamin (2021), permiten el deslizamiento de la *Erlebnis* al campo de la *Erfahrung*: esto es, inscribir la vivencia en bruto, sin sentido, en un relato provisto de significación. Recordemos que el filósofo alemán intuía en la mudez de los soldados que volvían de las trincheras el estancamiento de sus vivencias en el plano de la *Erlebnis*.

Resulta claro el valor anticipatorio que estos planteos tienen respecto a los desarrollos psicoanalíticos referidos a la simbolización de la situación traumática. Resulta sugerente, entonces, aproximar los efectos sobre los combatientes del encuentro con lo real de la guerra, a las irrupciones de lo real con que conviven cotidianamente nuestras "poblaciones vulnerables". Evocando a Hobbes, el "Estado ausente" que las desprotege, diseña a la vez un escenario de desregulación de los vínculos interpersonales, abierto a todos los excesos. Un escenario, en fin, que reproduce el "antes" de la emergencia del Leviatán: esa guerra de todos contra todos en la que el hombre funciona como lobo del hombre.

En esta perspectiva, es comprensible que las colegas valoren "la comprensión y el respeto de los demás participantes" ante el relato de Leila, y que destaquen el hábito del grupo de felicitar a quien tiene el coraje de compartir su testimonio. No se trata, por supuesto, de un ceremonial hueco de buenas conductas (aun cuando siempre pueda estar presente ese deslizamiento).

Cuando el gesto se muestra eficaz, revela – en cambio – su condición de *signo*, en el sentido fuerte que Lacan tomó de Austin: lo que representa algo para alguien[3]. En estos casos, la felicitación opera como un signo de que la demanda que circula en el testimonio... llegó a buen

3 Lacan juega con esta formulación para contraponerla a aquella del significante (que, como es sabido, representa al sujeto para otro significante), al trazar la diferencia entre el peso del *signo* de amor y la ligereza de la *palabra* de amor... que, para el

puerto, y obtuvo una acogida deseante en los interlocutores. En otros términos: cobró un valor de *Wanted*, que puede empezar a disputar en la intimidad de Leila el peso excluyente que parece haber tenido, hasta el momento, el veredicto de *Unwanted*.

¿Existe el racismo entre niños y niñas?

Me voy a detener en los relatos que dan cuenta de la emergencia de actitudes racistas y discriminatorias en grupos de niños y adolescentes. Resultan un testimonio elocuente de los "abismos" que recortan, tabican y – en el extremo – oponen a los distintos segmentos que componen el tejido social. Los relatos parecen corroborar que se trata de grietas que se insinúan ya en etapas tempranas. Es una constatación que seguramente le imprime un tenor angustiado al interrogante que plantean las colegas de São Paulo: "¿Existe el racismo en niños y niñas"?

La respuesta afirmativa que se desprende de estos testimonios puede suscitar angustia en la medida en que cuestiona el imaginario benévolo que la cultura suele depositar en la infancia. "His majesty the Baby" no solo debe estar despojado de los apremios del erotismo, sino también exceptuado de mociones de odio y discriminatorias para con sus pares. En suma: debería comportarse a tono con la figura del "buen salvaje" ilusionado por Rousseau.

Al desmentir esta ilusión, los testimonios de nuestras colegas nos confrontan con la magnitud de la tarea que supone contribuir a que nuestras sociedades puedan convertirse en espacios más habitables. Y, particularmente, en la contribución específica que – como analistas – podemos aportar en esa dirección.

En 1997, la Unesco convocó en París un Foro Internacional sobre la Intolerancia, al que convocó a intelectuales y académicos relevantes,

---

enamorado exigente, siempre está expuesta al riesgo de que a las palabras se las lleve el viento.

sobre todo del área europea. En su intervención, el semiólogo y escritor Umberto Eco se refirió a lo que denominó "intolerancia espontánea": la que le confiere – según sus términos – "un carácter *desagradable* a la experiencia de la diferencia" (2002, p. 17, [cursivas propias]).

Los testimonios recogidos por el grupo Pescar y las colegas de São Paulo (sobre todo este último, referido a niños de primer grado de la primaria) parecen abonar la tesis de Eco. Sugieren una intolerancia que emerge tempranamente, como una suerte de floración espontánea, ante el carácter *inevitablemente* "desagradable" del registro de la diferencia. Y que lleva a Eco a sugerir que se sostiene en "raíces biológicas".

Ahora bien: ¿es efectivamente *espontánea* la así llamada "intolerancia espontánea"? Mi impresión es que una respuesta afirmativa abre las puertas a su naturalización y por esa vía promueve un desánimo que limita las posibilidades de contrarrestarla. Es que si la experiencia de lo diferente tiene por sí un sentido "desagradable". ¡a lo más que podemos apostar es a promover formaciones reactivas sólidas! Es por eso que voy a poner en tensión la tesis de Eco con algunos desarrollos psicoanalíticos y de estudiosos de otras disciplinas.

Posiciones subjetivas ante la diferencia

En su intervención en el mismo Foro de la Unesco, el historiador y medievalista francés Jacques Le Goff (1957) comenta que "hasta nuestros días persiste la impresión de que la tolerancia no es algo natural, sino que supone un cierto esfuerzo para aceptar una idea o un comportamiento. La tolerancia representa, por consiguiente, una construcción, una conquista". Esto es, una posición segunda, más elaborada, frente a una intolerancia que – ella sí – participaría del registro de lo primario, lo natural o lo espontáneo.

El centro de su ponencia tiene como objeto echar luz sobre "las raíces medievales de la intolerancia": aporta datos fuertes (no nos detendremos en ellos) para abonar la tesis de que se elaboran entre los siglos XI y XIII en la Europa cristiana[4]. Lo que sí nos interesa es su conclusión: "Aun antes de que se acuñaran los términos de tolerancia e intolerancia, las prácticas colectivas imperantes trasuntan realidades que hoy podríamos designar con esos términos". Como vemos, en su análisis la tolerancia y la intolerancia participan por igual de la condición de "construcciones" simbólicas, históricamente condicionadas: es un abordaje que cuestiona – para ambas – su condición primaria o espontánea.

Es una orientación que coincide con la desplegada en el mismo coloquio por la antropóloga Heritier. Después de constatar que todas las culturas se asientan sobre sistemas de diferencias, afirma: "la diferenciación no debería implicar forzosamente jerarquía ni desconfianza ni odio ni explotación ni violencia". Esto es: para Heritier, al igual que para Le Goff, no existe un lazo indisoluble entre "experiencia de la diferencia" e "intolerancia".

Pero – aún más – la diferencia puede operar como disparadora del deseo. Es lo que sugiere Clarice Lispector en un texto cautivante: "La mujer más pequeña del mundo", que comentó Bernardo Tanis en el último Congreso de Fepal. Recordemos que se trata de la historia de Pequeña Flor, una pigmea negra, de no más de 45 cm de estatura, que después de atravesar la "experiencia de diferencia" que supone para ella el encuentro con un explorador francés con el que se encariña, reflexiona: "amor es gustar de la cara rara de un hombre que no es negro". Para Clarice, lo "raro", la estatura y el color de piel diferente... pueden despertar atracción, y no rechazo. El auge de las comidas étnicas en la gastronomía contemporánea parece corroborarlo.

4 Mencionemos tan sólo que es el período en el que surgen la Inquisición y el concepto de "pureza de sangre", y en el que se consuman las primeras persecuciones sistemáticas sobre los judíos, precisamente en territorios por donde avanzaban las Cruzadas.

En otro lugar (Cabral, 2009) evoqué los desarrollos del politólogo estadounidense Michael Walzer (1998), que apuntan en la misma dirección. Walzer distingue cinco variantes históricas de la *tolerancia*, sustentadas en lo que llama distintas "actitudes mentales". Nosotros podemos ser más precisos, y reconocer en ellas otras tantas *posiciones subjetivas* ante lo diferente.

La sola enumeración de estas variantes es por sí ilustrativa, y nos exime de mayores explicaciones. Se trata, para Walzer, de la tolerancia *resignada*, la *indiferente*, la *estoica*, pero también la *curiosidad* y por último el *entusiasmo* ante la diferencia.

Mientras las dos últimas parecen responder por la posición de Pequeña Flor, las tres modalidades iniciales de la serie conforman una vertiente débil o degradada de la tolerancia. Como ahora veremos, y recurriendo a nuestras categorías: constituyen la expresión de un deseo neurótico que retrocede ante las manifestaciones de la alteridad radical del Otro. Un retroceso que puede abarcar, fenoménicamente, toda la gama que va del prejuicio inconsciente hasta el rechazo asesino, pasando por la resignación, la indiferencia y hasta el aguante estoico, esforzado, de la contrariedad que – en algunas posiciones subjetivas – aporta la alteridad.

En este punto, me parece importante recordar una observación de Freud que echa luz sobre los fundamentos *neuróticos* de la intolerancia. Al hacerlo, nos brinda herramientas para internarnos en esta problemática compleja recortando una incumbencia específica como psicoanalistas: ya no solamente como miembros de un grupo de profesionales progresistas, que combaten una ideología (retrógrada) con otra ideología (ciertamente más progresista y respetuosa de las diferencias).

Recordemos que al abordar el "tabú de la virginidad" y los múltiples preceptos de evitación que abarca, Freud (2018) los reconduce al "horror" y la "desautorización" propios del posicionamiento *neurótico* ante la mujer. Un "horror" – dice – que se funda en que "ella es diferente al varón, eternamente incomprensible, misteriosa, ajena y por eso hostil".

Es una observación que nos permite recortar el fantasma que el neurótico forja de la mujer: conformado por los atributos de diferente, incomprensible, misteriosa, ajena y hostil. Es un fantasma que constituye el fundamento inconsciente de la misoginia y la homofobia que los feminismos reconocen como propios de la subjetividad patriarcal. Y que – de la mano de la identificación de lo ajeno con lo hostil – puede exteriorizarse en violencias más o menos solapadas o explícitas.[5]

Notemos también que la condición diferente y ajena atribuida a la mujer, la ubica – en la reflexión freudiana – como un operador teórico de la diferencia. Esto es, en la referencia privilegiada con que afrontar los desafíos teórico-clínicos que el "rechazo de la diferencia" plantea a nuestra práctica, sea cual fuera el objeto rechazado: la mujer, el negro, el judío, el comunista...

Mi experiencia, también, es que más allá de su abordaje específico, las manifestaciones de intolerancia suelen beneficiarse de los efectos "por añadidura" de la cura. Es aquí donde cobra valor la condición neurótica que Freud destaca en su "ecuación patriarcal". Las elaboraciones de goce que permiten la cura promueven como efecto colateral un esmerilamiento progresivo de la premisa neurótica: "diferente, ajena y *por eso* hostil".

Una premisa en la que el "por eso" imprime la marca de una implicación lógica, al estilo de la conclusión de un silogismo: *si* ajena, *entonces* hostil. Desarticular la soldadura firme que el neurótico establece (y que nuestros tiempos refuerzan) entre lo diferente y lo hostil es un efecto

---

5 En otro lugar propuse agrupar estos atributos considerándolos términos de una ecuación, siguiendo el modelo de la conocida ecuación simbólica freudiana, que equipara heces, regalo, hijo y falo. Aquí se trataría de los equivalentes inconscientes del significante "mujer" para el neurótico, que constituyen el substrato de la posición patriarcal. Por eso sugerí para el complejo la denominación de "ecuación patriarcal freudiana" (Cabral, 2021).

colateral (y esperable) de la cura. También de las intervenciones que los analistas pueden desplegar en espacios tan complejos como aquellos en que se desempeñan nuestras colegas.

Es la orientación que se desprende del conmovedor relato que comparten las colegas de São Paulo. Transmite una modalidad de intervención (a cargo de Karina, la profesora) que apunta a sancionar simbólicamente el valor racista y discriminador del exabrupto de un niño blanco (K) sobre AB, una niña negra. Sancionar simbólicamente supone aquí transitar el desfiladero estrecho entre dos riesgos: el de retar y condenar la conducta de K, y el de negar la gravedad de lo ocurrido.

Karina logra sortear ambos deslizamientos, y apunta a calificar la conducta de K (*"Todo lo que dijiste es una agresión, ¿lo sabías?"*) sin a la vez descalificar a K. Y un poco después insiste: *"Usar el color de piel y el pelo de una niña negra para ofenderla es algo grave y a eso le decimos racismo"*.

Es claro que son situaciones difíciles, donde se juega no solo el contenido del mensaje (su valor de enunciado) sino el lugar de enunciación desde el que se formula, y que se transmite en la sutileza del tono de voz empleado, el énfasis utilizado, la gestualidad que lo acompaña. Se trata de un conjunto de "detalles" que determinan que la sanción simbólica del exabrupto se acompañe de un efecto de alojamiento para quien lo profirió o, por el contrario, de un efecto de rechazo. En el primer caso, Karina está dando un paso que puede permitir continuar un trabajo a futuro con esta conducta sintomática de K. En el segundo, estaría repitiendo con K la misma conducta discriminadora que pretende combatir. Aún más: estaría reforzando el veredicto de "Unwanted" que seguramente pesa también sobre K.

No es un dato menor que la profesora es, ella misma, negra. En esta situación "tensa, difícil" que tuvo que afrontar, cobran todo su valor las reflexiones de las colegas gaúchas, cuando comentan que las contingencias que enfrentan "involucran al analista como persona" y lo "ponen en contacto con las propias vulnerabilidades".

Es el punto en que la experiencia del propio análisis se hace necesaria para pulir la subjetividad del practicante (sea o no psicoanalista de profesión) y evitar – por ejemplo – capturas identificatorias que en un contexto complejo como el descripto podrían haber llevado a Karina a alojar empáticamente a la víctima, y rechazar en el mismo movimiento al victimario. Se requiere una elaboración adecuada de las situaciones de rechazo de las que seguramente fue objeto en su vida, para poder generar intervenciones como las descriptas.

Bibiografía

Benjamin, W. (2021). *Tesis sobre el concepto de historia y otros ensayos sobre historia y política*. Madrid: Alianza Editorial.

Cabral, A. (2009). *Lacan y el debate sobre la contratransferencia. Buenos Aires:* Letra Viva.

Cabral, A. (2019). *El perdón y sus límites.* Buenos Aires:Teseo.

Durkheim, E. (2012 [1881]). *El suicidio*. Madrid: Ediciones Akal.

Eco, U. (2002). Definiciones lexicológicas. En *Intervención en el Coloquio sobre la intolerancia*, Unesco, 1997. Granica, Barcelona.

Ferenczi, S. (1928/1984). *La elasticidad de la técnica analítica.* En *Obras Completas: Psicoanálisis. Tomo III.* Madrid: Espasa-Calpe.

Freud, S. (1986a). Manuscrito L, anexo a Carta 61. En *Obras completas.* Buenos Aires: Amorrortu (Trabajo original publicado en 1897).

Freud, S. (2018). *El tabú de la virginidad.* En *Obras completas.* Buenos Aires: Amorrortu.

Freud, S. (1986b). *El malestar en la cultura.* En *Obras completas.* Buenos Aires: Amorrortu (Trabajo original publicado en 1930).

Lacan, J. (1980). Observación sobre el informe de D. Lagache (p. 4, p. 340). En *Escritos II*. Buenos Aires: Paidós.

Le Goff, F. (1957) La construcción histórica de la intolerancia. *International Journal of Psychoanalysis*, v. 39, pte 3/4.

Little, M. (1957). La respuesta total del analista a las necesidades de su paciente. *International Journal of Psychoanalysis*, v. 39, pte 3/4.

Nietzsche, F. (2017). *Reflexiones sobre los principios morales*. Buenos Aires: Editorial Gradico.

Marquez, G. (2003). *Crónica de una muerte anunciada*. Buenos Aires: Debolsillo.

***

EL TRABAJO CON LA DESIGUALDAD Y LA INJUSTICIA SOCIAL

Heloísa Tonetto, Ivani Bressan, Josênia Heck Munhoz, Luciana Aranha Secco, Magali Fischer y Maria Elisabeth Cimenti
Sociedad Psicoanalítica de Porto Alegre

Somos un grupo de psicoanalistas de la Sociedade Psicoanalítica de Porto Alegre (SPPA). Desarrollamos un trabajo social junto a la Fundación Proyecto Pescar, que se dedica a la enseñanza y la formación profesional de jóvenes con edades entre 16 y 19 años, provenientes de zonas de alta vulnerabilidad social.

Mediante Rondas de Conversación con adolescentes, padres y educadores, buscamos crear espacios de diálogo que habiliten la escucha psicoanalítica. Esa escucha, como herramienta, busca proporcionar intercambios sobre el modo de enfrentamiento de la desigualdad y la injusticia social.

Se constituye, así, un espacio destinado a la reflexión, que involucra al psicoanalista como persona, en un proceso ante sus propias experiencias.

La conversación que se establece en esa condición pone a las dos partes en contacto con sus propias vulnerabilidades. Es necesario una inmersión profunda del analista en sus emociones, para que un sujeto históricamente excluído se sienta (re)conocido.

Como analista, es imposible realizar ese trabajo sin sentirse profundamente conmocionado y transformado. Trae a la superficie situaciones de extrema vulnerabilidad comúnmente desconocidas por nosotros. A veces, los relatos de esas experiencias en las Rondas de Conversación nos impactan, nos silencian y las emociones surgen. Son momentos en los que el manejo es silencioso.

Seguimos enumerando situaciones de marcada intensidad:

> CARLOS: "No sé por qué soy tan inquieto, no logro calmarme. Mis colegas no lo entienden, pero soy así. Cuando tenía dos años, mi padre murió por un disparo y me tenia en sus brazos. Luego me fui a vivir con mis abuelos, y un día los encontré ahorcados. Fueron asesinados por los narcotraficantes como acto de venganza. Quisera ser más atento, más tranquilo, concentrarme... pero no puedo".

Decía esto mientras caminaba por la sala.

Pasado nuestro impacto inicial, expresamos a Carlos que estaba hablando sobre situaciones muy graves de sua vida, que deseábamos comprender mejor, los cuales esclarecen su inquietud. Habló de cómo se sentía desfavorecido y con miedo de repetir la historia familiar; y de cuánto lo perseguía ese fantasma.

Pasamos a un segundo ejemplo.

> LEILA: "Yo nunca le gusté a mi madre. Ella nunca me quiso. Un día, cuando era chica, ella estaba muy enojada, me pegó con mucha rabia

> y rompió mis dos brazos... ella me odiaba. Ella no me quería y me fui a vivir con mi abuela. Cuando tenía 13 años, mi abuela se enfermó de diabetes. No quiso ir al hospital, prefirió quedarse en casa y su condición empeoró gradualmente hasta que falleció. Entonces, sin tener dónde quedarme, tuve que volver a vivir con mi madre".

Esas experiencias fueron relatadas con mucha emoción. Todo el grupo, incluyendo a las dos analistas, fue afectado por el impacto de los hechos descritos. En este caso, nos limitamos a intentar ofrecer contención de la mejor manera posible, a esta joven indefensa, con una historia tan triste. La comprensión y el respeto de los demás participantes del grupo fueron impresionantes.

Es importante destacar que, a cada encuentro, el grupo felicita al compañero que tiene que hablar, considerando el sufrimiento y la urgencia de las situaciones que vivía. Eso por sí solo refleja el nivel de cuidado y atención que los participantes tenían entre si.

Otro caso:

Justo al final de un encuentro en grupo, cuando las analistas ya estaban cerrando, una adolescente a la que llamamos Preciosa dijo: "¡Yo ya maté a un hombre!"

Sus palabras fueron tan impactantes que las analistas se quedaron sin reacción. Hubo un silencio insoportable. Para tratar de romperlo, y partiendo de su propio arsenal de experiencias clínicas, una de las psicoanalistas hizo una intervención sin sentido para aquella realidad: *Todos nosotros a veces matamos partes de nosotros mismos.* Inmediatamente se dio cuenta de que se estaba refiriendo a realidades bastante distintas. Parecía claro que aquella joven, en su desprotección, había tenido de hecho que matar a un hombre y encontró un espacio para hablar de ello. En los encuentros siguientes no se habló más de ese tema, pero las analistas se dieron cuenta de que los colegas del grupo abrieron más espacio afectivo para Preciosa.

En las diferentes situaciones relatadas, la solidaridad entre los jóvenes brotaba y, en sí misma, esta era una forma de contención, refrendada por los psicoanalistas presentes.

Otro enfoque de este proyecto son las Rondas de Conversación con los padres. Relatamos a continuación una situación vivida con los padres. Una madre dice:

> "Estoy muy contenta con mi hijo João, que está en el proyecto. Lo veo aprendiendo a tener responsabilidades, madurando. Pero quería saber si puedo hablar aquí de alguien que no es parte del proyecto (sus ojos se llenaron de lágrimas, cargados de emoción). Mi vida y la de mis tres hijos no es fácil, yo sé que la vida de nadie aquí es fácil, pero quería saber si pondrían ayudarme con este pequeño aquí (que tímidamente sonreía e intentaba esconderse detrás del gorro que llevaba, bajando la cabeza, mientras la madre hablaba de él). Pasa que estoy sola, me separé hace unos años y mi exmarido era diabético. Mi pequeño aqui... ¡Qué pibe maravilloso! – era quien cuidaba al padre, le aplicaba insulina, desde los ocho años. Pasa que su padre murió el año pasado, delante de este niño que lo cuidaba. Yo me preocupo con él".

Mientras relataba detalles sobre la enfermedad y el hecho de que el hijo que se dedicaba al padre era él el niño, silenciosamente, empezó a llorar.

En la sala se hizo silencio.

Cierto día, trabajando con uno de los grupos de jóvenes, nos encontramos con la siguiente situación: en ese día, los jóvenes estaban particularmente agitados y ruidosos. Cuando se quedaron más calmos, les propusimos un juego. Eligieron el juego del lobo y, después de algunas rondas, propusimos conversar sobre la experiencia. Aunque los jóvenes trajeron algunas ideas, pero la agitación persist*í*a. En un momento, los psicoanalistas notaron un clima de excitación sexual, típico de su fase de vida, y mencionaran lo que suced*í*a – el deseo de "chapar". En dado momento, una joven que llamaremos Ana dijo: "¡*João* quiere a todas!". Él respondió: "¡No! Sólo me gustan las blancas". La conversación se siguió sobre ese tema y, luego, apareció la comprensión del grupo de que el João había dicho que no le gustaba "la negra". Esa afirmación provocó una reacción inmediata de algunas chicas, que empezaron a agredirlo verbalmente, diciendo que él era racista. Él intenta defenderse, explicando que simplemente expresaba su preferencia personal, y los chicos lo apoyan. Sin embargo, Ana, negra, se sintió profundamente ofendida y se retiró al baño a llorar.

Debemos destacar la importancia de la escucha de esas emociones tan devastadoras, de nombrar y poner en palabras experiencias tan difíciles que ocurren incluso durante la construcción de la subjetividad. Es fundamental considerar *cómo se constituirá lo infantil de ese sujeto y cómo se manifestará en su vida futura. Al mismo tiempo,* es posible observar recursos de enfrentamiento sorprendentes, lo que nos lleva a creer que, incluso bajo condiciones profundamente adversas, algunas personas logran alcanzar una estructuración emocional razonable, manteniendo algún nivel de esperanza.

Estas situaciones siempre nos desacomodan, provocando inquietudes hasta ese momento desconocidas, como mencionamos anteriormente. El psicoanálisis implicado en el contexto social parece ir al encuentro de lo que es esencial – la ética de nuestro hacer. Dar voz a los conflictos y al sufrimiento humano.

***

¿EXISTE RACISMO ENTRE NIÑOS?

Silvia Bracco
Sociedad Brasileña de Psicoanálisis de São Paulo

Karina Santos da Silva
Atelier Escuela Acaia

Somos un instituto sin fines de lucro, donde funciona una escuela de atención integral que reúne salud, educación y cultura. Nuestro público viene mayoritariamente de dos favelas y de un proyecto de vivienda popular ubicado cerca del Ceagesp, el mayor centro de distribución de alimentos de América Latina, ubicado en una zona afluente de la ciudad de San Pablo.

La mayoría de nuestros alumnos tiene beca integral, pero también hay algunos con beca parcial que vienen de otras regiones de la ciudad y realidades socioeconómicas y culturales distintas. Nuestra intención es hacer de la escuela un lugar plural, valorando la diversidad étnica y cultural. Entendemos que solo mediante el encuentro entre clases sociales, razas y experiencias culturales diversas podremos establecer un diálogo que valore y acoja las diferencias.

La atención a la salud mental es uno de los pilares de nuestro trabajo: en una institución transversal se desarrollan varios dispositivos en los que la escucha y las actividades son herramientas esenciales para la contención, la expresión y el nombramiento de los afectos. Soportar intensas angustias, muchas veces impensables, es parte de la práctica de cualquier psicoanalista. Entender cómo el ambiente, en su carácter traumático, deja marcas en la subjetividad y encontrar formas de comunicarse con dichos elementos traumáticos es un gran desafío en la escucha de poblaciones en situación de desventaja social. En nuestra institución, el trabajo que se propone para enfrentar ese tipo de cuestiones necesita una red de apoyo que maneje los excesos en escala.

En ese sentido, la relación del área de psicología con el equipo es constante, con el establecimiento de espacios de discusión sobre las situaciones de trabajo o incluso la presencia de los psicólogos en las clases y talleres. La idea es reflexionar constantemente sobre qué podemos aprender de ese intercambio y, principalmente, buscar estrategias y la mejor manera de estar con niños y jóvenes.

A continuación, presentamos un relato de Karina Santos da Silva, quien se desempeñaba como maestra en el primer año de la primaria. Podríamos reproducir acá numerosos y tristes ejemplos de cómo el racismo está incorporado estructuralmente en nuestra sociedad y la realidad en el día a día de la escuela no es diferente. Se trata de un problema grave que ha movilizado a toda la comunidad escolar, abriendo espacios importantes de discusión y acción.

Lunes

Ese día, como de costumbre, los niños estaban agitados y alegres por el reencuentro y contaban las experiencias que tuvieron el fin de semana. Antes de empezar la primera actividad, una ronda de lectura del libro de bell hooks *Mis rulos son de reina*,[6] la maestra observa los distintos grupos que se formaban y la interacción entre las niñas y niños.

K., un niño que participa en el Programa Escuela Plural, levanta su pantalón para mostrar una herida que se hizo el fin de semana. Los niños reaccionan, comentan, hacen expresiones de espanto y de asco, imaginan su dolor, y él parece disfrutar de la atención y del interés que despierta en el grupo. A.B., una niña negra, junto con dos amigas blancas, todas vecinas de la favela, participan en la charla y piden que K. se acerque y muestre su herida nuevamente. A excepción de A.B.,

6 N.T.: Traducción libre del título en portugués del libro infantil *Happy to be nappy*, de la autora estadunidense bell hooks, publicado en su versión original en 1999. El título de la versión en portugués es *Meu crespo é de rainha* (Ed. Boitatá).

las niñas hablan, se ríen y repiten las cosas que otros integrantes del grupo habíon dicho: "¡Ay no, qué asco!". Justo después, A.B., que hasta entonces estaba observando, toma la palabra y dice espontáneamente: "¡QUÉ ASCO!".

K. se levanta, la mira directo a los ojos y grita: "¿Qué asco? Qué asco sos vos, qué asco de vos, qué es ese pelo, salí de acá, ¡salí de cerca de mí!". En ese momento, las dos amigas que estaban juntas le piden que les muestre nuevamente la herida y repiten, riéndose: "qué asco esa herida, ¡qué horror!", y enseguida se alejan.

A.B. mira inmediatamente hacia la maestra y se da cuenta de que ella observa todo lo que pasó. Muy asustada con la reacción de K., A.B. también se aleja.

Ocurre entonces el siguiente diálogo entre K. y la maestra:

> M: ¿Por qué estás agrediendo a A.B.?
>
> K: Pero no la pegué, ella se rio de mi herida.
>
> M: Otros niños también se rieron, ¿por qué A.B. es la única que no puede reírse?

El niño queda en silencio y da la espalda a la profesora. Ella señala que su actitud es irrespetuosa y él, contrariado, se vuelve hacia ella. Retoma las palabras que él dijo y le pregunta:

> M: "Todo lo que dijiste es una agresión, ¿lo sabías?".

Lo cuestiona nuevamente sobre por qué hablarle así agresivamente solamente a A.B. y no a las otras niñas, que también habían hecho los mismos comentarios. En ese momento, K. llora y se pone muy enojado, negándose a seguir el diálogo. A.B. se acerca poco a poco a la maestra, le da la mano, también llorando, y escucha la conversación entre ellos.

La maestra describe una situación cargada de tensión y difícil de mediar, intentando garantizar el diálogo y la escucha del niño y de la niña, pero sin dejar de señalar la gravedad de la agresión. Pregunta a A.B. si quiere decir algo a K. y, ante su rechazo, valida el dolor y la tristeza expresados por la niña. Además, le asegura que, cuando ella quiera, tendrá espacio para hablar.

Dirigiéndose a K., la maestra dice:

> "A.B. es una niña negra como yo, su pelo es muy parecido con el mío y tú eres un niño blanco de pelo lacio. Nuestra sala tiene una diversidad de cuerpos y de tipos de pelo y eso está buenísimo. Debemos respetar a todos para estar juntos, jugar juntos y aprender juntos. Usar el color de piel y el pelo de una niña negra para ofenderla es algo grave y a eso es lo que llamamos racismo. ¿Has oído hablar de eso?"

Moviendo la cabeza, él responde que no.

Ella retoma la actividad de lectura planificada con el grupo y dice que ellos volverían a hablar sobre el tema en otro momento.

Al presentar el libro *Mis rulos son de reina*, con la ilustración de una niña negra en la tapa, K. se retira del círculo y se niega a escuchar la historia. Dado todo lo que había de sucedido, la maestra opta por no interferir y él se queda alejado, de espaldas al grupo, que se involucra activamente en la lectura. Hablan sobre los personajes y sus peinados, manosean el libro. A.B., muy involucrada en la actividad, le dice a la maestra que ya puede y quiere hablar con K.

A.B. se dirige a K. y dice: "Mi pelo no es un asco, mi pelo es de reina". Se levanta y se va corriendo a agarrar los materiales para la próxima actividad.

Aún enojado, en tono firme, K. le dice a la maestra:

> ¡Ay, yo no agredí a A.B.!

7. Reinventar para intervenir: psicoanálisis en contextos de vulnerabilidad[1]

POLÍTICAS PÚBLICAS Y PSICOANÁLISIS

Carmen Rodriguez
Consultora del Unicef

Quienes trabajamos en políticas públicas en contextos de vulnerabilidad social en ocasiones cruzamos la frontera en un sentido contrario a como la han cruzado un buen número de psicoanalistas (incluyendo los que participan en este libro), quienes partiendo desde el psicoanálisis han ingresado al campo de las políticas públicas y se han interesado por las funciones del psicoanálisis fuera del *setting* tradicional que dio origen

1 El artículo que abre este capítulo, elaborado por Carmen Rodríguez, fue realizado en base a los trabajos de las colegas Julia Alonso, de Uruguay; Teresa Lirio y Maria de Lourdes Teodoro, de Brasília, Brasil; y Sarah Barreto Prado, de Ribeirão Preto-SP, Brasil. Sus respectivos trabajos también componen este capítulo.

y sustento a las prácticas psicoanalíticas. Partimos desde las políticas públicas y vamos al encuentro del psicoanálisis.

¿Por qué?

Hay preguntas que valen por el camino que abren en la postergación de sus respuestas, no están para ser respondidas de inmediato, menos de una vez y para siempre, sino que su valor radica en lo que ponen en marcha: el trabajo que despliegan en las tentativas de respuestas provisorias, hipotéticas. Preguntamos para saber, pero el (buen) saber guarda siempre viva la relación con el no-saber, con aquello que lo tensa y lo lleva a recorrer los caminos de lo no sabido, no pensado, no entendido. Se parecen a esos ¿por qué? de los primeros años, de los niños pequeños: y por qué, y por qué y por qué. Más cercanos al gesto espontáneo de la investigación, que a los saberes pacatos aterrados por lo no sabido clausuran las preguntas con respuestas arrogantes y presumidas. Y pienso que los "por qué" a la relación entre políticas públicas y psicoanálisis son también epocales y por ende sus respuestas también lo son.

Abrimos entonces una zona de oscilaciones y vacilaciones que nos permitan relanzar las preguntas acerca de esa relación fronteriza entre las políticas públicas y el psicoanálisis, particularmente en el contexto de una América Latina contemporánea, injusta, desigual y colonizada.

¿Por qué el psicoanálisis? se pregunta Alenka Zupancic[2] (2013) desde el otro lado del mundo, sugiriendo que el asunto es preguntarse qué es exactamente el campo propiamente psicoanalítico y cómo el psicoanálisis tiende a "moverse por todos lados" y cómo hay objeciones frecuentes que podrían expresarse así "¡si tan solo se quedara en su feudo, en la parte que se le asignó, proporcional a su reconocimiento social!" (p. 11).

2 Filósofa eslovena, profesora y investigadora del Instituto de Filosofía de la Academia Eslovena de Ciencias y Artes.

De modo que el asunto del psicoanálisis y sus fronteras, aquí y allá, constituye un asunto *central y* claro está que colocar en el centro a las fronteras es de por sí un movimiento peculiar, que nada tiene de centralismo, sino más bien todo lo contrario, siempre me han resultado extremadamente lúcidas las palabras de Gilbert Simondon, cuando afirma: "lo más profundo es la piel", *lo más central es la frontera*, podría decirse también de manera analógica.

Los textos[3] que inspiran estos comentarios testimonian del trabajo de los y las psicoanalistas en relación directa con problemáticas sociales que suelen ser objeto de políticas públicas:

- los sistemas de protección a la infancia presente en todos los nuestros países (también llamados en la actualidad Sistemas de Cuidados Alternativos);
- la protección de trayectorias educativas y el ingreso a la universidad de adolescentes y jóvenes pobres y excluidos;
- las instituciones educativas y los desafíos que enfrentan en la actualidad incluido el tiempo Covid y pos Covid.

Son escenarios de políticas públicas y de acciones de instituciones de alta relevancia en la región, a las que por supuesto deberán sumarse otras[4] tantas que ocupan la agenda de las políticas públicas dirigidas a la infancia y adolescencia en este continente. *Se tratan de relatos de*

---

3 Estas páginas surgen de la invitación a interactuar con tres trabajos escritos por psicoanalistas sobre sus experiencias en el marco de Políticas Públicas de sus países: *La práctica de un analista intra-extra muros: niños y adolescentes en vulnerabilidad social*, de Julia Alonso (Asociación Psicoanalítica del Uruguay); *Conversando con Dora durante la pandemia de Covid-19*, de Teresa Lirio y María de Lourdes Teodoro (Sociedad de Psicoanálisis de Brasília); y el trabajo de Sarah Barretto Prado (Sociedad Brasileña de Psicoanálisis de Ribeirão Preto).

4 Con ánimo de subrayar algunas de las urgencias, en las que creo que el psicoanálisis y los y las psicoanalistas pueden desarrollar una función en la recomposición del

intervenciones psicoanalíticamente fundamentadas en ámbitos de políticas públicas.

Es interesante en este punto hacer notar que la metáfora de la frontera con la que hemos iniciado se ajusta de buena gana al movimiento que está en juego cuando estamos desde el campo del psicoanálisis yendo al campo de las políticas públicas. De hecho, no somos nada originales en sugerir la idea de las fronteras del psicoanálisis, es decir, cuando el psicoanálisis sale en busca de nuevos territorios y "busca moverse" por otros lados.

Pero cuando estamos partiendo desde las políticas públicas, la metáfora de una frontera con el psicoanálisis se desvanece en su potencia figurativa. En este caso, en las políticas públicas, además de fronteras pueden apreciarse combates entre saberes, epistemologías que luchan por un lugar en las políticas y sus marcos conceptuales. Los combates ocurren con frecuencia en las fronteras, pero responden a una lógica que le es propia, es decir, no es inherente a la frontera, sino un tipo de relación en las fronteras. Acá la lucha de poderes ligados a saberes es sin metáforas. Por eso la cuestión de la jerarquización de los saberes adquiere mucha fuerza en el campo de las políticas públicas. No es solo frontera lo que está en juego, es también combate de saberes, jerarquizaciones de unos saberes sobre otros, porque es allí donde se disputan aspectos sustanciales de las políticas.

Quiero aclarar que la idea de un combate en la frontera, figura paradigmática de ciertos *entre*, no viene a cuento de unas significaciones

---

lazo con los otros, consigo mismo y con la vida que se les juega en cada sujeto que participa de las políticas públicas, diría:

- los sistemas de protección a niños, niñas y adolescentes que pierden o ven interrumpidos los cuidados parentales – en todos los países hay problemas serios en la protección adecuada de esta población;
- los procesos migratorios que están creciendo en el continente;
- los sistemas penales juveniles;
- la atención al sufrimiento psíquico por sistemas de salud que superen el paradigma de la psiquiatrización y medicalización.

literales de la palabra en términos de pelea ni de lo mortífero en el que podría alguien detenerse, sino en la potencia creativa de fuerzas agresivas en términos de combate de pensamiento, de pasiones, de pugnas, contradicciones, que a mi juicio debieran jugarse de manera más explícita en el campo de las políticas públicas y sus instituciones, y sostengo la hipótesis que: *es la ausencia de estas disputas en términos de parresia lo que trae una especie de muerte en vida en los territorios institucionales de ejecución de política pública, y no los combates por la vida.*

Me refiero a la *parresia* en las políticas públicas en el sentido que este término griego es trabajado por Michel Foucault. La parresia para los griegos refería al hablar franco, veraz, libre y opuesto a todo simulacro o adulación, era un ingrediente decisivo de la democracia y del lazo social democrático. Para Foucault, la parresia tendrá que ver con las prácticas, con un modo de vida. En el espacio público la parresia alude al derecho del ciudadano libre a hablar francamente con el soberano o poderoso sin temer a sus represalias, y muy fundamentalmente tiene que ver con la capacidad del soberano o poderoso de escuchar.

Creo que la parresia en las políticas públicas en este continente urge, es importante como sedimento democrático discutir francamente los principios conceptuales que se ocupan de los problemas de la infancia, poner sobre la mesa de los principales debates los conceptos que llevan a las políticas a actuar de tal o cual manera, y cuáles son las referencias conceptuales y prácticas que pueden ocuparse de tratar los problemas de la infancia y la adolescencia.

Es en este contexto donde podemos preguntarnos nuevamente: ¿por qué el psicoanálisis?

Lo que sigue son algunas consideraciones que suscitaron la lectura de las experiencias que aquí se narran a cargo de psicoanalistas y las mías propias desde las políticas públicas, para sugerir algunos por qué de esta relación entre psicoanálisis y políticas públicas.

El caso a caso en la política pública

Las políticas públicas no podrán asegurar la felicidad de niños, niñas y adolescentes en singular, pero creo, desde que pude parafrasearlo tomando palabras de Marc Augé (2012) que a toda política dirigida a la infancia le toca trabajar para combatir (¡otra vez el combate!) las fuentes más evidentes de la infelicidad.

Esas fuentes encuentran en las condiciones materiales de existencia su versión más evidente. La pobreza estructural con sus violencias y sus deprivaciones constituye una de las fuentes más evidentes de la infelicidad de niños y adolescentes. De modo que la causa de los niños y la causa de los adolescentes (así se titulan dos grandes libros de Francois Dolto) es también la causa por la justicia social y por la dignidad de la vida. Pero no lo explica todo.

La discusión en las políticas públicas, en sus escritorios y en sus acciones de campo, acerca de lo que explica las afectaciones subjetivas de las poblaciones excluidas, deambulan reiteradamente entre explicaciones que se lanzan sobre las condiciones materiales de existencia como fuente de todos los males y a veces en oposición una tendencia a psicologizar e individualizar los problemas sociales.

Las controversias son fuertes en esta dimensión y he aquí unas de las dimensiones en las que creo que el psicoanálisis ha realizado y realiza una contribución relevante.

Uno de los textos más consultados en el contexto en el que me inscribo y que ha sido inaugural de la relación entre prácticas educativas (enmarcadas en políticas públicas) y psicoanálisis es *Juventud desamparada*, de August Aichhorn.

Aichhorn fue un pionero en cruzar esta frontera a la que venimos aludiendo, en el contexto de la Primera Guerra Mundial, sobre todo en la posguerra trabajando con adolescentes que cometían delitos, de ahí el nombre de la publicación que en su primera versión se tituló *Juventud descarriada*.

Cuando muchas décadas después (casi un siglo), se reedita en español el libro de Aichhorn, la psicoanalista Hebe Tizio escribe en el prólogo:

> *Es necesario que educadores, trabajadores sociales, psicoanalistas y políticos tengan elementos para hacer frente a las lógicas segregativas del discurso dominante en su imparable tendencia a la judicialización que borra la dimensión subjetiva y produce cada vez más pasajes al acto. Vivimos un momento histórico donde hay una promoción social de la significante violencia, que parece acompañar a las distintas formas del vínculo social. Con él se adjetiva cada vez más a las nuevas generaciones sin ver que los cambios estructurales en juego producen desregulaciones que generan nuevas formas de desamparo. Pero no se trata de quedarse en ese nivel sino de abordar cada caso, de rescatarlo del magma homogenizador, y ayudar a constituir un síntoma, es decir, algo en lo cual el sujeto se sienta concernido. Esto no se hace solo; es necesario la función del Otro que pueda acoger ese acto ciego y transformarlo en mensaje para el propio sujeto. (Aichhorn, 2006, p. 20)*

Creo que en el campo de las políticas públicas de infancia y adolescencia está en juego constantemente la importancia de ese *caso a caso* que interrumpe la tendencia a un magma homogeneizador que ve en cada sujeto singular más de lo mismo.

Y en este punto el psicoanálisis juega un rol muy relevante. No es la única disciplina que nos conduce a un territorio singular dentro de una política pública, también ciertas filosofías y ciertas sociologías van en esa dirección: la noción de *lo singular* en la filosofía de Gilles Deleuze, la importancia decisiva de *lo infinitesimal* en los trabajos de Gabriel Tarde en los albores de la sociología, el concepto de *micropolítica* en Felix

Guattari son referencias conceptuales muy fuertes para comprender y trabajar dentro de políticas públicas resistiendo a la homogenización, prima hermana de la desubjetivación y de la burocratización de las prácticas a través de las cuales "se hace" la política.

Pero entiendo que el psicoanálisis hace aportes particulares y específicos para esta dimensión singular que se juega en el caso a caso de las políticas públicas:

- devuelve a cada sujeto el enigma que lo constituye;
- pone en marcha la escucha como principal herramienta;
- asigna a los lazos su condición transferencial.

Este pequeño manojo de orientadores conceptuales, que solo tomamos aquí a modo de ejemplos, permite a los hacedores de política pública inscribir su hacer en un continente conceptual que habilita y sostiene procesos transformacionales (Bollas, 2009) en los niños y sus ambientes. Es preciso llegar a esa dimensión en la cual la política pública deviene en su fase de implementación en un territorio de lazos educativos, pedagógicos, sociales que se involucran con transformar aquello que daña, desprotege, marca y trauma.

En el prólogo a la primera edición del libro de Aichhorn al que venimos aludiendo, nada menos que Freud escribió, refiriéndose al trabajo de Aichhorn como educador con jóvenes que tenían causas en los tribunales:

> *El psicoanálisis no pudo enseñarle mucho de nuevo prácticamente, pero le facilitó un punto de vista teórico para justificar su manera de actuar y le colocó en una posición adecuada para poder explicar sus fundamentos a los demás. (p. 24)*

Y más adelante, es todavía más explícito, haciendo referencias a lo que para él explicaba la experiencia y el éxito (palabras de Freud) de Aichhorn:

> *Una es que el educador debe recibir una enseñanza psicoanalítica porque, de no tenerla, los niños, objeto de sus esfuerzos, permanecerán para él como un problema inaccesible.* (p. 24)

Me impacta la lucidez de las palabras de Freud indicando un problema que es totalmente vigente en nuestros tiempos. Consiste en el hecho de que ciertas políticas de infancia – y pienso sobre todo en aquellas que se ocupan del tratamiento del extremo dolor como el abuso sexual, la crueldad extrema, las deprivaciones, las situaciones de calle, y también en todos aquellos ambientes de protección y cuidado de niños como los centros de protección, las familias de acogida – puedan trabajar de modo tal que los problemas de los niños se les vuelven inaccesibles.

El desamparo, el abuso y la explotación sexual, la violencia intrafamiliar, los cuidados institucionales, el acogimiento familiar, la desvinculación escolar y educativa, las situaciones de calle, las prácticas delictivas, todos ellos son asuntos de política pública. Y sobre ellos se montan dispositivos que procuran transformar, aliviar, reparar. ¿Pero en qué condiciones esos problemas se vuelven accesibles para los operadores de las políticas públicas?

Creo que se trata de proponer para que los problemas que afectan profundamente a los niños y adolescentes se vuelvan accesibles a los operadores en los territorios institucionales de política pública y converjan diversos saberes al modo de una epistemología de frontera, en la cual el *pensamiento clínico que se desprende del psicoanálisis* sin ser hegemónico no se puede descartar.

Lo insoportable en el tratamiento social de la infancia

El trabajo con niños, niñas y adolescentes en los llamados contextos de vulnerabilidad social nos han llevado a constatar lo que en el marco de la tesis doctoral de Rodriguez (2016) sostuve designé como *lo insoportable.*

Cuando nos referimos a *lo insoportable* hablamos de una dinámica muy particular que se expresa de manera regular en los territorios de política pública y que es posible sintetizar del siguiente modo:

Ciertos niños, niñas y adolescentes con los que trabajamos han vivido su encuentro con lo insoportable. La pregunta acerca de qué es lo insoportable para los niños es por supuesto inconmensurable y no puede eludir su carácter enigmático en la dimensión singular. Pero la investigación llevada adelante en Uruguay a cerca de los niños, niñas y adolescentes que llegan a los sistemas de protección nos permitió identificar ciertas regularidades de lo que se vuelve insoportable para los niños: abuso sexual e incesto, crueldades extremas, deprivaciones (en el sentido de Winnicott), son experiencias constitutivas de lo que entendemos como lo insoportable para los niños.

Lo que llamamos lo insoportable en los niños, según el material empírico con el que trabajamos, tiene un núcleo en lo que Winnicott conceptualizó como *tendencia antisocial y como la pérdida de la capacidad de preocuparse por el otro*. Los niños despliegan en los escenarios institucionales de política pública esta insoportabilidad, se tornan difíciles, atacan y destruyen los ambientes de los que participan.

A estos niños no se los soporta. No soportar a los niños significa que allí donde se dispuso la protección y el cuidado se puso en marcha una venganza (en el sentido de Winnicott). Esa venganza tiene su fuente en sentimientos inconscientes que corresponden a la sociedad en tanto sentimientos públicos de venganza social y han encontrado dentro de las instituciones o institucionalidades destinadas a la protección, no su interrupción, su evitación, su prohibición, sino un modo particular de ponerla en marcha. Otras de las formas que ponen en marcha el no soportar a los niños lo constituyen la derivación. No *per se*, sino es su insistencia, su reiteración, su recurrencia, lo que hace pensar que lo que está en juego no es tanto una indicación, un modo de abordaje, pero la institucionalización de la derivación como uno de los modos de no soportar.

Estas tres instancias de lo insoportable aparecen en los casos del *corpus* de la investigación que llevamos adelante de modo regular, se constituyen en una regularidad observable en el archivo que construimos, y precisamente por ello vuelven visible y enunciable cierta dinámica en juego que hace a los circuitos de desprotección en las instituciones de protección. El hecho que identifiquemos tres instancias con cualidades definidas para una y otra al respecto de lo insoportable no significa que dejemos de considerar que estas tres instancias se presentan entremezcladas, retroalimentándose una a la otra y es más evidente constatar este entrecruzamiento que la delimitación clara y tajante entre unas y otras.

Este circuito de lo insoportable que instituye la desprotección en el seno mismo de la institucionalidad creada para proteger, lo entiendo como uno de los emergentes más relevantes para transformar las capacidades políticas de proteger a niños y adolescentes. Y creo que el psicoanálisis juega un rol decisivo tanto para volver inteligible esta insportabilidad (todo el trabajo sobre lo insoportable encontró una superficie de apuntalamiento conceptual en las tesis principales de Winnicott sobre los niños deprivados que conoció durante la Segunda Guerra Mundial y de los que se ocupó en el marco de una política pública)[5] como para contribuir con el necesario trabajo de resistencia y del trabajo a contra mano de lo insoportable.

Como ejemplo, podemos tomar los trabajos de Susana Brignoni (psicoanalista) cuando propone, trabajando en relación de frontera con las políticas públicas de protección a la infancia en España, y en relación a esta insoportabilidad de que venimos hablando:

---

5 Esta experiencia ha inspirado diversos trabajos teóricos en Winnicott cuya principal recopilación puede encontrarse en el texto titulado *Deprivasión y delincuencia*, pero más particularmente el artículo más descriptivo de lo que se hizo y cómo se hizo en términos de política pública se encuentra en un texto titulado *Manejo residencial como tratamiento para niños difíciles* de 1947.

> *Es la mala conducta un no a la norma o se trata de otra cosa? Freud en uno de sus historiales clínicos El hombre de los lobos dice que el niño que se comporta de manera tan indomeñable está haciendo una confesión… Si se trata de una confesión hay al menos dos posiciones posibles para aquel que trabaja con el niño, o bien convertir la conducta en un llamado o bien seguir bajo el empeño de hacer cumplir la norma.*
>
> *Entre esas dos posiciones se trata de elegir y la elección está del lado del educador. Si elige la segunda está abocado al desencuentro. Si elige la primera abre el campo de abordaje posible el que puede conducirlo al encuentro con un sujeto, que por su sujeción al lenguaje plantea un deseo que más allá de la norma podrá, a su tiempo, consentir al acto educativo. (Brignoni, 1998)*

El pensamiento clínico de base psicoanalítica le otorga al tratamiento social de la infancia dañada una deriva que deviene en alternativa a la moralización, a las prácticas vengativas tal como lo ha sugerido Winnicott, a la reproducción del tratamiento punitivo de aquello que solicita mejores intérpretes.

Qué son las instituciones

Por último, quisiera detenerme en las instituciones como escenarios a través de los cuales y en los cuales se ponen en marcha las políticas públicas. Para recordar la obra de Cornelius Castoriadis (un psicoanalista ineludible) y qué de esa obra nos permite pensar algo de lo que se juega en las instituciones a través de las cuales se ejecutan las políticas públicas y se llevan adelante prácticas profesionales hacia la infancia.

¿Cómo cambian las instituciones? Creo que es una pregunta que nos concierne a todos quienes estamos de una u otra manera en contacto con niños y adolescentes muy dañados y no estamos conformes con el tratamiento social y político que hacemos de ese daño.

Castoriadis discutía con quienes designaba como *funcionalistas,* o sea, quienes pensaban a las instituciones como máquinas a las que hay que hacer funcionar y toda la ideología gestionaría que se sucede a ese pensamiento. Es decir, la gestión, el funcionamiento, la gerencia constituyen lo que Castoriadis llama el polo objetivo racional de las instituciones. Pero tal como lo propone, las instituciones son algo más que eso. Toda institución tiene lo que nombra como polo subjetivo hecho del orden simbólico y el orden imaginario de las instituciones.

El orden simbólico de una institución y de un tiempo es el modo particular en que se otorgan ciertos significados a ciertos significantes, qué es un niño, qué significa cuidar, cómo se trata a los niños son cuestiones que se responden en función de un orden simbólico de un tiempo. Y, por lo tanto, desde la perspectiva de Castoridis, cambiar a las instituciones es, ante todo, cambiar el orden simbólico, cambiar el sentido, cambiar la distribución de significantes y significados.

La posibilidad de cambiar el significado y el sentido de las cosas que hacemos y cómo las hacemos radica en la función que cumple, para Castoriadis, el orden imaginario. Es decir, la posibilidad de imaginar y crear nuevos ordenes simbólicos.

La posibilidad colectiva de imaginar nuevos ordenes simbólicos, aunque sean locales y provisorios, creo que es la tarea de toda pequeña unidad de acción, desde una Escuela Primaria hasta un centro de acogida o una cárcel de menores o programa que atiende a migrantes o personas sin hogar. Si somos en este punto castoriadistas, asumiremos la relevancia de crear en los territorios de ejecución de las políticas públicas, espacios para elucidar (pensar lo que hacemos y saber lo que pensamos) las prácticas, extranjerías que permitan mirar con cierta perspectiva el orden simbólico que nos habita, tiempos y espacios de palabra para imaginar la ampliación de los posibles.

Y en esta dimensión creo que todos aquellos psicoanalistas que se han interesado por las instituciones encuentran un lugar relevante a sostener.

Bibliografía

Aichhorn, A. (2006). *Juventud desamparada*. Ciudad de México: Gedisa Mexicana.

Augé, M. (2012). *Futuro*. Campinas: Papirus.

Bollas, C. (2009). *La pregunta infinita*. Buenos Aires: Amorrortu.

Brignoni, S. (1998). Proteger, cuidar, educar. *Revista L'interrogant*. Barcelona: Editorial Begoña Batalla.

Rodríguez, C. (2016). *Lo insoportable en las instituciones de protección a la infancia*. Montevideo: Azafrán.

Foucault, M. (2017). *La parrêsía*. Madrid: Biblioteca Nueva.

Simondon, G. (2009). *La individuación a la luz de las nociones de forma y de información*. Buenos Aires: Cactus.

Winnicott, D. D. (1984). *Deprivación y delincuencia*. Paidós.

Zupancic, A. (2012). ¿Por qué el psicoanálisis? Córdoba: Paradiso.

***

LA PRÁCTICA DE UN ANALISTA INTRA-EXTRA MUROS: NIÑOS Y ADOLESCENTES EN VULNERABILIDAD SOCIAL

Júlia Alonso
Asociación Psicoanalítica del Uruguay

Acto 1: un relato, muchas historias

Llego al antiguo edificio, renovado levemente en su exterior. Algunas hamacas que parecen simular un espacio infantil, un espacio desteñido. Algo de la desolación y el desamparo, vuelven. Entonces surgen, sin darme cuenta, evocaciones de otras llegadas y otras prácticas.

Nos recibe la misma puerta y su *hall* de "hospital", el asombro, la incomodidad se van abriendo paso al encontrar ese peso que guardan las paredes de una historia. En el siglo pasado, era un "asilo" de varones para más de un ciento de chicos internados, hacinados, y cuya administración era llevada por una congregación de hermanas religiosas, que mantenían ropa y alimentos bajo llave.

En la década de 1970 se inicia un cambio y pasa a ser un Centro de Observación y Estudio, con una dirección y un equipo técnico a cargo. Lugar de referencia para derivaciones a centros pequeños.

Algo lejano y a la vez, cercano.

Porque a veces pareciera que las instituciones guardan en las paredes sus fantasmas fundadores, que siguen haciéndose presentes a cada instante y permeando a cada uno de quienes las habitan.

Subo la escalera, en su parte superior nos encontramos con una sala de espera compartida con otro servicio que funciona en el mismo piso. A su derecha están los consultorios y a su izquierda, el "Servicio de Intervenciones Psicológicas".

Abro una puerta pequeña, veo dos oficinas y un tercer espacio que tiene el cometido de sala de reuniones, pequeño para el número que somos, pero que nos permite sentarnos alrededor de una gran mesa y sentirnos acompañadas y "custodiadas" por muebles que guardan cajas de juego y otros materiales de uso en las sesiones, en cantidades importantes. En la gran mesa podrá hallarse alternativamente galletitas, chocolate, mate, té y café, y alguna que otra vez alguien con su almuerzo, dado que la falta de tiempo en el trabajo se hará presente.

Toda esta dinámica no interrumpe el trabajo que llevamos a cabo, pero aporta a "calmar" alguna que otra angustia – malestares, por las que todas pasamos.

Las situaciones y complejidades que presentan los niños y adolescentes son experiencias de desvinculación – total o parcial – parental y su correlato de desamparo, en diversos gradientes: imposibilidades de sostén material, falta de trabajo, calle, consumo parental, abusos de diversa índole, maltratos. A su vez, se presentan algunas alternativas: el mantenimiento del vínculo parental y la preparación de reintegro familiar, en otros, se determina una condición de adoptabilidad, y en otros la permanencia institucional. Se manejan: estadía con familiares o familias sustitutas hasta la preparación de egreso institucional con la mayoría de edad.

Hablamos de sujetos dañados. ¿Es acaso qué las grietas que se abrieron podrán ser reparadas?

Dificultades en las convivencias, donde la institución y su impronta de imposibilidad se hace presente a través de estrategias y medidas fallidas que muchas veces agravan las dificultades por las que han venido transcurriendo sus vidas.

Impotencia, rabia, desesperación que nos van recorriendo y de las cuales intentamos encontrar una salida, en el trabajo que nos convoca.

Será el trabajo desde un marco psicoanalítico, en cada práctica terapéutica, en cada niño o adolescente con quienes se encuentran semanalmente, en el eje de la transferencia, del juego que se va armando o no, de los silencios prolongados, de la inexpresividad ante aquello que les acontece, de los enojos o de lo que puede llegar o no a producirse en el encuentro, de las crisis en sesión, en salidas compulsivas, en *acting*.

La intensidad de las tres horas del espacio de supervisión, el entusiasmo de los logros, de la movilidad en los posicionamientos, la riqueza de las experiencias y la avidez por encontrar caminos en su quehacer cotidiano han sido el sostén de un ámbito privado y público, donde el respeto por cada una, por sus recorridos y sus alternativas brindaron el marco para una ardua y compleja experiencia.

Por mi parte, ubicar la transferencia en el centro del intercambio a realizar, en el encuentro con cada niño y adolescente, como una vuelta a nuestra referencia y marco psicoanalítico. Ello nos brindará la posibilidad de no ser fagocitados por la institución y su burocratización, ya que las posibilidades de intervención se tornaban inexistentes, o de muy difícil escucha por adultos agotados. La compulsión a la repetición se hace presente con la constancia que le pertenece. Identificaciones, exigencias, fracasos, que nos fueron recorriendo y con los cuales tuvimos que "pelearnos", intentar desanudarlos, y acercarlos al trabajo de cada uno.

En cuanto a mí, mi formación in extenso, mi análisis personal, me sostuvieron en el desafío de la revisión de mis herramientas – técnicas y teóricas –, ante un lugar nuevo, deseado y buscado. Agradezco el enriquecimiento y fortalecimiento hallado, el encontrarme nuevamente con el enigma de lo inesperado, de lo inconcluso y abierto de cada momento, que constituye la marca de nuestro oficio. Salir de los estereotipos, de los prejuicios, de una mirada a niños y adolescentes de meras víctimas a salvar.

Considero que el psicoanálisis en su efecto fermental nos brinda la posibilidad de producir "algo" en la danza de la transferencia que despliega a los sujetos del inconsciente, tanto en el desconocimiento, en la sorpresa de lo inédito, como en la posibilidad de desencuentro, constitutivo de nuestra experiencia.

Acto 2: escenas

Una institución de "protección" a la infancia, de gran impacto social e impregnada por la judicialización de las vidas de las familias, que por distintas razones no se encuentran preparadas y en condiciones de hacerse cargo de sus hijos, o las figuras referentes, de sí mismos.

Algunos de los sujetos adultos en escena van quedando endurecidos, perdiendo plasticidad, ante "aquello" angustiante, desbordante de otro/s. Las herramientas educativas no pueden ser pensadas en forma anticipada, los adultos referentes cotidianos no encuentran las formas de tramitar con los niños y adolescentes en régimen de internación, las difíciles situaciones que se presentan. Otros, sí, lograrán propuestas enriquecidas, humanizadas, que se tornan sostenedoras de nuevas alternativas posibles.

Los niños y adolescentes se muestran en despliegues sintomáticos: crisis, sexualización, violencia, rechazo a la comida, a concurrir a la escuela, distintas formas de expresar los efectos de la institucionalización.

A las niñas, en algunos casos y en algunas dinámicas, a partir de su menarca se las incentiva a colocarse el implante – *chip* anticonceptivo, dando por sentado una sexualidad precoz. Esto sin ninguna información o intercambio al respecto. O dicen "es parecida a la madre". ¿Sentencia y/o estigmatización? Una educadora le dice a una adolescente, quien lo comenta en sesión: "los hombres solo quieren una cosa y no te quieren". Transmisión imaginaria de la mujer – objeto, sin posibilidad de ser amada. ¿Es qué no habrá otra salida – destino?

Hogares de permanencia donde muchos de los chicos están marcados por una historia de abuso sexual. Y luego no se entienden los desbordes existentes.

Ante una situación sexualizada – abusiva entre niños, uno de ellos será trasladado, sin un trabajo sobre lo sucedido, llevando consigo la culpabilización, la confusión y el rechazo social. ¿Es qué los signos sintomáticos no pueden visualizarse anticipadamente, o tal vez son negados, con el fin de no abordar la situación problemática? No hay "detención" del drama, solo el despliegue y la transformación en tragedia.

O el cierre de un hogar; primero se toma la decisión y luego ante las dificultades se recurre a los técnicos. No se realizan previamente consultas, ni un trabajo de información y procesamiento del cambio. Figuras referentes que se marchan y no son autorizados a hablar con los chicos. Los chicos hacen una revuelta que "obliga" a una intervención institucional, que será solicitada al Servicio de Intervenciones psicológicas.

Crisis no informadas que entran a las sesiones sorpresivamente, ya habiendo existido el desenlace.

La dificultad en la anticipación de la reflexión e interconsulta, para la toma de decisiones, se torna un continuo ataque a los chicos y a los espacios terapéuticos, donde las resoluciones de las problemáticas se esperan en lo inmediato. Y dónde se deposita en el terapeuta las expectativas en relación a las decisiones no tomadas.

CONTRIBUCIÓN DE LA RED PSICANALÍTICA SOLIDARIA: CONVERSANDO CON DORA DURANTE LA PANDEMIA DE COVID-19

Teresa Lirio y Maria de Lourdes Teodoro
Sociedad de Psicoanálisis de Brasília

En este trabajo compartimos las inquietudes surgidas a partir de nuestra participación en la Red Psicoanalítica Solidaria – RPS/DCC/SPBsb, iniciada en mayo de 2020, con adolescentes en situación de vulnerabilidad psíquica y social. Es una experiencia intensa, de gran involucramiento emocional, que desborda en sentimientos muy variados. Nos alegramos por ser parte de ese movimiento psicoanalítico solidario tan potente, que nos anima a ampliar el alcance del psicoanálisis a personas que, de otra manera, no podrían tener acceso a nuestros consultorios. Pero este también es un trabajo duro y que moviliza, en los analistas, angustias, sentimientos de impotencia y pensamientos de desistimiento. Dudas. ¡Muchas!

¿Cuáles son las especificidades de esa escucha analítica en la atención de jóvenes y de sus familias, que viven en estado de desesperación por sufrimientos que derivan de una vida de opresión y violencia, de injusticias, de necesidades básicas, de acumulaciones y traumas? ¡Estos traumas producen en los padres estructuras y defensas que se actualizan en la dinámica familiar de forma a traumar a los hijos adolescentes con angustias intensas, un sentimiento de impotencia que se acerca a lo intolerable y pensamientos de desistimiento de la vida!

Abordamos acá dificultades y potencialidades. Percibimos que esos sentimientos son similares a los que nos invaden y son parte del proceso psicoanalítico cuando podemos contener y elaborar lo que no puede ser vivido y representado por nuestros analizandos. De eso nos gustaría hablar en esta reflexión: de lo insoportable, de lo que es pasible de ser transformado y de los destinos de esas transformaciones.

Presentamos datos provenientes de un proyecto realizado en alianza con una escuela de una ciudad satélite[6] de Brasília. Profesoras preocupadas con la interrupción de las clases debido a la pandemia y conscientes de que, para muchos alumnos, la escuela es una referencia de vida y contención, un refugio para la violencia familiar e incluso una fuente de complementación alimentaria resolvieron invitar a los alumnos a rondas de conversación *online* una vez por semana. Ellas nos contactaron a través de la página *web* de la Sociedad de Psicoanálisis de Brasília y pidieron que participáramos del proyecto. Teníamos reuniones semanales, discutíamos los casos más graves y urgentes, y las

6 N.T.: En el Distrito Federal de Brasil, se llaman "ciudades satélites" las ciudades que se desarrollaron alrededor de Brasilia en las que, en líneas generales, viven las y los trabajadores de sectores populares que prestan servicios en la capital del país.

derivaciones eran realizadas para los colegas de la Red Psicoanalítica Solidaria luego de tres meses, el proyecto fue asumido por el servicio de orientación educativa de la escuela, con la exclusión de las profesoras que nos habían buscado inicialmente. De esa manera, también se encerró nuestra participación. En ese periodo, siete jóvenes fueron recibidos en nuestro programa de atención individual.

Según el relato de los colegas que atendieron a esos jóvenes, la mayoría tenía una inmensa dificultad de comunicación, muchos no pudieron ni hablar por audio, mandaban mensajes por escrito. Prevalecía el lenguaje en actos: casi todos se cortaban, muchos intentaron el suicidio. Relataron situaciones inimaginables de violencia intrafamiliar con agresiones mortales, tanto físicas como verbales. Ser llamado de "sobra de aborto" por un familiar encargado de los cuidados en función del abandono de los padres es algo muy difícil de ser absorbido, más aún si se suma el abandono del Estado, que intensifica las condiciones familiares precarias por falta de empleo, de atención a la salud e incluso de lo básico necesario a la alimentación.

En ese escenario, la tolerancia es mínima, las acusaciones sobran y los conflictos no producen diálogos y negociaciones, sino cisiones y exclusiones. Al lado de la miseria económico-financiera, el desierto afectivo debilita la construcción subjetiva, con daños a la capacidad simbólica. Lo que queda es enmudecer, aislarse, deprimirse o actuar. Bajo esas condiciones, el trabajo de análisis se hace muy difícil. En el caso de que este ciclo no sea interrumpido, es muy común que estos sujetos se tornen adictos, lo que torna su condición aún más difícil: uso de alcohol y otras drogas, dependencia afectiva y la reproducción del modelo familiar de una vida afectivo-sexual conturbada y fuente de sufrimiento psíquico.

De los siete jóvenes que fueron atendidos, cuatro interrumpieron el proceso en poco tiempo. Respecto de los otros tres la atención duró algunos meses, aunque de forma descontinuada. El *setting*, con todos ellos, era marcado por la flexibilidad en cuanto a las ausencias y la variación en el tiempo de duración de las sesiones, que deberían ser acortadas. A pesar de las dificultades, los analistas que tuvieron mayor continuidad en los procesos conducidos relataron que hubo crecimiento psíquico y que el trabajo propició una experiencia única e inédita para los analizandos: la de ser escuchados sin ser juzgados. Eso seguramente dejará una puerta abierta para nuevos intentos, además de una semilla de esperanza.

Con respecto a los desistimientos, las dificultades identificadas fueron: dificultades para mantener el vínculo *online*, falta de privacidad para las sesiones, acceso insuficiente a internet, falta de confianza para invertir en un vínculo frente a experiencias de abusos ya sufridos. Las profesoras relataron que había por parte de los alumnos, además, una resistencia en función del desconocimiento sobre qué sería un trabajo con psicoanalistas y por miedo a que se los considerara "locos". La autorización de los padres fue necesaria – eran todo menores de 18 años – y algunas familias también expresaron desconfianza. ¡Cuánto trabajo hay para hacer en las escuelas!

La ejecución de este proyecto, que inicialmente parecía configurar una gran oportunidad para esos adolescentes, pronto nos fue mostrando que, a pesar de que algunos hayan podido aprovecharse del proceso analítico, no es suficiente la disponibilidad de analistas entusiasmados y éticamente comprometidos con la responsabilidad social. El sufrimiento sociopolítico va dejando marcas, y las heridas no siempre cicatrizan.

En ese escenario, somos desafiados, como psicoanalistas, a repensar nuestra práctica. El abordaje multidisciplinario, esencial en esas sesiones, nos saca de nuestra zona de conforto (o acomodamiento) del trabajo solitario de consultorio. El análisis de nuestras pretensiones idealizadas y de la realidad constatada nos hace sentir que hemos estado ausentes de un trabajo preventivo, integrado a las escuelas y a los programas de salud. Se plantea la cuestión de por qué estamos tan poco involucrados en las políticas públicas.

Finalmente, para cerrar esta breve presentación del proyecto, dejamos el fragmento de un caso relatado por María de Lourdes Teodoro. Se trata de la atención a una adolescente en situación de vulnerabilidad psíquica y social, con cuestiones vinculadas a la identidad de género y orientación sexual y señales de depresión. Parecía tener una buena relación con los padres y no pasar por mayores privaciones. La llamaré Dora.

La primera dificultad que surgió en el trabajo con Dora fue que no disponía de un celular compatible con el psicoanálisis *online*, ya que su aparato, según nos dijo, no le permitía usar el sistema de audio ni la cámara de video. Por lo tanto, nos quedamos con la conversación por escrito. Al principio me sentí insegura, pues normalmente me distraigo y cometo errores al teclear. Para mi sorpresa, en raras ocasiones cometí algún error de tipeo porque siempre volvía a leer mis intervenciones antes de enviarlas. Dora era muy ágil escribiendo mensajes y lo hacía bien.

Charlábamos durante todo el tiempo de las sesiones. Dora se ausentó una sola vez, cuando tuvo que salir con su madre, y siempre llegó a la hora prevista. La relativa dificultad en hablar de sí mesma se superó en el segundo encuentro. Cambió su foto de perfil después de cerca de dos meses de trabajo, primero por la de dos animalitos en una pose cariñosa y, poco después, cambió nuevamente la foto de perfil a la de dos jóvenes en pose amorosa.

Dora acató mi sugerencia de que escribiera, dibujara, ya que solía hacerlo antes. Más de una vez se llegó un poco y parecía feliz en justificar su demora diciendo que "estaba escribiendo".

Una historia emocional comenzaba a tomar forma y vínculos con amigos de la escuela empezaron a surgir en las sesiones, delineando vida social que Dora podría retomar. En una sesión en particular, hice una interpretación bastante desafortunada de su queja sobre la "falta de aire" cuando salía de casa. Relacioné esto con el hecho de que, en algunas ciudades, venden aire en latas decoradas como recuerdo del lugar. Y mencioné que, cuando alguien se le regala una de estas latas y la abre, se da cuenta de que no hay nada dentro. El aire está por todas partes, pero no es visible. Supuse que no la volvería a ver después de ese día. Sin embargo, ella regresó y, algunos encuentros después, me envió un mensaje diciéndome que estaba bastante triste conmigo – sin decir la causa – y afirmó que "ya no confiaba" en mí. No sé cómo quedó mi analizanda luego de su distanciamiento abrupto.

***

RELATO NAU

Sarah Barretto Prado
Sociedad Brasileña de Psicoanálisis de Ribeirão Preto

Llego, como de costumbre, a nuestro grupo que se reúne cada quince días. Los encuentros se realizan en el marco de un curso preparatorio gratuito para jóvenes de sectores de bajos ingresos que estudiaron en escuelas públicas y que desean rendir el examen de ingreso a la universidad. Es un proyecto sostenido por la iniciativa privada. A los alumnos se les ofrecen clases con profesores voluntarios, transporte, alimentación y material didáctico.

Ese día sentí que había un ambiente distinto, todos parecían aprensivos, molestos. No sabía qué estaba pasando, y me preguntaba si algo de nuestra charla anterior tenía relación con esa tensión que se sentía en el aire. Quince días antes habíamos hablado sobre violencia y abuso. Varias jóvenes ofrecieron sus testimonios acerca de situaciones extremadamente difíciles que vivieron: el primer relato empoderó a las demás, que compartieron experiencias de mucho dolor. Sentí que, aunque había sido una conversación dura, fue positiva y que el grupo fue muy receptivo. Hablamos de machismo y sexualidad, y las chicas compartieron muchos miedos, como el simple hecho de salir de una clase a la noche. Los pocos chicos que había en el grupo también pudieron hablar, lo que suele ser difícil para ellos. Pienso que tal vez ese no sería el tema hoy.

Nos dirigimos hacia el fondo del aula y nos sentamos en rueda. Ellos se miraban, como si esperaran que alguien se animara a dar el puntapié inicial. Yo solamente esperaba. Una de las chicas empiezó.

> "Pasa que ayer ocurrió algo muy desagradable que tiene que ver con un profesor de aquí".

Otra dice:

> "Pasa que él es muy meritocrático".

Parecen inseguros en plantear el asunto, como si estuvieran haciendo una denuncia y dudaran respecto de cómo sería recibida por mí.

"¿Qué quieren decir? ¿Qué pasó?", pregunté.

> "Pasa que el profesor X, de historia, mirá vos, de historia, vino con una charla ayer, charla no, un sermón de más de media hora, sobre nuestra falta de esfuerzo, dedicación y concentración. Trajo numerosos ejemplos de personas que vinieron de la nada como nosotros y que pudieron vencer, pudieron entrar a una universidad, que estudiaban 12 horas por día".

La joven estaba bastante indignada.

Otra alumna sigue:

> "Él dijo que deberíamos hacer lo mismo, pero él no sabe nada de nuestras dificultades. No sabe que muchos de nosotros tenemos que trabajar para ayudar nuestras familias a pagar las cuentas, comprar comida, cuidar la casa y a los hermanos menores."
>
> "Según él deberíamos leer los diarios todos los días – ¿Pero a qué hora vamos a hacer eso? En las escuelas privadas hay alguien que hace eso por

los alumnos, el profesor lee y ya transmite todo masticado, las principales noticias. Acá no tenemos eso. Yo me estoy matando para entender una materia de matemáticas que creo que nunca voy a poder comprender. Y ¿por qué? Porque debería haberlo aprendido mucho antes, en los primeros años de colegio, pero en mi escuela no se daban las clases correctamente. El profesor faltaba y, cuando iba, nos dejaba tareas y no aprendíamos nada. Tengo un desfase que difícilmente lograré superar".

"Sin hablar del apoyo que ellos tienen de la familia, la mayoría cree que tienen grandes chances de tener un futuro grandioso, creen que estudiar es un camino posible. En mi casa nadie estudió, mis abuelos no terminaron la primaria y mis padres no cursaron la segundaria, tuvieron que trabajar desde temprano para ayudar a la familia. No entienden mi elección, dicen que estudiar no es para gente como nosotros, que me van a apoyar por un año más pero luego tengo que trabajar para ayudar en casa. Piensan que estudiar es un lujo, no entienden lo difícil que es".

"Yo llegué a la secundaria y no sabía lo que era "vestibular":[7] en mi escuela no hablaban de eso, en mi familia nadie pasó por eso. No entienden, dicen que no aguantan más sostener mis "lujos" y yo pienso: ¿Qué lujo tengo? Mi última chance es este año, si no apruebo voy a desistir y buscar trabajo".

"¿Y si apruebo en otra ciudad? Porque acá la competencia es muy alta, sé que mis chances son bajas, pero ¿cómo me voy a sostener en otra ciudad, en otro estado? Mi mamá cobra un sueldo mínimo para sustentar el hogar, yo y mis dos hermanos. Si me manda 100 reales todos los meses sé que les va a hacer falta, ¿y cómo me voy a arreglar con 100 reales? Sé que los alojamientos están todos llenos, ¿dónde voy a dormir?"

Me siento angustiada frente a las intervenciones de estos jóvenes. Observo evidencias de la desigualdad social, de la ausencia del Estado, de la vulnerabilidad vivida por ellos. En su mayoría negras y negros,

7 N.T. Nombre dado en Brasil al examen de ingreso a la universidad.

muchos son los primeros de sus familias en soñar con el ingreso en una universidad. Luchan consigo mismos para sostener ese deseo, que muchas veces no se realiza; se encuentran frente a la naturalización de la desigualdad usada de manera violenta y cruel. La consciencia de estos jóvenes de lo que les fue negado, sumada a la ansiedad de experimentarse en otro contexto, distinto del que hasta entonces han conocido, hace de esta una travesía ardua. Es posible que el psicoanálisis tenga algo a contribuir en ese proceso.

A lo largo del año de 2019 estuve con esos jóvenes quincenalmente, en un grupo abierto a todos. En el año 2020, algunos encuentros ocurrieron de manera remota. Los grupos serán retomados el segundo semestre de 2021.

PARTE IV
Pandemia

8. Recreando una clínica posible durante la pandemia[1]

LOS GIRASOLES DE VAN GOGH

Magda Guimarães Khouri
Sociedad Brasileña de Psicoanálisis de São Paulo

> *La ficción no es el lugar de sueños donde uno va a descansar de las molestias de la vida ordinaria. Es la negación radical de esa vida ordinaria, es la verdadera vida, aquella a la que es preciso dedicarse enteramente.*
>
> (Rancière, 2021, p. 43, [traducción propia])

1 El artículo que abre el capítulo, elaborado por Magda Guimarães Khouri, fue escrito en base a los trabajos de los colegas Karla Zárate, de México; Caroline Milman, Carmen Nogueira, Giuliana Chiapin, Helena Surreaux, Janine Severo, Rodrigo Boettcher, Sandra Fagundes, Siana Pessin Cerri, Porto Alegre, Brasil; y Graciela Maldonado Loch y Manoel Mariano da Rocha Neto, Pelotas-RS, Brasil. Sus respectivos trabajos también componen este capítulo.

Fisuras en la pandemia

Conectada con su tiempo, la actual Dirección de la Comunidad y Cultura de la Fepal (2020-2022) desarrolló el proyecto Psicoanálisis en tránsito. Una gestión que, de principio a fin, fue atravesada por la pandemia, logrando a través de sus fisuras mantener un debate vivo sobre temas sensibles del momento, tales como la clínica de emergencia en América Latina y el pensamiento psicoanalítico en el trabajo extramuros, ahora registrados en la presente publicación.

Agradezco mucho a Sonia Terepins, Silvia Bracco y todo su equipo por la oportunidad de dialogar acerca de las extensiones del psicoanálisis, que al ampliar su espectro de acción nos hace revisar, criticar y renovar nuestro campo de conocimiento. Iniciativas como esta son de las que permiten recuperar el lugar del psicoanálisis fundado por Freud, es decir, ejercitar una mirada clínica sobre el mundo.

Los tres relatos clínicos de los colegas, que habitan diferentes lugares de nuestra América Latina, se refieren a sus experiencias durante la pandemia, que explotó en el mundo a inicios de 2020 y se extiende hasta hoy. No podría ser de otra manera. El día a día de todos nosotros se viene marcado, de todos los lados, por los movimientos de la crisis sanitaria instaurada por la Covid-19.

En este contexto, los textos presentados ponen en evidencia cómo los psicoanalistas fueron convocados a trabajar de diferentes maneras para acoger el sufrimiento psíquico generado por la actual crisis. Eso exige reflexionar, cada vez más, sobre *settings*, modalidades de intervención, así como los conceptos psicoanalíticos y sus vínculos con momentos históricos y culturales que estamos viviendo.

Urgencia subjetiva

La pandemia está diciendo mucho sobre nosotros mismos, así como agudiza los problemas, como las diferencias sociales, poniendo en evidencia cómo cada sociedad maneja las complejas dificultades que emergen en situaciones de emergencia. Esta sensación de riesgo omnipresente y sus efectos subjetivos han permeado las tres situaciones clínicas aquí presentadas.

"La voz del trauma", de la colega mexicana Karla Zárate, describe de manera sensible escenas de un programa de atenciones *online* creado en este período. Quien se aventuró a trabajar en alguna de las plataformas formadas por diversos grupos de psicoanalistas probablemente podrá reconocerse con bastante proximidad emocional.

Ante el trauma colectivo, hemos observado una dilución de las subjetividades, una dilución de los grupos de apoyo, y angustias agravadas por el momento político desagregador, especialmente en algunos países latinoamericanos, como es el caso brasileño. Y todos, sin excepción, podrían en algún momento ser afectados.

De ese impacto psicológico sin precedentes, ante a tantas incertidumbres, podemos esperar reacciones como miedo, inseguridades y angustia generalizada, que irrumpen tanto en la clínica como en la esfera social. Se convierte en una cuestión de salud pública, que ha movilizado un fuerte debate sobre la inserción del psicoanálisis en los problemas que involucran la dimensión colectiva.

Parece ser propio de la urgencia subjetiva, como efecto de la angustia generada, haber una confusión entre tiempo y espacio que afecta las relaciones interpersonales, provocando un posible desvanecimiento de las particularidades, que interfieren en las dinámicas inconscientes en juego.

Siguiendo la línea propuesta por Zárate, surgió la necesidad de repensar el compromiso con los pacientes emergenciales. Y este punto involucra directamente el hecho de que estas redes de atención forman parte de un sistema de salud más amplio, que demanda otras lógicas de acción, muchas veces diferentes de aquellas de las que un significativo número de psicoanalistas está más acostumbrado.

Plataformas que tienen como objetivo generar mayor impacto social contribuyen en el sentido de evitar que se enferme una población. Partiendo del principio de que interesa al psicoanálisis lo traumatizante en el sujeto, tal situación de catástrofe colectiva convocó la presencia del psicoanalista tanto en las acciones clínicas como en las reflexiones sobre los efectos del trauma en los grupos sociales.

Escucha psicoanalítica

En la escucha psicoanalítica, experimentamos el tránsito permanente entre los detalles y una totalidad, oscilando todo el tiempo entre una aproximación y un alejamiento. Los detalles ayudan a crear una modulación en nuestras sensaciones, en nuestros sentimientos, mientras somos afectados por la situación, ahí reside la delicadeza de esta escucha.

Las conversaciones en los encuentros individuales, grupales o en las intervenciones clínicas en instituciones funcionan como un retiro de las situaciones de urgencia, de las demandas cotidianas, creando condiciones para pensar. En la época de excepción en que vivimos, abren un espacio para vivir el duelo, de forma compartida. Duelos, como sabemos, bastante complejos durante la pandemia.

Piera Aulagnier (1989) destaca que la importancia del conocimiento que emerge a partir de la escucha vía transferencia es el conocimiento que se refiere a la singularidad propia de la historia libidinal del sujeto. En ese sentido, la escucha psicoanalítica se configura como un camino potente en los posibles procesos de desvanecimiento de las particularidades en situaciones de urgencia subjetiva. Momentos de mayor vulnerabilidad psíquica y social demandan acciones clínicas que se sitúan en la tenue línea de favorecer que el sujeto no se aleje de su angustia al mismo tiempo en que no se hunda en ella.

Así relata Pablo Dragotto sobre el programa desarrollado en Córdoba, Argentina: "Los atendimientos implicaban tomar como foco la angustia, no para solucionarla, sino para ponerla en movimiento, utilizando la palabra como elemento privilegiado" (Fepal, 2021).

A través de los encuentros individuales, los sujetos tienen la oportunidad de conectarse con su propia historia y el analista funciona como un "testigo" de su estado interior, que califica y da crédito en lo que se produce en él (Roussillon, 2019, p. 155). Fue impactante como en muchas experiencias de las redes de atención varias personas se organizaban visiblemente a partir de una o dos consultas, al lograr nombrar sus angustias. La pandemia dejaba de ser el personaje principal y una movilidad psíquica daba lugar a las conversaciones sobre muchas dimensiones de su vida personal.

En los tres trabajos queda evidenciado cómo la escucha clínica del sufrimiento psíquico necesita ser también una escucha del sufrimiento social.

En medio al susto, sorpresas, situaciones de impotencia y también de mucha potencia, se experimenta la plasticidad del método psicoanalítico. Al desarrollar sus ideas sobre la clínica extensa, Fabio Herrmann evidenciaba que una intervención fuera del consultorio, pide más precisión del método y mayor flexibilidad de la técnica.

Clínica extensa

Zárate escribió sobre las modificaciones observadas en la práctica analítica para atender a las contingencias sanitarias. Se refiere a la necesidad de repensar la metodología y la técnica del enfoque psicoanalítico.

Aquí, vale la pena recurrir al pensamiento de Fabio Herrmann, quien dedicó gran parte de su obra a la construcción de conceptos que describen el método psicoanalítico. El autor realizó una rigurosa recuperación crítica del propio método psicoanalítico, advirtiendo que, después de Freud, se confundió método con tratamiento clínico. Marca con mayor precisión la diferencia entre método y técnica.

El psicoanálisis es entendido, primordialmente, como un método de conocimiento de la psique basado en la práctica interpretativa, tanto en la investigación teórica como en los estudios concretos de las configuraciones psíquicas individuales y culturales.

Este método, que opera a través de rupturas de campo, eje central de los caminos de interpretación, crea condiciones para la búsqueda de sentidos, el método "sembrador de inconscientes, pone a la muestra lo que está oculto en cualquier condición humana" (Herrmann, 2002b, p. 291).

Como escribió Herrmann:

> *La técnica no es un desdoblamiento del setting o una receta teórica sobre qué decir. Es una escucha poética, sin melodrama, sin regaliz. Dejar que surja el sentido, más allá del alcance estrecho de la significación, tomarlo en consideración y aguantar las consecuencias. Principalmente, no tomar las palabras por el manual de interpretación, esperando de ellas un significado literal que no pueden tener en esas circunstancias. (2017, p. 409, traducción propia)*

En la concepción del autor, uno de los puntos centrales es que no se trata de un *setting* más amplio, sino de superar la cuestión del *setting*/marco.

"Un lance de dados nunca abolirá el azar", de Stéphane Mallarmé, escrito en 1897, es el poema que sirvió de guía para Herrmann (2017) en su construcción de la clínica extensa hacia la alta teoría. El azar, el dejarse afectar por lo que surge, es como opera fundamentalmente la clínica extensa: recordando que se dirige tanto hacia adentro como hacia afuera de los consultorios. Al no tener una dirección definida, la conversación psicoanalítica crea condiciones para que nazcan sentidos, teniendo como referente a la metapsicología, que está siempre susceptible a ser revisada. La escucha psicoanalítica opera en ese tránsito permanente.

De forma más precisa, clínica extensa se refiere tanto a las aproximaciones con artes, literatura y las diferentes áreas del saber científico, a las acciones psicoanalíticas en diferentes territorios, como a aquello que se hace en el consultorio y que no se suele contar, una vez que se encontra fuera de la técnica estándar.

Se trata, por lo tanto, de cuidar rigurosamente a la búsqueda de nuestro método de investigación, del conocimiento y la cura.

Batalla naval

La experiencia de los colegas brasileños de Pelotas, Graciela Maldonado Loch y Manoel Mariano da Rocha Neto, involucró a un grupo de profesionales de la salud de un hospital de la región.

En las primeras líneas de la lucha contra el coronavirus estaban los equipos de trabajo que vivieron de manera radical el exceso de realidad, de situaciones a menudo inevitables.

Expuestos a un alto riesgo de contagio, miedo a la muerte, cargas extremas de trabajo, dilemas morales y sobrecarga de tareas, estos profesionales se vieron atrapados en una larga pesadilla.

Las intervenciones presentadas en la situación clínica de Pelotas revelan los temores de los participantes acompañados de sentimientos de impotencia, que en pequeñas dosis expresaban el dolor generalizado ante tanta inseguridad e incertidumbre. ¿Cómo puede el psicoanalista escuchar los excesos que interrumpen la posibilidad del surgimiento de palabras o imágenes que nombran la angustia?

Un primer representante simbólico aparece en el grupo a través de la siguiente imagen: "...es como ese juego de batalla naval, ¿dónde caerá la bomba?".

Una imagen tan significativa que traduce el estado de suspensión al que todos estuvimos sometidos durante la pandemia, sobre todo los profesionales que se dedicaron a cuidar de la población enferma. El significante bomba nos remitió a algunos versos del poema de Carlos Drummond de Andrade:

> *La bomba es una flor de pánico que asusta a los floricultores.*
>
> *La bomba no sabe cuándo, dónde ni por qué explotará, pero preludia el instante inefable.*
>
> *La bomba no está en el fondo de la caja fuerte, sino principalmente donde no está (2012, pp. 83-88, [traducción propia]).*

Esta "flor del pánico" que "está principalmente donde no está" da señales, aún de forma incipiente, de una actividad onírica del grupo. Siendo naval, hunde los barcos o explota en las aguas, sacudiendo los mares. Al traducir la amenaza, podemos pensar que la batalla naval aparece en el grupo como un ensayo de protección anímica ante el peligro inminente.

Como escribe Leopold Nosek, promover condiciones de continencia para que el pensamiento se mueva significa: "[...] crear redes asociativas a través del trabajo onírico. La tarea es habilitar el soñar. Este es el eje de nuestro trabajo" (2012, p. 98). En *La interpretación de los sueños*, Freud nos mostró que los procesos oníricos están siempre presentes, así como los fenómenos de contratransferencia y transferencia están en cualquier experiencia.

Luciana Lafraia y Pablo Castanho, psicólogos de larga y consistente trayectoria en la práctica y reflexión sobre la tarea clínica en grupos e instituciones, muestran cómo la capacidad de los equipos socioasistenciales de soñar es fundamental para que realmente se opere el cuidado dispensado a los usuarios (2021, p. 84).

Los autores proponen estudiar como el psicoanálisis contemporáneo puede pensar en acciones clínicas, junto con los equipos, que traigan subjetivación y sostengan un funcionamiento suficientemente vivo y creativo:

> *El equipo [...] tendría entre sus funciones la de, al soñar la experiencia que sucede – o que, atrapada, no sucede – en su espacio intersubjetivo, constituir, reconstituir o poner a trabajar la capacidad de soñar [...] hacer funcionar mediante el soñar lo que es vivido allí constituye parte fundamental del dispositivo terapéutico en una institución. (Lafraia & Castanho, 2021, p. 84 [traducción propia])*

Estas ideas están refrendadas en la metapsicología de los espacios interfirientes, de René Kaës. En líneas generales, el postulado básico que sostiene la investigación y teorización de Kaës es que el psiquismo se asienta sobre tres pilares que están íntimamente entrelazados: la sexualidad infantil, la palabra y los vínculos intersubjetivos. Su propuesta de una tercera tópica, como una ampliación de la metapsicología, intenta dar cuenta de la difícil tarea de definir cómo ocurre el trabajo de la intersubjetividad, cómo se construye la realidad psíquica del grupo y sus efectos en la constitución del sujeto inconsciente.

Una de las tesis centrales del pensamiento de Kaës se refiere al sueño como una composición polifónica: los efectos del vínculo en espacios psíquicos comunes y compartidos se inscriben también en los espacios oníricos y en los propios sueños. Es a partir de la propuesta de Didier Anzieu que el autor formula que "el grupo es como un sueño, el medio y el lugar de realización imaginaria de los deseos inconscientes de sus miembros, de sus deseos infantiles y de sus deseos de ayer" (Kaës, 2004, p.121). Anzieu consideraba que "los sujetos humanos van a los grupos de la misma manera que, en su sueño, entran en un sueño" (1993, p. 49).

Si el grupo cumple efectivamente la tarea que se propuso o queda paralizado, es un debate con una fantasía subyacente.

En el breve proceso relatado, vimos que algo se movío en la escena de la van que transportaba al equipo de profesionales. Uno de los participantes se posicionó como caja de resonancia de una colega en un momento de desbordamiento de sus ansiedades, transformando la palabra como descarga en palabra encarnada. Este gesto favoreció, en aquel instante, los vínculos grupales. El modelo de escucha experimentado por el grupo parece haberse propagado.

De acuerdo con Beth Mori, en su experiencia en la red de atención en Brasília, "al fortalecer la construcción subjetiva, es posible transformar amargura, tristeza, sentimientos de impotencia en acción".

La impotencia vivida por nosotros fue relatada en las tres situaciones clínicas, donde los psicoanalistas describieron los impactos sufridos en este estado de excepción. Los profesionales también se ofrecen como instrumentos de metabolización; nada podría hacerse sin el involucramiento del psicoanalista, en el cuerpo a cuerpo con los sujetos implicados. A su vez, redes de conversaciones entre colegas fueron construidas como soporte emocional y conceptual en sus propias instituciones psicoanalíticas.

Volviendo a Kaës, vinimos al mundo por el cuerpo y por el grupo, siendo imposible escapar a esta doble determinación. Y si la impotencia es de todos nosotros, quizás la pueda darse de forma compartida.

Espacio de ficción

Muchas personas que viven la experiencia analítica suelen decir que es un tipo diferente de escucha. Explorar el sentido de estos testimonios, que fueron recurrentes durante las consultas en la pandemia, fue uno de los detonantes de esta reflexión. Es en el campo de lo ficcional donde se abren posibilidades para que el sujeto juegue con la palabra, encuentre nuevas representaciones de sí mismo y del mundo que lo rodea.

Al transitar en el espacio de la ficción, como narradores y oyentes de historias, el sujeto puede encontrar nuevas formas de enfrentarse al mundo. Eso es lo que hemos presenciado en las conversaciones aquí presentadas, como también ocurre en las diferentes modalidades de escucha psicoanalíticas, tanto dentro como fuera del consultorio. Encontrar una voz a través de caminos estéticos indirectos, para que partes enteras de lo que el sujeto ha vivido no permanezcan inmovilizadas en las zonas muertas de su ser.

La ficción es como una dimensión vital de la escucha psicoanalítica, es decir, la ficción entendida como matriz interpretativa de la acción humana.

El estatus de verdad se confiere a la ficción en el sentido en que la define el filósofo francés Jacques Rancière: "La ficción no es, a mi parecer, el acto de inventar mundos que no existen. Ella forma parte integrante de nuestro mundo y, más aún, de nuestra manera de hacer mundo". (2021, p. 8, traducción propia). Hacer mundo significa también producir subjetividades.

En esta dirección, Herrmann, en sus estudios que buscan retratar el proceso analítico en su interioridad, mantiene un diálogo permanente entre ciencia y literatura:

> *Vamos a dejar clara la idea: ficcional no significa falso, ni siquiera científicamente menor, sino insertado en un tipo de verdad peculiar a la literatura, que es en general más apropiada para la comprensión del hombre que la propia ciencia regular (2006, pp. 62-63, [traducción propia]).*

En la época de la ficción moderna, Rancière subraya que: "Cada vida se ha vuelto digna de ficción. [...] Es en la medida en que es capaz de separarse de sí misma, de ficcionalizarse a sí mesma" (2021, p. 16).

Algo que se acerca a los procesos de metaforización, que hacen mover el inconsciente y ponen al descubierto lo más singular del sujeto.

Para Herrmann, es a través de lo ficcional que se revela la verdad del sujeto:

> *La ficción permite capturar el instante en el que la emoción viva muestra su lógica rigurosa, en que la historia se transforma en transferencia, en que las duplicaciones subrepticias del sujeto se cristalizan en palabras muy concentradas de sentido de en vórtice (2002a, p. 7, [traducción propia]).*

Si el psicoanálisis considera el hombre constituido por un excedente pulsional, de las pulsiones en su movimiento incesante, no se vuelve posible captar al sujeto en su totalidad. El psicoanalista trabaja con los bordes de toda historia que se van moviendo en las experiencias de cada persona o grupo. Lo incerto, las ambigüedades, los varios yoes que nos habitan encuentran su mejor traducción en la palabra poética, que ingresa en el espacio desfamiliarizado y desdomesticado de esa vida verdadera.

Los girasoles

El equipo de Porto Alegre desarrolló un proyecto muy consistente de escucha *online* con profesores de varios estados brasileños. Participaron en esta actividad: Caroline Milman, Carmen Nogueira, Giuliana Chiapin, Helena Surreaux, Janine Severo, Rodrigo Boettcher, Sandra Fagundes, Siana Pessin Cerri.

Junto a los profesionales de la salud, otro grupo de extrema importancia social: los educadores, que ejercen un papel de soporte de un país, mereciendo siempre todo nuestro apoyo en sus enfrentamientos diarios.

Como señalan los autores, es siempre sorprendente cómo los professores logran hacer frente al trabajo en condiciones tan precarias y se ven llamados a cumplir las funciones de padre, madre, trabajador social, educador y del Estado, que no se muestra presente.

Bombardeados por los excesos, el proceso grupal fue derivando de un desapego de la realidad impuesta hacia vías más creativas. La ficción permite que surjan mundos poblados de historias.

Entra en escena el girasol de Cristina, participante del grupo de profesores.

Detrás de su silla, donde amamantó a su hija, está un cuadro con un girasol dibujado por su madre. Una imagen que nos lleva a un símbolo que en la historia del arte se ha convertido en algo casi sagrado: los girasoles de Van Gogh.

En su micropoema, Manoel de Barros atribuye al artista la invención de la flor: "Un girasol se apropió de Dios: fue en Van Gogh" (2016, p. 17, traducción propia).

Los girasoles representan el color amarillo, que tanto en la obra del poeta como del pintor adquiere una figuración dotada de vida propia; ese color va más allá de las formas representadas. La luz, el fuego y el sol inundan sus cuadros y sus poemas.

En 1890, en cartas a su hermana, Van Gogh escribió que sus pinturas eran "casi un grito de angustia mientras simbolizaban la gratitud en el girasol rústico" (Paulino, 2020). En busca del sol, vivió en Arlés de 1888 a 1889, donde produjo las siete telas más populares de esta serie. Desde Van Gogh, los girasoles representan la celebración de la belleza y vitalidad de la naturaleza, al mismo tiempo que llevan la tensión al límite máximo, embriagados por la locura hasta la muerte.

Van Gogh hizo girasoles y creó el mundo. "El girasol es mío", declaró una vez el artista. Es de Van Gogh, de Cristina, de Manoel de Barros, es de todos nosotros, ficción compartida que produce subjetividades y un mar de historias.

Los psicoanalistas contaron que pudieran girar a sus escuchas y dejar que surgieran temas en los grupos de profesores, que van más allá de las angustias de la pandemia. Hablaron del vacío, soledad, dracismo, tecnología, luz, sol, muerte. "La vida y sus infinitas posibilidades".

La imaginación entra en acción para construir, delimitar y organizar un espacio, un ritmo al tiempo. El acto analítico mantiene su potencia al rescatar, mediante la narrativa, las redes asociativas por el trabajo onírico de la vigilia, surgiendo como posibilidad de elaboración, de cura, tanto en el plano individual como en el colectivo.

Perturbación creativa

En el trabajo de extensión del psicoanálisis el encuentro de diferentes realidades genera una viva producción de conocimiento, tanto en la clínica psicoanalítica en el campo individual y colectivo.

Recordando lo que Janine Puget destacaba sobre la cuestión de la alteridad: cuando hay disponibilidad para sorprenderse en las experiencias vinculares, el otro puede ser vivido como una perturbación creativa.

Se trata de un antídoto contra las palabras vacías y desvitalizadas, pues solo si hay apertura para un hacer compartido tendremos la oportunidad de reinventar, revisar y actualizar el campo psicoanalítico. Y quizás inspire el nacimiento de nuevos lenguajes.

Bibliografía

Andrade, C. D. (2012). *Lição de coisas.* São Paulo: Companhia das Letras.

Anzieu, D. (1993). *O grupo e o inconsciente*: o imaginário grupal.São Paulo: Casa do Psicólogo.

Aulagnier, P. (1989). *O aprendiz de historiador e o mestre-feiticeiro*: do discurso identificante ao discurso delirante. São Paulo: Escuta.

Barros, M. (2016). *Livro das ignorãças.* Rio de Janeiro: Alfaguara.

Fepal. (2021, abril 27). *Psicanálise em trânsito:* clínica emergencial na América Latina. [Arquivo de vídeo]. Recuperado de https://www.youtube.com/watch?v=l-gf7JUJxQI.

Herrmann, F. (2002a). *A infância de Adão e outras ficções freudianas.* São Paulo: Casa do psicólogo.

Herrmann, F. (2002b). Como conclusão: daqui p'ra frente. Em L.M. Barone (Org.). *O psicanalista: hoje e amanhã: o II Encontro Psicanalítico da Teoria dos Campos por escrito* (pp. 291-281). São Paulo: Casa do Psicólogo.

Herrmann, F. (2006). Psicanálise, ciência e ficção. *Jornal de Psicanálise,* 39 (70) 55-79.

Herrmann, F. (2017). *Sobre os fundamentos da psicanálise: q*uatro cursos e um preâmbulo. São Paulo: Blucher.

Kaës, R. (2004). *A polifonia do sonho*: a experiência onírica comum e compartilhada. São Paulo: Ideias & Letras.

Lafraia, L. M. & Castanho, P. (2021). Sonha-se em equipe? *Ágora: Estudos em Teoria Psicanalítica,* 24(1), 82-90. https://doi.org/10.1590/1809-44142021001010.

Mori, B. (2021). *Psicanálise em Trânsito: clínica emergencial.* [Vídeo]. http://www.fepal.org/psicanalise-em-transito/

Nosek, L. (2012). Proposta de discussão: o lugar do psicanalista. En J. Pastore & S. Soares (Orgs.). *O psicanalista na comunidade* (pp. 94-102). SBPSP

Paulino, R. (2020). *Girassóis* de Van Gogh. *Artes & Artistas.* Recuperado de https://arteeartistas.com.br/girassois-de-vincent-van-gogh/.

Rancière, J. (2021). *João Guimarães Rosa: a ficção à beira do nada.* Belo Horizonte: Relicário.

Roussillon, R. (2019). *Manual da prática clínica em psicologia e psicopatologia.* São Paulo: Blucher.

***

LA VOZ DEL TRAUMA

Karla Zárate
Sociedad Freudiana de la Ciudad de México

Todo comenzó hace justamente un año, en México a inicios del 2020, fecha fatídica que será difícil de olvidar porque se ha inscrito ya en nuestro cuerpo. Las redes sociales y las noticias comunicaron que una familia de virus SARS-COV-2 se estaba extendiendo rápidamente por el mundo, causando severas neumonías. Tres meses después se produjeron más de 150 mil casos y cerca de seis mil muertos en todo el mundo. La situación fue alarmante y se declaró pandemia global por la Organización Mundial de la Salud.

En este trabajo se incluyen transcripciones, frases de algunos pacientes, enfermeras, médicos y población en general que se habían infectado, convivían con enfermos o habían perdido a alguien. A tres analistas y dos candidatas en formación de la Sociedad Freudiana de la Ciudad de México nos buscaron al inicio, a la mitad y aún hace poco, durante la pandemia causada por el Covid-19. Estos sujetos acudieron a nosotras por medio de la red de sostén telefónico emocional Unam, una herramienta novedosa que podría pensarse como una acción específica para estos casos de emergencia.

La población entera, tú, yo, ustedes, todos seguimos compartiendo un trauma que amenaza nuestras vidas. Freud, en *Inhibición, síntoma y angustia*, apunta que "el yo, que ha vivenciado pasivamente el trauma, repite ahora de manera activa una reproducción morigerada de este, con la esperanza de poder guiar de manera autónoma su decurso" (p. 156). Un manto de angustia proveniente del mundo exterior e interior parece cubrirnos, un afecto como reacción general ante situaciones de peligro análogas a la del nacimiento. Aún intento discernir cómo los diferentes tipos de angustia se juegan en los pacientes G. y P., que en esta mesa fueron presentados, afecto que el Yo experimenta cuando se enfrenta ante un peligro real, a una situación traumática, ante la pérdida del objeto o de la vida misma. Algo ominoso sucede en sus historias de vida, algo reeditado en el marco del Covid-19, terrorífico y demoniaco que remonta a la indefensión originaria.

> "– Me he sentido muy mal físicamente, me duele la cabeza, me siento sola".
>
> "– Mi papá se murió hace un mes por Covid-19. No sé cómo hacerle con tantos sentimientos de tristeza, dime qué hacer, dime cómo poder olvidar".
>
> "– Te hablo porque estoy muy mal, caché a mi esposa siéndome infiel, vi sus mensajes y me encontré con videos pornográficos y *mails* con un tipo. Mi ego está roto, sin confianza".
>
> "– En enero me salieron quistes en los ovarios, me dieron pastillas, desde entonces estoy muy sensible, lloro por todo, no tengo paciencia".
>
> "– Se murió mi hermana de Coronavirus. Tengo miedo".

La angustia también me tocó a mí: estuve atenta al teléfono, encendido día y noche con la intención de responder a números desconocidos en cualquier momento. ¿Cómo ofrecerles sostén a personas que probablemente no vería de forma presencial? ¿Cómo mirarlos sin mirarlos, cómo imaginar sus rostros, percibir las emociones a través de la tecnología satelital? Recordaba una y otra vez la palabra "sostén emocional" que yo debía proporcionar. No serían entrevistas iniciales como se hace comúnmente. Estas personas comenzaron a narrarme su relato plagado de afecto, yo como analista al otro lado del teléfono debía simplemente amortiguar la amenaza de aniquilamiento, que en términos kleinianos podía pensarlo como una angustia primitiva muy real que lleva implícita la palabra muerte. El método clínico extraordinario no era la interpretación, mucho menos el intento simbolización, sino metabolizar las ansiedades, las sensaciones. Escuchar.

En la actualidad, la praxis analítica se ha visto trastocada al tener que modificar el método de trabajo ante la contingencia sanitaria. Las condiciones laborales han cambiado, el encuentro entre el analista y el paciente se han visto mediadas por una pantalla o por una bocina: se capturan las miradas, se replican las voces, el *setting* se altera.

Los momentos de incertidumbre que estamos sufriendo exigen pensar el compromiso que como psicoanalistas tenemos hacia los analizandos o pacientes emergentes. Estas circunstancias, no obstante, nos han ofrecido nuevas aristas virtuales y tecnológicas. Es un hecho que el psicoanálisis está siendo solicitado desde otro lugar, siempre poniendo como elemento primordial la escucha y la historización y posibilidad de pensamiento del sujeto.

El abordaje psicoanalítico ha requerido un cuestionamiento cuidadoso en cuanto a la técnica; en esta época convulsa, que parece vislumbrar un futuro incierto, las modificaciones al encuadre pueden dar respuestas para encarar otras formas de abordar la escucha analítica y más aún en épocas de confinamiento.

Aún percibo sus voces, los gritos silenciados o no, aquel registro auditivo que intentaba decirme algo y que resonaba tanto en su cuerpo como en el mío, similares a gemidos desligados de palabra, con intentos de deshilvanar sus emociones. En las voces se expresa un llanto entrecortado, un tono doliente, apenas capaz de apalabrar aquello que no podía ser verbalizado, algo que remonta a una escena tan primitiva como la que pudo haber sentido un bebé al nacer: la indefensión y el desamparo, un trauma psíquico y físico que en este caso, contagiados o aún sanos, nos atraviesa a todos y en nuestro ámbito también de forma transferencial.

La red de sostén emocional Unam ofrece una posibilidad de apertura para escuchar el sufrimiento humano que toca a nuestras puertas o timbra en nuestros teléfonos, en momentos traumáticos. No sabemos si una vez terminada la pandemia los pacientes en situaciones de crisis querrán seguir con el tratamiento, pero es nuestra labor contenerlos, escucharlos, asistirlos. Este escenario en "tiempos de enfermedad y de guerra" procura nuevas opciones para hablar del trauma ligado, para aliviar la urgencia desde un espacio donde se pretende que la palabra hablada, la voz, entre en escena.

***

PROYECTO PSICOANÁLISIS SOLIDARIO ACOGE PROFESORES

Caroline Milman, Carmen Nogueira,
Giuliana Chiapin, Helena Surreaux, Janine Severo,
Rodrigo Boettcher, Sandra Fagundes y Siana Pessin Cerri
Sociedad Brasileña de Psicoanálisis de Porto Alegre

Hemos reflexionado mucho sobre la contribución psicoanalítica y lo que nosotros, los analistas, tenemos a ofrecer a la población en un periodo tan delicado como han sido los últimos dos años, con los cambios externos e internos provocados por la pandemia.

En 2020, el Proyecto Psicoanálisis Solidario contó con un número expresivo de colegas que se dispusieron a atender gratuitamente durante un tiempo. En aquel momento, evaluamos que la categoría de los profesores era un grupo que merecía especial atención de nuestra parte. Como sabemos, los profesores fueron profesionales directamente afectados por las restricciones generadas por la pandemia. Ya existe una desconsideración sistémica al respecto de ellos – que antecede la crisis sanitaria. A eso se sumaron exigencias de retorno a las clases (sin las debidas condiciones) y la necesidad de adaptación a un esquema de clases *online* para el cual los profesores no fueron debidamente preparados.

Ese cuadro general nos indicó que era oportuno y necesario ofrecerles un espacio de acogida y escucha. Y fue así como el proyecto nació y empezó: con la función de acoger a profesores, en una escucha sensible, tornando viable un espacio de intercambio entre ellos.

En el primer semestre nuestro trabajo se dio por medio de encuentros en pequeños grupos, con la coordinación de un dúo de psicoanalistas. Como nos mantuvimos siempre abiertos a nuevas inscripciones, en cada encuentro se formaba un nuevo grupo, mezclando nuevos participantes con los que venían de reuniones anteriores.

Angustia/indefensión – un espacio de acogida

El espacio estaba ahí y los profesores vinieron. Sus primeras intervenciones, en forma de catarsis, revelaron angustia, inseguridad e indefensión.

María viene de una ciudad del interior, profesora de una escuela de la periferia. Su colocación es elocuente e inconformada, pero fuerte: "No tenemos ningún recurso en la escuela para protegernos del Covid-19, ¿cómo vamos a recibir a los estudiantes?".

En este momento, en el mes de mayo, la presión para la vuelta a las clases era grande. Otra profesora, de la educación infantil, lloró mientras hablaba de su angustia de volver con los alumnos, teniendo a tres hijas en casa.

Al mismo tiempo en que traían sus sentimientos, expresaban satisfacción en tener aquel espacio para hablar, valorando y agradeciendo por esta oportunidad.

Nosotros, los analistas, poco decíamos. Los propios participantes se escuchaban y cosían sus discursos. Al final de ese primer encuentro, se notó una clara disminución de la ansiedad inicial y una sensación de alivio general.

Salíamos de este encuentro impactados por la intensa carga afectiva y también inmensamente gratificados por la sensación de que recibimos a personas con mucha necesidad de ser escuchadas. Y como dijo una de las participantes: "No es cualquier escucha, nosotros sentimos y sabemos que el psicoanálisis tiene una escucha especial, diferente de las demás".

Esperanza / ganancias

Mientras avanzaban los encuentros, observamos que la ansiedad inicial disminuyó. Las vacunas llegaban a los profesores y el tono de los encuentros fue de valorización de la vida y de buscar salidas.

¿Cómo transformar los momentos difíciles en posibilidad? Ana fue una de las que habló: "La pandemia permitió que estuviéramos acá ahora, conversando con ustedes, personas de otras ciudades, todos juntos acá, eso es maravilloso". Laura también destacó la importancia del intercambio de experiencias: "No nos sentimos locas, vemos que otras personas pasan por lo mismo que nosotros, que no estamos solos".

Inicialmente, parecía que nada de positivo podría salir de una pandemia. Pero en este momento, por peor que siguieran las cosas, renacía alguna esperanza. La llegada de las vacunas, sin duda, traía consigo una luz al final del túnel y fue muy lindo ver elementos vitales y creativos regresando poco a poco a la vida de estas personas.

María habló de su encantamiento por ser profesora: "Nadie apaga el brillo de quien aprende".

Girasol

En uno de los encuentros finales del semestre, Cristina conversa con nosotros.

Comenta, en un determinado momento, que la silla donde está sentada fue la misma que usó para amamantar a su hija. Además, en la pared detrás de la silla hay un cuadro con un girasol, pintado por su madre.

Eso nos hizo reflexionar sobre lo importante y hasta crucial de una atmósfera cálida. Un telón de fondo afectivo, de vínculos y de nutrición amorosa, para que surjan el coraje, la determinación y la fuerza vital necesarias para navegar en aguas a veces tan violentas.

Es siempre asombroso cuando nos damos cuenta de lo mucho que los profesores de las escuelas públicas logran realizar dentro de una estructura tan precaria.

El girasol gira buscando la luz. Uno de los profesores aprovecha la idea del girasol y comenta: "Podemos girarnos a cada lugar del país" – refiriéndose al hecho de que teníamos a personas de diferentes estados. Podemos girar nuestras escuchas y dejar que florezcan temas en los grupos que van más allá de las angustias de la pandemia. Hablamos de vacío, soledad, racismo, tecnología, luz, sol, muerte. La muerte y sus duelos mal trabajados en las pérdidas por Covid-19. La vida y sus infinitas posibilidades.

***

CLÍNICA EXTENSA EN DOS ACTOS

Graciela Maldonado Loch y Manoel Mariano da Rocha Neto
Sociedad Psicoanalítica de Pelotas

Somos de una ciudad costera, Rio Grande, en el estado de Rio Grande do Sul, cerca de Pelotas. Para enfrentar las dificultades y todo el sufrimiento que se establecieron con la pandemia, creamos, junto a la Sociedad Psicoanalítica de Pelotas, un servicio de apoyo y atención a la comunidad.

Desde el principio, la experiencia nos puso en contacto con lo "no conocido". Es lo que se vive en el consultorio, pero, en este caso, además de la falta de experiencia en la atención a grupos y a distancia, había algo de asustador, inédito, que amenazaba a todos.

Nos esforzamos para buscar la transformación de esta situación potencialmente traumática a partir de una escucha psicoanalítica, con dimensión reflexiva. Atendíamos a un grupo de profesionales de diferentes áreas, en un hospital. Se sentían amenazados por el futuro y luego por el presente, cuando este llegó, y buscaban apoyo en nuestros encuentros.

Las primeras reuniones fueron marcadas por un largo silencio.

En la primera reunión, Manoel, coordinador, demarcó las bases del trabajo: "nuestra actividad es reflexiva y de escucha, queremos escuchar lo que cada uno puede traer, con su realidad distinta y ansiedad distinta, para pensar juntos...".

Después de un largo tiempo sin ninguna manifestación, la integrante A. dijo: "estoy inmovilizada, me quedo frustrada por no poder atender por Skype, tengo miedo de llevar el coronavirus a casa...". Luego otra persona dijo: "Estoy dentro del hospital y muy angustiada". Integrante C.: "Soy del nordeste y estoy acá hace poco tiempo, lejos de mi familia, es muy difícil no estar allá...". Integrante D.: "Estamos instalando cámaras en todo el hospital para que haya mayor facilidad e instrumentos de trabajo".

En la reunión siguiente, el integrante C. se manifestó: "Supe, a través de un cuñado que es anestesista en Santa Catarina, que mi sobrino tiene Covid-19, pero es leve. Esa comunicación tranquiliza, pero es como aquel juego de batalla naval, ¿dónde caerá la bomba?".

En el tercer encuentro tuvimos un problema técnico que retrasó el inicio de la reunión. Cuando finalmente empezamos se dio un largo silencio que le recordó Graciela, a la coordinadora, la ausencia de intervenciones vivida en la primera reunión. La primera intervención es de un integrante que señala la existencia de tres casos de infección en el hospital, a lo que el grupo reacciona con otro prolongado silencio. Graciela sigue pensando en el tema del inmovilismo de la reunión inicial y agrega internamente el sentimiento del miedo, lo que le remite a la película Frozen – una aventura congelada, con la cual nos acercamos a síntomas de congelamiento y pérdidas primitivas de la familia de origen: "parece que el miedo nos paraliza".

Comienza, en el grupo, un proceso de identificación de algunos sentimientos y su asociación con los movimientos que suceden en las reuniones, en el hospital y en la ciudad. Se usan referencias de fenómenos que existen en la región: "una ola" que avanza y retrocede, ligada a silencios temerosos o discursos ansiosos y a emociones que inundan a todos conforme evoluciona la pandemia. La araña buena y su tela, asociación de la hija de una integrante del grupo, que tanto representa el veneno que se disemina a través del virus como la interacción por internet que conecta y acoge.

Seguimos intentando escuchar las diversas comunicaciones, internas y externas, y pensando en una condición adversa, intentando dar sentido y nombre a lo que surgía. Percibíamos que, tras la comprensión de una determinada dificultad que se estaba enfrentando, los miembros del grupo iban recuperando la capacidad de expresar sus sentimientos y sus miedos.

En una sesión posterior, el integrante D. comentó: "en la van que venía de Pelotas para llevarnos al trabajo, noté que una colega estaba hablando mucho. Hice lo que hicimos acá. Ella no estaba logrando escuchar su propia ansiedad, entonces yo la escuché y al final del viaje ella hablaba más bajo y otras personas se acercaron".

En la SPPel (Sociedad Psicoanalítica de Pelotas), nosotros dos, Graciela y Manoel, encontrábamos en otro grupo que sufría la misma amenaza real un espacio para compartir nuestra experiencia, nuestras ansiedades y ampliar nuestro instrumental para enfrentar la situación.

9. Profesionales de salud: escucha y resistencia[1]

UNA ÉTICA DEL CUIDADO EN TIEMPOS PANDÉMICOS

Maria Elizabeth Mori
Sociedad Psicoanalítica de Brasília

Cerca de 1.689.000 muertos. 69 millones contaminados. Según la agencia Reuters,[2] estas son las cifras de la población latinoamericana y caribeña afectada por el nuevo coronavirus hasta mayo de 2022. El primer caso de Covid-19, la enfermedad causada por el SARS-CoV-2, fue diagnosticado en la ciudad de Wuhan (China), en noviembre de 2019, y identificada en América Latina casi dos meses después.

---

1 El artículo que abre este capítulo, de María Elisabeth Mori, fue elaborado en base a trabajos de los colegas Roosevelt Cassorla, de São Paulo, Brasil; Marina Moroni y Silvia Silvestrini, de Campinas; y Viviana Valz Gen de Perú. Sus respectivos trabajos también componen este capítulo.

2 https://graphics.reuters.com/world-coronavirus-tracker-and-maps/pt/regions/latin-america-and-the-caribbean/.

En el transcurso de más de dos años de pandemia, la población mundial ha vivido momentos de transitoriedad y incertidumbre debido a las complejas dimensiones de la enfermedad, causada por un microorganismo que produce el síndrome de insuficiencia respiratoria aguda grave. Desde entonces, los estudios científicos y clínicos han evolucionado y se ha comprobado que los casos más graves pueden llevar a la muerte de la persona infectada por tener afectados otros sistemas además del respiratorio: vascular, hematológico, renal, cardiaco, hepático, cerebral y otros. Aunque en la mayoría de los casos la enfermedad se presente con síntomas leves o moderados y los infectados se recuperen sin necesidad de tratamiento, y hayan muchos casos asintomáticos, no dejan de sorprender las diferentes formas individuales en las que la enfermedad se manifiesta.

Actualmente estamos viviendo la cuarta ola de contaminación. Por eso, sin saber lo que nos puede pasar, la mayoría de nosotros seguimos en guerra contra un enemigo que se muestra muy fuerte, bien equipado para replicarse. Esto explica las diversas reacciones emocionales, individuales y colectivas, ante la pandemia, que está provocando el malestar actual.

Hemos empezado a vivir una cotidianidad traumática, una nueva normalidad caracterizada por cambios subjetivos y sociales en la forma de ocupar los espacios públicos, que comenzaron (y continúan) con las recomendaciones preventivas de la Organización Mundial de la Salud (OMS) de distanciamiento social (restringir el contacto entre personas que no vivan en el mismo hogar y prohibir las aglomeraciones), uso permanente de barbijo y alcohol en gel, lavar las manos con frecuencia. El reto actual, incluso después de que la comunidad científica haya puesto a disposición las vacunas, ha sido hacer frente a la pandemia, evitando un aumento de la contaminación y las muertes en los cuatro rincones del planeta. Una gran parte de la población mundial aún no ha sido vacunada, ya sea por falta de acceso a las vacunas, o por decisión personal estimulada por teorías conspirativas contrarias al pensamiento científico.

Así, la pandemia sigue afectando de forma distinta a la población mundial. El coronavirus, que potencialmente puede afectar a cualquier persona, sigue golpeando con mayor dureza a la población socialmente vulnerable, aquella que ejecuta trabajos y servicios que requieren su presencia física y que dependen más directamente de las políticas estatales: transporte, educación, seguridad y salud. La falta de condiciones estructurales también impide las acciones de autocuidado. Los profesionales de la salud, que siguen trabajando directamente en la atención de pacientes en los servicios hospitalarios, también son parte del grupo de personas más afectadas. Entre ese grupo, "el agotamiento ha sido un importante desencadenante de ideas suicidas", según la investigación de la OMS publicada en marzo de 2022.

El trabajo llamado "intelectual" se ha convertido en virtual (*home office*), asegurando los recursos económicos de muchos trabajadores, como es nuestro caso, los psicoanalistas, que hemos transferido los consultorios y las reuniones de trabajo para el mundo de los dispositivos virtuales. Pero nos damos cuenta del aumento del trabajo resultante de la cantidad de *lives* que llegan a todas las horas del día y de la noche, sobrecargando la vida cotidiana, además de las exigencias de las actividades domésticas, durante el período más crítico de la epidemia en nuestro país.

El agotamiento físico y mental sigue afectando a todos. Según la encuesta de la OMS mencionada, los casos de ansiedad y depresión han aumentado un 25%.[3] "La preocupación por el posible aumento de estas afecciones ya ha llevado al 90% de los países encuestados a incluir la salud mental y el apoyo psicosocial en sus planes de respuesta al Covid-19".

La histórica subinversión en los servicios de salud mental ha sido preocupante. En ese sentido, el rol del Estado, la salud pública de los

3 https://www.paho.org/pt/noticias/2-3-2022-pandemia-covid-19-desencadeia-aumento-25-na-prevalencia-ansiedade-e-depressao-em.

países, así como las acciones políticas de los gobernantes, siguen interfiriendo en el número de infecciones y muertes causadas por la pandemia y en el sufrimiento psicológico resultante de esta situación.

Según Birman (2021, p. 43), entre las medidas gubernamentales en el momento álgido de la pandemia había dos políticas opuestas: una guiada por el "imperativo de la vida" y otra por el "imperativo de la economía". Las prohibiciones sanitarias a favor de una política de vida fueron seguidas por muchos países que gestionaron la pandemia con la inclusión de dos tipos de aislamiento horizontal: la cuarentena (estricto aislamiento social oficial de hasta 14 días, decretado por un gobierno en situaciones específicas para personas que hayan tenido contacto con el virus o estado en regiones con brotes de la enfermedad) y el *lockdown* (confinamiento o cierre total que obliga a las personas a permanecer en sus casas, con prohibición de traslado, y sólo se permite la apertura de servicios considerados esenciales para la seguridad, la alimentación o la salud).

Países como Brasil y Estados Unidos (con excepción, en el caso de Brasil, de casos puntuales en los que los gobiernos estatales y municipales establecieron momentos de aislamiento horizontal) han seguido el imperativo de la economía, estableciendo como norma el aislamiento vertical (limitado a grupos de riesgo, como ancianos y personas con enfermedades preexistentes, sin interrupción completa de actividades comerciales y de servicios no esenciales), favoreciendo así la economía en su política gubernamental. Según los expertos, este modelo de aislamiento se considera menos eficaz que el horizontal en cuanto a su capacidad para contener la velocidad de propagación de la enfermedad debido a la dificultad para identificar a los grupos y, en consecuencia, cumplir con lo establecido. Esto explica el elevado número de infecciones y muertes en las poblaciones norteamericana y brasileña, además de las pérdidas y perjuicios sociales, culturales y económicos.

Los resultados ya están siendo más catastróficos en los países que se enfrentan a la miseria de todo tipo: el desempleo, la pobreza y la miseria social hacen imposible que la gente se quede en casa y tienen que salir a la calle como única forma de sobrevivir. El dramático empeoramiento del hambre en el mundo, muy probablemente relacionado con las consecuencias del Covid-19, sitúa al continente africano con el aumento más significativo. Estamos viviendo un momento crítico en el mundo que requiere una acción urgente para revertir esta situación, según un informe de la ONU (12 de julio de 2021).[4]

Sabemos que pandemias como la del coronavirus son causadas por cambios ecológicos. Desde hace tiempo se espera que una nueva epidemia pueda golpear a la humanidad, como ha ocurrido en el pasado (gripe española) y sigue ocurriendo hoy con el dengue y otras enfermedades en países como Brasil. Vivimos una crisis climática. El aumento de la temperatura atmosférica y del dióxido de carbono promueve el derretimiento de los glaciares en el Ártico y en la Antártida y consecuentes cataclismos marítimos, como los *tsunamis*. Brasil posee la mayor reserva de biodiversidad del mundo – la Amazonía, la Mata Atlántica, el Cerrado y el Pantanal, por lo que en nuestro país existen grandes reservorios de microorganismos transmisores de enfermedades infecciosas. Las políticas del gobierno de hacer la vista gorda a la deforestación ilegal, la promoción de incendios en nuestros bosques, la expansión del agronegocio, la minería, la construcción de carreteras, entre otras acciones inconsecuentes que invaden el hábitat de los animales silvestres, aumentan la probabilidad de transmisión de patógenos. La forma de evitar o al menos reducir futuros eventos naturales catastróficos para la humanidad es política. Los países necesitarán "buenos humanos gobernantes para hacer frente a estas sorpresas" (Lopes, 2021).

Los vínculos sociales y el amor igualitario fundan lo social. El interés por la presencia del otro y su influencia en el individuo marcará el pensamiento psicoanalítico. La vida en comunidad se establece y se

4 https://www.unicef.org/brazil/comunicados-de-imprensa/relatorio-da-onu-ano-pandemico-marcado-por-aumento-da-fome-no-mundo.

sostiene por la construcción de vínculos a través de la pulsión de vida (Eros). Pero la felicidad individual no es compatible con las exigencias de la vida en la cultura, ya que las restricciones de la civilización no están en perfecta armonía con las expectativas de realización personal de cada uno. Así, al mismo tiempo, por la acción de la pulsión de muerte (Thánatos), se producirá la desinversión de los objetos, lo que conducirá a la destructividad. Los efectos nocivos de este proceso de desobjetivación son las desarmonías entre individuos que desorganizan la vida en común. La falta de simbolización de estos excesos de la vida cotidiana inhibe el psiquismo y provoca la enfermedad. Freud (2010/1930) planteó el problema del desamparo psíquico originario al que todos estamos sometidos y que, en situaciones extremas de violencia como la pandemia, nos impacta y se actualiza en manifestaciones de desánimo, desesperación y desesperanza ante el futuro (Mori & Gui, 2021, p. 697-696).

Mientras muchos países empezaban a vacunar a su población, errores premeditados y omisiones del presidente de Brasil impidieron que las vacunas nos llegaran tan pronto como estuvieron disponibles. Esto provocó que el número de muertes alcanzara niveles inaceptables. Además, la Comisión Parlamentaria de Investigación sobre Covid-19, llevada a cabo por el Senado Federal del país, identificó el involucramiento del gobierno federal en actos de corrupción en un intento de comprar, por valores mayores a los que corresponden, vacunas que aún no habían sido reconocidas por el organismo científico internacional. También se descubrieron negociaciones con una empresa privada de cobertura médica que había estado testeando ilegalmente en pacientes mayores de edad el "tratamiento precoz" defendido por el presidente, además de coaccionar a los médicos para que elaboren informes y diagnósticos falsos. Se sigue, por el momento, sin castigar a los responsables, a las empresas involucradas y a los funcionarios del gobierno que ocupan cargos estratégicos en el área de la salud. El gobierno en ese momento, que se ha hecho cargo del Estado brasileño, está volviendo a traumar a una sociedad que permanece fragmentada desde el ascenso de grupos políticos, con el apoyo de una parte de la sociedad civil, que desestabilizan la democracia del país desde 2015 (Mori, 2018).

El negacionismo ideológico y perverso ha aumentado en muchas partes del mundo, alentado por movimientos contrarios a los estudios científicos o por gobernantes que van en contra de las directrices sanitarias, reflejo de una sociedad en la que triunfa el desprecio por la vida. El término negacionismo se ha utilizado para expresar el rechazo de conceptos científicos, irrefutables, en favor de ideas controvertidas, no probadas. Ignorar deliberadamente la verdad de los hechos ha sido la tónica de la actuación de presidentes de muchos países que no soportan la diferencia, no reconocen al otro, defienden valores conservadores y siguen gobernando mediante *fake news*. Desobedecen a diario las normas y leyes nacionales y internacionales, socavando el progreso de la civilización. Vemos la difusión de mentiras, según creencias personales prejuiciosas, a menudo de carácter religioso, la defensa del uso de armas de fuego, la

> *constitución de grupos paramilitares armados contra los sin tierra o contra los que se organizan para protestar, impulsando el armamento de la población para una respuesta violenta a la violencia. Una expresión pública, impúdica y extrema de odio. Lo que podemos llamar una "pandemia de odio" (Castiñeiras, 2021).*

Los ataques extremadamente violentos del discurso del odio son vividos por quienes piensan y actúan de forma diferente como verdaderos colapsos subjetivos. Se trata, así, de la complejidad traumática de la pandemia. Su carácter interdisciplinario, cuyas dimensiones producen sufrimiento personal y colectivo, ha puesto de manifiesto la necesidad de considerar el psicoanálisis como una ética de los cuidados requeridos por los efectos de este acontecimiento.

Los psicoanalistas contemporáneos, como seres humanos y como ciudadanos, nos hemos visto afectados por todos estos acontecimientos. No hemos sido inmunes a las ansiedades y angustias resultantes de este proceso. También nos sentimos llamados a resistir, a ofrecer nuestra escucha psicoanalítica, combinada con nuevas formas de hacer psicoanálisis, sensibles a la "dimensión sociopolítica del sufrimiento" (Rosa, 2016).

Psicoanálisis en tránsito: una red psicoanalítica solidaria

Psicoanálisis en tránsito es el nombre del trabajo que está llevando a cabo la actual Dirección de Comunidad y Cultura (DCC) de la Federación Psicoanalítica de América Latina (Fepal), 2020-2022, liderada por Sonia Terepins y Silvia Bracco (SBPSP), caracterizada por intercambios entre federaciones que realizan proyectos comunitarios. La promoción del diálogo entre psicoanalistas "que asumen riesgos, se aventuran en la extensión de la práctica clínica y, si es posible, extraen algunas consecuencias para el conocimiento y la formación psicoanalítica" tiene como objetivo dar voz al trabajo psicoanalítico que se inscribe en la indisociabilidad entre el psiquismo individual y colectivo, "ampliando la relación entre el psicoanálisis y las cuestiones del mundo y, sobre todo, respondiendo al malestar, al sufrimiento causado por las condiciones sociales, en tiempos de incertidumbre, de múltiples formas de violencia y desigualdades" (Sonia Terepins, Comunicación oral, el 16 de abril de 2021).

La vulnerabilidad social puede llevarnos a situaciones extremas, donde los traumas comunitarios tienen resonancias y repercusiones en la vida psíquica y social, generando intenso impacto y sufrimiento psíquico. La violencia traumática nos permite pensar las posibilidades y los modos de simbolización como una cuestión interna en el corazón de la vida psíquica y de las situaciones sociales extremas. Sabemos que el desarrollo de nuevos dispositivos clínicos permite simbolizar la experiencia vivida de manera que las características de los marcos ocurran "bajo medida", teniendo en cuenta este carácter de "medio maleable" (Roussillon, 2019).

Por lo tanto, empezamos a reflexionar sobre la necesidad de ampliar la oferta de nuestros servicios de escucha. Creada en 2020, en el contexto de la pandemia, la Red Psicoanalítica Solidaria (RPS) de la Fepal tiene como objetivo ampliar el acceso de la comunidad al psicoanálisis a través de la atención psicoanalítica individual y grupal, con acciones basadas en el compromiso social, sin carga financiera para el usuario de este servicio. Este trabajo se ha sostenido en el deseo de los psicoanalistas de acercar el psicoanálisis a personas que antes no podían acceder. Es una forma de resistencia a las injusticias sociales causadas por el Estado, que en el caso de Brasil debe garantizar la salud para todos a través de políticas sociales y económicas destinadas a reducir el riesgo de enfermedad, según la Constitución Federal, artículos 196-200.

Freud (1919/2010) comprendió que extender la clínica a toda la población exigiría adaptar nuestras técnicas a las nuevas condiciones. Y afirmaba que algún tipo de organización debería permitirnos aumentar el número de psicoanalistas para el tratamiento de un gran número de personas, hasta que el "Estado entienda como urgentes estos deberes". En ese sentido, habría que idear formas de emplear a psicoanalistas para que, a través de la escucha psicoanalítica, pudieran tratar gratuitamente a hombres, mujeres y niños. "[Como quiera que] se configure esta psicoterapia para el pueblo, cualesquiera que sean los elementos que la componen, sus partes más eficaces y más importantes seguirán siendo aquellas tomadas del psicoanálisis rigoroso y no tendencioso" (p. 292).

Hemos seguido la multiplicidad de prácticas, desarrolladas a partir del enfoque psicoanalítico, como intentos de responder a diferentes formas de sufrimiento humano, mostrando la riqueza de una clínica más compleja en términos de su alcance terapéutico y teorías explicativas (Tanis, 2016). Y la RPS, como dispositivo, ha buscado responder a la crítica del psicoanalista brasileño Fabio Herrmann sobre el encogimiento del psicoanálisis dentro de la técnica estándar. Se cambia la técnica, pero se preserva el método, desde la perspectiva de una clínica extensa.

Experiencias de escucha en tiempos pandémicos

Roosevelt Cassorla, Marina Moroni, Silvia Silvestrini y Viviana Valz Gen son algunos de los colegas que han experimentado con la escucha analítica en otros territorios, más allá de la consulta estándar, y han informado sobre estas experiencias en comunicaciones a la DCC-Fepal. Este desarrollo del conocimiento y la práctica del psicoanálisis nos ayuda a comprender lo que implica el singular proceso de atención que lleva a cabo el psicoanalista, profesional de la salud. A continuación presento una selección de estos trabajos.

Roosevelt Cassorla, miembro de la SBPSP, mantuvo reuniones con profesionales médicos durante la pandemia, utilizando la metodología del *Grupo Balint*. Fue en Londres, a principios de la década de 1950, en la Clínica Tavistock, donde Michael Balint (1896-1970) desarrolló los *grupos de discusión con médicos* para discutir los casos de pacientes, abordando diversos aspectos de la relación médico-paciente. Para el psicoanalista húngaro, la personalidad del médico es el primer *medicamento* que se administra a los pacientes. Estos grupos funcionan como terapia de grupo con vistas a mejorar la práctica terapéutica (Balint, 1975).

Cassorla nos habla de uno de los grupos a los que atendió. Según su colega, el clima emocional del grupo se movía entre estados de indignación y melancolía debido a dos hechos que quedaron en evidencia relacionados a la falta de cuidados a las personas durante la pandemia, a pesar de las directrices de la OMS: 1) las aglomeraciones sociales y el no uso de mascarillas; 2) la difusión de *posts* fanáticos, en grupos virtuales de médicos, sobre tratamientos sin base en el pensamiento científico. Los médicos coinciden en el daño causado a la población por la circulación de informaciones falsas, que se suma a la falta de entendimiento sobre la gravedad del Covid-19 y la jerga técnica utilizada por médicos que no se hacen entender. El tema de la muerte surgió en las asociaciones de recuerdos de colegas fallecidos y hospitalizados y de pacientes que murieron a causa del retraso en la atención. Pudieron hablar de sus propios temores, de lo que podía ocurrirles a sus familias, de las medidas que tomaban para evitar contaminarse, de las dudas sobre el alcance de la inmunidad adquirida y de las posibles secuelas en caso de sobrevivir.

A medida que evolucionaba el proceso de escucha, Cassorla pudo percibir un grupo deprimido y pensante, con un fértil intercambio de información que favorecía la comprensión de la deformación de la realidad ante la angustia, y que se interesaba por el funcionamiento de la mente humana. A medida que el grupo progresaba, la percepción de las emociones se hacía más precisa, aumentando la capacidad de reparación psíquica. El dispositivo *grupo* actuó como un acto político de resistencia para hacer frente al dolor experimentado durante la pandemia. Los profesionales sanitarios pudieron expresar lo no dicho, permitiendo trabajar la angustia y el trauma.

Marina Moroni y Silvia Silvestrini comparten sus experiencias y inquietudes sobre el Proyecto Primeiríssima Infáncia, una asociación entre SBPCamp, Santa Casa de Piracicaba y el SUS local, que comenzó en 2017 durante las sesiones existentes para las mujeres embarazadas y los padres en las áreas de fisioterapia, fonoaudiología, enfermería y pediatría. El objetivo del proyecto es reflexionar sobre la relación madre-bebé con la comunidad gestante y desfavorecida de la región. En las reuniones se hablaba de las angustias que rodean la atención al parto y la lactancia. Con la pandemia, los encuentros pasaron a ser virtuales, posibilitando la asistencia de personas de otros estados, instituciones y países. Uno de los aspectos señalados fue que las conversaciones en el grupo de embarazadas afectaban positivamente a la psique de las madres y a sus emociones. El caso de una adolescente embarazada infectada por Covid-19 permitió ampliar los elementos de las conversaciones, reflejando sentimientos comunes. Según los médicos, el Covid-19 en sí no causó ningún daño importante a la salud de la paciente, principalmente porque rechazó medicamentos que pudieran perjudicar al bebé. Los participantes en el grupo pudieron hablar de los temores que albergaba la embarazada, además del miedo a morir y a contaminar a su bebé. También en este caso, el grupo permitió ampliar los sentimientos compartidos por todos, que, una vez puestos en común, abrieron el camino a nuevas percepciones.

Viviana Valz Gen, de la Sociedad Peruana de Psicoanálisis, relata los desafíos de trabajar en alianza con los Centros Comunitarios de Salud Mental (CSMC) del Ministerio de Salud de Perú (Minsa), responsable de la atención en salud mental del 60% de la población peruana. Creados en 2015, los CSMS implementaron la reforma de la atención en salud mental del país, que estableció el modelo comunitario como el nuevo paradigma de tratamiento en esta área, con equipos multidisciplinarios conformados por 22 profesionales de la salud, entre psiquiatras, médicos de familia, psicólogos, licenciados en enfermería, trabajadores sociales, terapeutas ocupacionales, químicos, farmacéuticos, técnicos en enfermería, así como equipos de limpieza y vigilancia. Actualmente hay 203 centros en todo el país y el objetivo es llegar a 315 para satisfacer la demanda nacional.

En 2020, Viviana desarrolló un proyecto para escuchar a los equipos de profesionales sanitarios de algunos de estos centros. Propuso reuniones semanales de una hora, en un ambiente virtual, durante las horas de trabajo. El proyecto, de carácter voluntario, duraría 14 semanas y se basaría en debates sobre informes de casos y intervenciones cotidianas. Viviana nos contó que en la primera reunión se enteró de que los equipos no habían sido consultados sobre su interés en participar y los horarios en que se realizaría el trabajo. Además, la pandemia había generado una sobrecarga de trabajo en los centros. Los trabajadores de salud mental asumieron otras tareas, como la vacunación, además de las cotidianas, que ya eran desafiantes porque el trabajo psicosocial requiere una escucha más cualificada de los aspectos subjetivos y colectivos de la comunidad. Las reuniones vacías, con las cámaras apagadas, los profesionales atendiendo al mismo tiempo en que asistían a las reuniones permitían un análisis institucional. Viviana, utilizando su contratransferencia, pudo darse cuenta de que su oferta de escucha, al principio una excelente oportunidad para que los profesionales fueran escuchados y se apoyaran mutuamente en nuevas formas de atender a la población, era percibida por los trabajadores como una tarea más, una obligación ministerial. Su experiencia demostró que el trabajo con la comunidad suele estar atravesado por intereses de gestión que ni siempre coinciden con las necesidades de los trabajadores sanitarios y los usuarios.

¿Qué une los trabajos de los profesionales sanitarios Cassorla, Moroni, Silvestrini y Valz Gen recogidos en esta breve reseña? Creemos que es la voluntad de estar con el otro, una ética que inspira la escucha y el cuidado de la vida psíquica, practicada por los psicoanalistas, cada uno frente a su propia subjetividad y circunstancias.

La ética del cuidado

> *La palabra cuidado deriva del término latino cura. Indica una actitud de celo, solicitud y atención hacia los demás. Implica preocupación y responsabilidad por parte del cuidador. Nos cuidan desde que nacemos. Sabemos que si no hubiéramos sido cuidados por alguien en el complejo proceso de convertirnos en humanos, no sobreviviríamos. El cuidado, por lo tanto, es el primer comportamiento humano al que tenemos acceso y se presenta a través de un adulto que está dispuesto a dedicarse a nosotros. El cuidado, entonces, se establecerá como base de las relaciones que construiremos en la vida y que contribuyen a la formación de nuestra identidad.*
>
> Leonardo Boff en *Saber cuidar:* ética del *humano: compasión por la tierra* (2014).

> *Un día, mientras cruzaba un río, Cuidado vio un trozo de arcilla. Pronto tuvo una idea inspiradora. Agarró un poco de arcilla y empezó a moldearla. Mientras contemplaba lo que había hecho, apareció Júpiter. Cuidado le pidió que le infundiera espíritu a su obra, lo que Júpiter hizo de buen grado. Pero cuando Cuidado quiso dar un nombre a la criatura que había moldeado, Júpiter lo prohibió. Exigió que se le impusiera su nombre. Mientras Júpiter y Cuidado discutían, apareció de repente la Tierra. Ella también quiso dar su nombre a la criatura, porque estaba hecha de arcilla, el material del cuerpo de la Tierra. Se generó una discusión generalizada. De común acuerdo, pidieron a Saturno que actuara como árbitro. Tomó la siguiente decisión, que pareció justa: "Vos, Júpiter, le diste el espíritu; por lo tanto recibirá de vuelta este espíritu cuando esta criatura muera. Vos, Tierra, le diste su cuerpo; por lo tanto, también recibirás su cuerpo cuando esta criatura muera. Pero como tú, Cuidado, fuiste el primero en moldear a la criatura, ésta permanecerá bajo tu cuidado mientras viva. Y dado que hay fuertes discusiones entre ustedes sobre el nombre, yo decido: esta criatura se llamará Hombre, es decir, hecho de humus, que significa tierra fértil." (p. 46).*

Para Boff (2014), existir implica cuidar. Los desafíos planteados por la naturaleza han llevado a los seres humanos a distanciarse de ella y intervenir mediante la racionalidad. Cuidar también a la naturaleza implica una relación de cercanía, de intimidad, con un sentimiento de acogida y respeto. Cuidar significa entrar en *sintonía con*, escuchar su ritmo y sintonizar con él (Bouwman, p. 110). En el cuidado, la razón abre camino a la cordialidad, la delicadeza y la expresión de sentimientos profundos hacia los demás. Profesionalmente, serán los trabajadores de la salud y la educación quienes asuman esta capacidad de ofrecer una conteción al desamparo subjetivo que es constitutivo, cuidando y reconociendo lo que hay de único en cada persona.

Sandor Ferenczi (1873-1933) se enfrentó a los retos de una clínica con los pacientes traumados de forma precoz y nos ayuda a pensar en la atención a los pacientes contemporáneos, no sólo a los llamados pacientes difíciles, sino a todos aquellos que experimentan el malestar provocado por las dimensiones social, política y económica, como ha sido el caso de la pandemia. La relación adulto-niño está marcada por una confusión de lenguajes – el fracaso de uno para comprender al otro – cuya imposibilidad de traducción puede llevar al trauma. La regresión en la situación analítica será necesaria para elaborar lo trauma. Para pensar el fenómeno del cuidado, el psicoanalista húngaro, en sus artículos de 1927 y 1928, explicó los principios éticos que debe cultivar el analista cuando experimenta nuevas modalidades técnicas. Actitudes de cuidado como la hospitalidad, la acogida activa de quien llega, la sensibilidad, la empatía frente a las comunicaciones verbales y no verbales y la sensibilidad para realizar las intervenciones en los momentos oportunos permitirán al psicoanalista crear nuevos dispositivos clínicos para permanecer en sintonía con sus pacientes y evitar así la reproducción del trauma entre analista y analizando. Otro aspecto relacionado con el acto de cuidar, enfatizado por Ferenczi, tiene que ver con el cuidado de la propia salud del analista, incluyendo el análisis personal, una exigencia ética de la responsabilidad en el ejercicio de su función.

Figueiredo (2009) también se refiere al proceso de cuidado como la entrada del recién nacido en la vida, marcada por una compleja trama de acontecimientos. La existencia humana sólo es posible si hay cierta continuidad de cuidados, ofrecidos y sostenidos en las relaciones con los demás – familias, grupos y instituciones. Cada cultura construye sus propios rituales y procedimientos de cuidado específicos para cada etapa de la vida, que se repiten y reposicionan al sujeto en su entorno social.

La "disposición del mundo humano a recibir a sus nuevos miembros" se configura como una ética del cuidado (p. 133).

Estar en el mundo, pertenecer a un grupo, crear vínculos sociales, implica "un proceso continuo de dar sentido" a los acontecimientos que se cruzan en nuestro camino. Y en este proceso, nos encontraremos con diversos "agentes de cuidado" – padres, educadores, amigos, profesionales de la salud – que ejercerán "las funciones de contener, hospedar, cobijar, apoyar", a través de una "presencia implicada, comprometida y activa". (Figueiredo, 2009, p. 135). El autor también llama nuestra atención sobre la necesaria moderación de las fantasías omnipotentes del cuidador, cuando el poder y la dominación pueden predominar, dificultando las introyecciones creativas. "El equilibrio dinámico entre las funciones de una presencia implicada y una presencia reservada no puede aprenderse mediante manuales o técnicas" (p. 141). Cuidar bien significa, entre otras cosas, convertir el cuidado en algo placentero y lúdico, introyectar y transmitir bien las funciones creativas y convertir a la persona cuidada en agente de su propia salud. El autor también nos recuerda que el cuidador mejora la calidad de lo que hace cuando comparte sus tareas y decisiones con otros cuidadores, dejándose cuidar por otros. Las buenas experiencias y buenos modelos de cuidado llevan al objeto de cuidado a desarrollar sus capacidades a través de la introyección creativa de las funciones (p. 144).

El cuidado con el mundo

Cuidar de uno mismo, de su propia salud, de la relación con los demás y del entorno son funciones éticas del psicoanalista. El análisis personal del analista, dirigido por un analista más experimentado, es necesario para su formación, como también la participación en grupos de estudios clínico-teóricos y el intercambio entre pares, en las atenciones que realizan, para que pueda escuchar y percibirse en el manejo de su profesión. Todos estamos de acuerdo en que este es el mejor camino a seguir para todo aquel que elija el psicoanálisis como profesión.

Pero, ¿qué ocurre con la vida pública? ¿Cómo participan los psicoanalistas?

¿Qué piensan los psicoanalistas de los fenómenos sociales, políticos, culturales y institucionales que ocurren en la vida cotidiana y que producen sufrimiento psíquico en la población? La violencia de todo tipo nos atraviesa y caracteriza nuestro malestar actual. Diariamente nos vemos afectados por noticias atroces: a través de los medios de comunicación o de las redes sociales nos enteramos de hechos absurdos que tienen lugar en las relaciones entre seres humanos, tales como: actitudes perversas provenientes de situaciones de guerra, violencia urbana, abusos sexuales contra niños y mujeres, violencia doméstica, jóvenes asesinados a manos de narcotraficantes. El mundo llega a nuestras consultas. ¿Qué hacemos con lo que escuchamos de nuestros pacientes, que se manifiesta en actitudes de desánimo y tristeza, además de entenderlo como algo de su mundo interno? Muchos seguimos descontentos con la situación catastrófica provocada por la pandemia y el pandemónium político que vivimos en el país desde 2016, con ataques diarios a la democracia. ¿Cómo podemos evitar el debate político, con la presencia del psicoanálisis, en nombre de una supuesta *neutralidad* o como una distracción del *oro puro del psicoanálisis* si miramos lo que está sucediendo a través de las ventanas de nuestros consultorios? Freud, pensador cultural, no se negó a hablar de la violencia de la guerra y desarrollar su pensamiento sobre la sociedad de su tiempo.

Hay desacuerdos entre nosotros, los psicoanalistas, sobre el lugar y la función que ocupamos en nuestra sociedad, y el desafío de tratar esta cuestión en las instituciones psicoanalíticas es enorme. Escuchamos *que no es psicoanálisis* lo que hacemos cuando trabajamos con otras modalidades de atención, fuera del consultorio, o cuando confrontamos públicamente los fenómenos sociales de nuestro tiempo.

Creo que la dificultad radica en que no se analiza la convivencia (la vida institucional). Sabemos que existen innumerables desacuerdos sobre los modos institucionalizados establecidos en las instituciones psicoanalíticas, pero no es el propósito de este artículo enumerarlos aquí. Es a través de la ampliación del conocimiento psicoanalítico sobre grupos, colectivos y instituciones, desarrollado por psicoanalistas como Pichon-Rivière, José Bleger y René Kaes, entre otros, que podremos superar algunos de estos desacuerdos. Corresponde a los institutos psicoanalíticos considerar un cuarto eje en la formación de los psicoanalistas, que son las dimensiones sociopolíticas, culturales y institucionales que caracterizan al mundo contemporáneo. Si somos analistas de nuestro tiempo – es decir, analistas de personas que comparten la misma sociedad – debemos contemplar prácticas que trabajen en comunidad, tales como las que están siendo desarrolladas por la RPS, y pensar sobre ellas.

La manera cómo los psicoanalistas se posicionan éticamente frente a la cultura y la política, ante los acontecimientos de nuestra vida pública que producen malestar subjetivo y colectivo, es también una condición primordial para el ejercicio de la función analítica. El autocuidado, más allá del análisis personal, conlleva una implicación activa con los movimientos de la Polis y las instituciones a las que pertenecemos, porque el mundo en el que vivimos exige mirar, escuchar, es decir, cuidado clínico.

Una estrategia para hacer frente a este desafío, según lo descrito por Mori & Gui (2021), fue la creación del Observatorio Psicoanalítico (OP) por la Federación Brasileña de Psicoanálisis (Febrapsi) en abril de 2017, "para sacar al psicoanálisis de una práctica clínica estrecha" (p. 703). El OP es una organización clínico-política que acoge a los pensamientos de los psicoanalistas de Febrapsi sobre la época en que vivimos, tratando de involucrar, comprometer a sus miembros en el análisis de estos acontecimientos, en la "cúspide del pensamiento psicoanalítico extensivo" (p. 702).

Escribiendo sobre los acontecimientos que sacuden nuestro mundo, Febrapsi ha contribuido a la salud de sus analistas y de la propia institución y, de esta manera, incluye el psicoanálisis en el diálogo interdisciplinario con otros campos del conocimiento. Para ampliar este diálogo con las Artes, la Sociología, la Filosofía, la Historia y la Antropología, la OP creó en 2022 el *podcast Mirante*.

Al hacer que el psicoanálisis hable públicamente, la Febrapsi, con la OP, estimula la grupalidad de sus miembros que, aunque distantes geográficamente, han llegado a relacionarse a través de un grupo de intercambio de mensajes de correo electrónico, "tal como las cartas intercambiadas entre psicoanalistas en los primeros tiempos del psicoanálisis, como, originalmente, las cartas entre Freud y Fliess" (p. 706).

La creación de un dispositivo como el OP representa un acto de resistencia de Febrapsi frente al mundo caótico en el que vivimos, incluyendo al colectivo de sus psicoanalistas "como movimiento social organizado, tanto como experiencia afectiva subjetiva como por el trabajo en grupo, fomentando redes" (p. 706).

Consideraciones finales

Cuidar al mundo es tarea de un ser humano adulto, pero desde pequeños debemos aprender a cuidar de todo lo que nos concierne: *guardar* nuestros juguetes después de haber jugado con ellos, aprender a *arreglarlos* si se rompen y *no desecharlos* porque a veces es posible tener otro como reemplazo, *retribuir* los cuidados que recibimos de los adultos, entre muchas otras actividades cotidianas en el hogar. "Todo empieza en casa", como decía Winnicott, refiriéndose al ámbito doméstico como el espacio esencial de la existencia humana, donde todo se empieza.

Este acontecimiento tan contemporáneo como la pandemia nos ha alertado sobre el hecho de que vivimos en un mundo compartido: naturaleza y cultura. Debemos cuidar a ambas dimensiones. Estamos experimentando una crisis climática como resultado de descuidar de *nuestra casa más grande*. En *El malestar de la civilización*, Freud (1930/2010) señala a la naturaleza indomable como una de las fuentes de nuestro sufrimiento. Nos dice que el sufrimiento nos amenaza desde tres flancos:

> *desde el propio cuerpo – que, condenado a la decadencia y la disolución, ni siquiera puede prescindir del dolor y el miedo como señales de alarma –; desde el mundo exterior – que puede abatirse sobre nosotros con fuerzas destructivas extremadamente poderosas y inexorables-; y, por último, desde las relaciones con otros seres humanos. (p. 31)*

Para Freud, los avances de la cultura podrían reducir ese sufrimiento:

> *La naturaleza y la cultura se ponen lado a lado en un duelo en el que la cultura representará el intento de controlar la naturaleza, en una lógica que puede deslizarse hacia la expresión de la arrogancia, la negación y la omnipotencia en la explotación de los recursos de nuestro planeta. Conocemos el resultado: desequilibrio ambiental, hambre y desigualdad social crecientes (Mori, 2022).*

La cultura nos impone la necesidad de contener nuestras pulsiones y impulsos destructivos. Es en sí misma una fuente de nuestro malestar; sin embargo, muchos no soportan renunciar a sus deseos, aunque afecten negativamente a otros seres, como ha sido el caso de muchos gobernantes al tratar la pandemia y la macropolítica. Muchos países viven tragedias como el hambre, la falta de salud y educación, entre otros males, a manos de gobernantes que siguen mostrando desinterés por cuidar al pueblo que los eligió. Sin embargo, en el control de la pandemia, "mujeres que ocupan cargos de liderazgo en algunos países han sido elogiadas por la firmeza y el cuidado con el que han enfrentado la difícil realidad del mundo" (Seben, Lima & Degani, 2020). Para esas autoras, la asociación entre lo femenino y la capacidad de cuidar y contención no es accidental; al fin y al cabo, la cultura siempre ha delegado en las mujeres el papel de cuidadoras.

Los psicoanalistas hemos sido llamados a posicionarnos frente a este sufrimiento en el mundo. Esta es una ética de nuestra profesión: escuchar lo que el otro nos dice y responder atentamente a esta demanda. Tanto la administración de la Fepal como la de la Febrapsi, a través de sus Consejos de Comunidad y Cultura, vienen creando espacios para albergar trabajos orientados a la Comunidad y la Cultura. La Red de Solidaridad con el Psicoanálisis y el Observatorio Psicoanalítico Febrapsi son ejemplos vivos de la resistencia política de psicoanalistas ante un mundo convulsionado y necesitado de cuidados.

Bibliografía

Balint, M. (1975). *O médico, seu paciente y a doença.* Ateneu.

Birman, J. (2021). *O trauma na pandemia do coronavírus:* suas dimensões políticas, sociais, econômicas, ecológicas, culturais, éticas y científicas. Civilização Brasileira.

Boff, L. (2014). *Saber cuidar:* ética do humano – compaixão pela terra. Vozes.

Bouwman, M.W. (2011). A ética do cuidado na clínica psicanalítica. *Estudos em Psicanálise*, 36, 109-116.

Castiñeiras, J. G. (2021). *Pandemia de ódio.* Como combater os discursos de ódio? Comunicación oral y escrita en el Congreso de la Fepal. Recuperado de https://www.fepal.org/wp-content/uploads/2020/11/Javier-Garcia-POR.pdf

Figueiredo, L.C. (2009). *As diversas faces do cuidar:* novos ensaios de psicanálise contemporânea. Escuta.

Freud. S. (2010). Caminhos da terapia psicanalítica. En S. Freud. *Obras completas.* v. XIV, p. 279-292. Companhia das Letras.

Freud. S. (2010). O mal-estar da civilização. En S. Freud. *Obras completas*. v. XVIII, p. 13-122. Companhia das Letras.

Lopes, R.J. (2021). O futuro da vacinação. *Folha de S.Paulo*. Recuperado de https://omny.fm/shows/resposta-imune/o-futuro-da-vacina-o.

Mori, M. E. (2018a). A esplanada dividida: um pesadelo da cidadania. *Psychoanalysis.today*. https://www. psychoanalysis.today/pt-PT/PT-Articles/Mori151956/The-Split-Esplanade-A-Nightmare-of-Citizenship.aspx.

Mori, M. E. (2018b). A clínica psicanalítica: uma prática política. *Revista Brasileira de Psicanálise,* 52(3), 91-105.

Mori, M.E.; Gui, R.T. (2021). A escrita psicanalítica na pandemia do Coronavírus: tempos de elaboração no Observatório Psicanalítico Febrapsi. *Revista de Psicanálise da SPPA*, *28*(3), 695-718.

Mori, M. E. (2022). Natureza y cultura. *Mirante*, o Podcast da Federação Brasileira de Psicanálise (Febrapsi). https://open.spotify.com/episode/2q- 2jYWvxyoVLQ6qM9cGEMx?si=TVj27jlpTDKNx0aX-JW- FW_w.

Rosa, M. D. (2016). *A clínica psicanalítica em face da dimensão sociopolítica do sofrimento*. Escuta/Fapesp.

Roussillon, R. (2019). *Manual da prática clínica em psicopatologia y psicopatologia*. Blucher.

Seben, G.; Lima, J. L; Degani, R. (2020). A luta da pandia tem rosto de mulher. *Observatório Psicanalítico Febrapsi*. https://febrapsi.org/publicacoes/observatorio/a-luta-contra-a-pandemia-tem-rosto-de-mulher/.

Terepins, S. (2021). *Psicanálise em trânsito*. Comunicación oral, en actividad virtual de la dirección de Comunidad y Cultura da Fepal realizado en 16 de abril de 2021.

***

GRUPO BALINT

Roosevelt Cassorla
Sociedad Brasileña de Psicoanálisis de São Paulo

El grupo comienza hablando del frío, del ciclón que devastó el sur y de los árboles caídos que quedaron con las raíces para arriba. Surgen otros relatos en la misma dirección hasta que el grupo se reúna. "¿Se recuerdan del viento que había aquí (en nuestra ciudad) antes?". La mayoría lo recordaba y el grupo, de manera divertida, constata que hay muchos "viejos".

El siguiente tema refleja el descontento con las personas que se aglomeran, que no usan barbijos. Surgen relatos detallados de situaciones peligrosas debido a la falta de cuidados. El clima emocional, inicialmente indignado, poco a poco se vuelve melancólico.

La indignación regresa, con intensidad, cuando el grupo se depara con una realidad inesperada: los grupos virtuales de médicos que divulgan hechos que contradicen el conocimiento científico, de manera fanática. Se preguntan: ¿Qué pasó con estos colegas, ya que todos nosotros tuvimos la misma formación? La perplejidad es reemplazada por risas cuando se leen publicaciones que son ridiculizadas.

El grupo muestra deseo de entender como funcionan esas mentes y porque deforman la realidad. Luego se habla del daño que esas noticias causan a la población. Se cuentan diversas situaciones en las que pacientes creyeron en *fake news* y el esfuerzo de los médicos para anularlas. Aparecen relatos conmovedores sobre la desorientación de los pacientes, su falta de comprensión de lo que está ocurriendo, su vergüenza en preguntar y el lenguaje *técnico de* los médicos que no logran hacerse entender.

Alguien recuerda a una paciente que no sabía que era "aglomeración". El médico logró aclarar su duda. Tal paciente logró convencer a toda su familia – antes reluctante – de cuidarse. Se cuentan otras situaciones en las que los médicos se sintieron gratificados.

Surge el tema de la muerte. Colegas fallecidos y internados fueron nombrados. Cada miembro relata la situación de su servicio y como está lidiando con la pandemia. Indignados, constatan que muchos pacientes mueren porque tardan en encontrar ayuda. Hay un intercambio fructífero de información. Se percibe que todos están aprendiendo.

A continuación, los médicos hablan de sus miedos, de sus familias, de las providencias que están tomando, de las dudas sobre de la inmunidad, de las posibles secuelas si sobreviven. Se percibe un grupo depresivo y reflexivo.

Un médico quiere contar un episodio. Estaba en un grupo de WhatsApp de médicos difusores de noticias falsas. Había pensado en salir del grupo, pero se quedaba, por curiosidad. Nunca se manifestaba. Sin embargo, cuando vio a un colega que había sido su profesor escribiendo tonterías, no resistió y lo confrontó. Se siguió una acalorada discusión. El médico insultó a su profesor.

El mismo médico nos cuenta que, ahora, mientras participaba en el grupo Balint, recordó su tiempo de estudiante, al mismo profesor, dedicado y admirado, que lo había ayudado mucho, incluso después de graduado. Una persona maravillosa, querida por todos los alumnos. El médico termina diciendo: "Terminada la reunión, voy a enviarle un mensaje diciéndo esto: cuánto significó en mi vida, cuánto lo admiro. Que me disculpe por el insulto. Que pensamos de forma distinta, pero sigo respetándolo". La voz del médico estaba ahogada. El grupo conmocionado.

El coordinador resume los temas principales trabajados por el grupo. Desde el principio en que se habló de catástrofes naturales, se pasó a varias catástrofes que estamos viviendo, buscando conocerlas mejor. A medida que el grupo avanza, las percepciones de las emociones se vuelven más precisas. La capacidad de reparación se manifiesta. Luego, el grupo de "viejos" retoma la esperanza que viene con las nuevas generaciones.

***

PSICOANÁLISIS EN TRÁNSITO: LA CLÍNICA EXTRAMUROS EN DOS ACTOS

Marina Moroni y Silvia Silvestrini
Sociedad Brasileña de Psicoanálisis de Campinas

La propuesta del primer acto del Proyecto Primerísima Infancia – iniciado en 2017 en la SBPCamp – es compartir experiencias y inquietudes. El proyecto empezó con el propósito de reflexionar, junto a la comunidad gestante y en situación de vulnerabilidad de la región de Piracicaba,[5] la relación madre/bebé. Nos sorprendió por la receptividad y la demanda por parte de entidades.

Las acciones se llevaron a cabo en la Santa Casa de Piracicaba y en el Sistema Único de Salud (SUS), durante las consultas ya existentes para personas gestantes y padres en las áreas de fisioterapia, fonoaudiología, enfermería y pediatría.

El objetivo del proyecto era poner en agenda las angustias relativas al nacimiento y a la lactancia materna. Nuestras acciones se adaptaram a las limitaciones impuestas por el Covid, lo que terminó ampliando nuestro ámbito de actuación. Con los encuentros pasando a la virtualidad, personas de otros estados, de otras instituciones y incluso de otros países pudieron participar. Esto promovió un intercambio más amplio y abrió un espacio de escucha a las nuevas demandas, más allá de nuestras clínicas.

5 N.T. Ciudad de 400 mil habitantes en el interior del estado de San Pablo, Brasil.

Relato de un caso clínico reciente

El caso fue presentado por la fisioterapeuta Silvia Silvestrini, experta en acupuntura y colaboradora del proyecto Primerísima Infancia. Silvia trabaja en el área de atención a personas gestantes y bebés y es responsable por el masaje shantala en el Programa de Preparación para el Parto y Grupo de Gestantes de la Santa Casa Saúde de Piracicaba. Realizó esta asistencia en colaboración con otra colega, una psicoterapeuta, también integrante del proyecto.

Se presentó el siguiente relato para la discusión y colaboración del grupo:

Una adolescente gestante contrajo Covid-19 y fue aislada del contacto con sus padres, en un dormitorio de amigos. Tan pronto como disminuyeron los síntomas, buscó unirse al grupo de preparación para el parto.

Ya en el primer contacto, expresó al temor que sentía por el contagio y los potenciais efectos del maldito virus. Los síntomas físicos la dejaron aún más asustada. La psicóloga responsable sugirió que compartiera más sobre su experiencia de concepción y propuso, para el final del encuentro, una serie de elongaciones y técnicas de respiración que realizaría con la fisioterapeuta. En este primer encuentro del dúo de terapeutas con el grupo de gestantes ella presentó muchas dificultades, dolores y tensiones.

Con mucho sufrimiento, la adolescente relató sentirse culpable por haber pensado en interrumpir el embarazo. También mencionó que no tenía noticias del padre del bebé, quien es usuario de drogas.

En el segundo encuentro, manifestó disgusto y insatisfacción por estar en el grupo de gestantes. Comentó que no soportaba las miradas incriminatorias de los demás, "especialmente de las mujeres mayores con esposos". La fisioterapeuta intervino, asegurando no haber percibido dichas miradas.

La adolescente solicitó mantener solamente las consultas individuales, que son quincenales. Ante esta solicitud, la psicóloga sugirió y intentó negociar la participación de la chica en el grupo, al menos la semana siguiente.

En el grupo de reflexión entre las terapeutas del proyecto se comentó que la mayoría de las madres demostraban deseo de tener a sus bebés durante los ejercicios prácticos. Sin embargo, esto no sucedía con la adolescente. La mayoría de las veces, ella afirmaba no soportar ni a sí misma, y mucho menos participar en un mundo de juegos cuando percibía que el mundo no era nada amigable.

Entre las terapeutas se levantaron hipótesis sobre la imposibilidad de que esta futura madre adolescente se acercara a su bebé. Uno de los aspectos señalados fue que el propio grupo de gestantes podía estar afectando el psiquismo de las madres y sus emociones. En el caso de la adolescente, la falta de soporte afectivo de la familia y la ausencia del padre del bebé eran factores que obstaculizaban su capacidad de acercarse y incluso de desear al niño.

La fisioterapeuta dijo haber observado las expresiones de las gestantes durante los ejercicios de respiración. Por primera vez, pensó que para algunas personas – en este caso, la adolescente – dichos ejercicios podrían provocar más sufrimiento que alivio.

Se sensibilizó con la nueva percepción, porque sabe que el bebé recibe sensaciones de su madre. Por ese motivo, reflexionó sobre la importancia de repensar siempre el tipo de toque y el momento adecuado, basándose en cómo cada futura gestante vive esa experiencia.

***

Al escuchar este relato, las integrantes del proyecto decidieron conversar sobre los terrores que carga la adolescente y que, sumados al miedo de morir y de contaminar a su bebé, promueven una condensación del "virus maldito" y de la culpa por haber inicialmente desistido de su bebé.

El grupo amplió los elementos de discusión y reflexionó sobre un sentimiento común a todos. La Covid-19 en sí, en la adolescente embarazada de 7 meses, no trajo mayores daños a su salud, según los médicos, principalmente porque ella rechazó la medicación que podría hacerle daño al bebé.

Ese diálogo fue interesante:

> A.: – No quise tomar ese "coctel Covid" porque dicen que tiene veneno y puede atacar a la panza.
>
> Fisio: – Puedo informarme sobre eso, pero ¿cómo lo supiste?
>
> A.: – En el hospital me dijeron de tomar, pero no me gustan los remedios.
>
> Psicóloga: – Ahora tu panza tiene tu bebé, que está con vos.
>
> A.: – Sí. Ya se mueve entonces está acá.
>
> Psicóloga: – En ese mundo dentro de tu panza ustedes están muy conectados.

En los siguientes encuentros las dos terapeutas pudieron realizar – aunque a distancia – la libre escucha de la adolescente, ahora fuera del grupo de gestantes. Sentimientos diversos surgieron y abrieron camino a nuevas percepciones. ¿Quizás ella logre estar en el grupo con las otras gestantes, cuando sus dolores no mutilen su capacidad de pensar?

Los padres de la adolescente fueron contactados para un encuentro, pero no comparecieron en la fecha acordada.

***

VIÑETA SOBRE CENTROS DE SALUD MENTAL COMUNITARIOS (CSMC) DE EL MINISTERIO DE SALUD DE SAN SEBASTIÁN, PERÚ

Viviana Valz Gen
Sociedad Peruana de Psicoanálisis

En el contexto de la implementación de iniciativas orientadas a la comunidad en tiempos de pandemia, desde la línea de soporte emocional, tomamos contacto con los centros de salud mental comunitarios (CSMC) del Ministerio de Salud (Minsa), que a la fecha se constituyen en la oferta de atención en salud mental para el 60% de la población a nivel nacional.

Fue necesario derivar y hacer coordinaciones para facilitar la atención de personas que estaban muy desubicadas frente a la inmovilización que imponía la cuarentena. En este proceso, surgió el interés en aportar al fortalecimiento de estos centros.

En el país se ha venido atendiendo la salud mental con un enfoque medicalizado, centrado en la enfermedad mental. En el 2015 se inicia la reforma de la atención en salud mental mediante el fortalecimiento del primer y segundo nivel de atención, estableciéndose el modelo comunitario como el nuevo paradigma de atención en salud mental en Perú. Creándose para ello una nueva estructura para estos servicios, los CSMC. Desde entonces se han ido inaugurando centros a lo largo del país. La mayoría de ellos cuentan con un equipo multidisciplinario de 22 profesionales de la salud, equipo integrado por médicos psiquiatras, médico de familia, psicólogos, licenciados/as en enfermería, trabajadora social, terapeuta ocupacional, químico farmacéutico, técnico en enfermería, técnico en farmacia, personal de limpieza y personal de vigilancia. Al momento hay 203 centros a nivel nacional, se estima llegar a 315 para cubrir la demanda de atención nacional.

La Dirección de Salud mental del Minsa mostró mucho interés a nuestra propuesta de reunirnos con los equipos de algunos de los centros, señalaron no contar con la posibilidad de ofrecer a sus equipos un espacio para acompañar el trabajo que vienen realizando. En el 2020 desarrollamos un piloto.

Tomando en cuenta la experiencia piloto acordamos con el Minsa organizar reuniones semanales, durante una hora, a través de una plataforma virtual, y dentro de su horario laboral, durante 14 semanas. La participación sería voluntaria y les haríamos llegar una breve invitación redactada por el equipo de la SPP para presentar la propuesta, evitando así que esta les sea impuesta.

Se propuso partir de la discusión de casos y intervenciones que realizan cotidianamente. Sugerimos desde el inicio trabajar con las cámaras encendidas para facilitar la comunicación y participación; pedimos que nos indiquen cuál era la mejor hora para el trabajo en grupo de los equipos y tomando en cuenta esa información nos organizamos.

Ya en el encuentro con los equipos de trabajo constatamos que no les había llegado nuestra carta de invitación, sino más bien un requerimiento/memorándum a participar de reuniones con profesionales de la sociedad peruana de psicoanálisis y que la hora que nos informaron era la mejor hora para los equipos tampoco les fue consultada.

Comparto con ustedes una viñeta de la penúltima reunión con el equipo del CSMC de una localidad andina, que se encuentra en el límite urbano, una comunidad que está creciendo mucho en los últimos años, absorbiendo los terrenos que antiguamente eran dedicados a la agricultura y pastoreo.

Desde el inicio de las sesiones hubo mucho desconcierto con respecto a nuestra presencia; recibieron la consigna de que se trataba de una tarea de "capacitación" a la que estaban obligados a asistir. Al explicitar de qué se trataba la propuesta, parecía calzar con sus necesidades, a la vez que no tenían tiempo para ello. Siempre asistieron dos o tres personas, alguna vez un par más. Siempre con la cámara apagada y explicaban estar haciendo *otras cosas*, pero que ahí estaban, *te escuchamos Vivi*. La situación se hizo más complicada con el inicio del proceso de vacunación (Covid-19) ya que fueron requeridos como equipo de apoyo primero y luego como equipo a cargo.

Expresaban sentirse agobiados con la tarea desde el centro, sobre pasados con todas las fichas y formatos que deben llenar. Para mi resultaba cada vez más desalentador la poca participación y el que estuvieran las cámaras apagadas, en una ocasión cuando pregunté a alguna de las personas su opinión sobre una situación en la que había participado, me respondió: *disculpa, pero estoy en una atención*. Me sentí muy mal, pensé en la persona a quien estaba atendiendo, sintiendo mucha incomodidad por haber interrumpido su sesión.

Algunas reuniones muy divertidas, compartían la cantidad de cosas que hacían para motivar la participación de los vecinos, utilizando muchas veces el arte y las tradiciones culturales. Otras, la mayoría, marcadas por la demanda frente a las múltiples expresiones de violencia en la comunidad, comentaron muchas veces la cantidad de casos que debían atender por mandato judicial.

Van ingresando poco a poco. Primero una de las enfermeras, quien prende su cámara, luego entra una de las psicólogas, pero con la cámara apagada, imagino haciendo otras cosas, también está otra de las psicólogas y otra enfermera; casi al final ingresa uno de los psicólogos.

La enfermera hace referencia a lo irregular de este tiempo, las tareas de la pandemia han sobrepasado sus posibilidades de intervenir, las exigencias son demasiadas, de acompañar la vacunación y aprovechar para tener actividades con los adultos mayores, fueron convocadas para hacerse cargo de la vacunación, ya que el personal de salud no se daba a vasto para ello. Les han dicho que van a estar así por lo menos hasta fin de año.

Me resulta muy agradable poder conversar con ella con la cámara prendida, los demás van "entrando" pero no los vemos, tampoco hablan. Continua el relato sobre como es el proceso de vacunación, se hacen cargo desde el "triaje diferencial", control de funciones vitales y tamizaje inicial, para ver si la persona puede ser vacunada o no.

Luego hace referencia a que el centro ofrece el primer contacto con la población, explica como a diferencia de como trabajaba antes en un hospital psiquiátrico ahora abordan "trastornos psicosociales". Muchos casos de violencia, adicciones.

Están aprendiendo a intervenir en lo preventivo promocional, desde el área de niños y adolescentes. Les es muy difícil abordar los casos, muchos de ellos llegan por mandato judicial. No saben cómo "convencerlos" para ser atendidos, van porque es un mandato y ellas deben reportar las ausencias y los pueden detener o tomar otras medidas.

No hay una real motivación y interés en trabajar, hay la obligación de hacerlo. El psicólogo interviene señalando que es difícil animarlos a participar, hay familias enteras que deben participar del "paquete completo" que ofrece el centro, son cerca de 12 atenciones (atención psiquiátrica, psicológica, visitas domiciliarias).

Pero la enfermera que desde el inicio participó y admnistraba lo que pasaba en el centro cuenta que tuvo un caso en el que el adolescente se dio cuenta que era un espacio donde podía hablar de cómo se sentía, de las cosas que estaba pasando, de sus cambios y que fue aprovechando el espacio; quizá el único de esa familia que lo hizo. Se explaya en los temas que el joven traía, insistiendo en que a diferencia de sus padres estaría aprovechando el espacio.

Les señalo que quizá ellos se sienten como estas familias, obligados a participar de estos espacios conmigo, no por mandato judicial, sino por mandato ministerial.

El psicólogo se ríe, ¡qué buena! No lo había pensado así, es cierto; no es que no queramos participar, pero no podemos, no hay tiempo. Nos sentimos obligados.

Añado que quizá algunos de ellos como el adolescente descubren que es un espacio que les puede permitir ver su trabajo de una manera diferente, hablar de los cambios que supone dejar atrás el modelo de hospital para abrirse y crecer hacia un modelo comunitario.

La enfermera sonríe y comenta que le gustaría poder participar más, no siempre ha podido hacerlo. Sería bueno poder aprender como hacer para que la gente pueda aprovechar estos espacios. *La mayoría viene porque tiene que cumplir.*

Es mas difícil cuando trabajan con agresores: niegan todo. El psicólogo comenta que tienen un modelo para abordar esto, que es más difícil en los agresores, les plantean la tarea de ayudarlos a tomar conciencia. Es el método de Prochaska: van desde la negación total a la precontemplación, la contemplación, empezando a reconocer, hay recaídas y intentos de dejar en tratamiento y luego una etapa de mantenimiento.

Intervengo para señalar que me estaba preguntando en qué etapa se encuentran ellos, con respecto a hacer uso del espacio conmigo.

La enfermera sonríe, nosotros negamos, no tenemos espacio para más.

El psicólogo añade que es una buena pregunta... como podríamos aprovechar, aunque estamos ya en la etapa de contemplación, como que hay iniciativa para participar, pero no nos sentimos convencidos. No podemos darnos ese espacio.

La enfermera dice estar de acuerdo, a veces quieren participar, pero no pueden hacerlo por la carga de trabajo, es frustrante. Pero es importante hablarlo con los demás.

Estamos terminando la reunión.

10. Duelo y aislamiento[1]

EL INCENDIO Y EL RELATO

Mariano Horenstein
Asociación Psicoanalítica de Córdoba

I

En *El fuego y el relato*, Giorgio Agamben rescata una historia contada por Gershom Scholem:

---

1 A diferencia de los anteriores, este capítulo cuenta con dos artículos iniciales, de los psicoanalistas Mariano Horenstein y Pablo A. Dragotto fueron elaborados en base a los trabajos de los colegas Roosevelt Cassorla, de São Paulo; Alicia Lisondo, Patricia L. de Oliveira, Teresa Cristina Peixoto, Ivana Marino, Sancha M. Benvindo Lopes, de São Paulo; Heloisa Helena Sitrângulo Ditolvo, Maria Tereza Labate Matovanini, Raul Gorayeb, Silvia Martinelli Deroualle, también de São Paulo; y Emílio Salle y Renato Piltcher, de Porto Alegre. Los respectivos trabajos también componen este capítulo.

> *Cuando el Baal Shem, el fundador del jasidismo, debía resolver una tarea difícil, iba a un determinado punto en el bosque, encendía un fuego, pronunciaba las oraciones y aquello que quería se realizaba. Cuando, una generación después, el Maguid de Mezritch se encontró frente al mismo problema, se dirigió a ese mismo punto en el bosque y dijo: "No sabemos ya encender el fuego, pero podemos pronunciar las oraciones", y todo ocurrió según sus deseos. Una generación después, Rabi Moshe Leib de Sasov se encontró en la misma situación, fue al bosque y dijo: "No sabemos ya encender el fuego, no sabemos pronunciar las oraciones, pero conocemos el lugar en el bosque, y eso debe ser suficiente". Y, en efecto, fue suficiente. Pero cuando, transcurrida otra generación, Rabi Israel de Rischin tuvo que enfrentarse a la misma tarea, permaneció en su castillo, sentado en su trono dorado, y dijo: "No sabemos ya encender el fuego, no somos capaces de recitar las oraciones y no conocemos siquiera el lugar en el bosque: pero de todo esto podemos contar la historia". Y, una vez más, con eso fue suficiente.*

Agamben se sirve de este relato para pensar, en términos alegóricos, a la literatura. Sin embargo, yo, con mi manía de encontrar al psicoanálisis por todos lados, no puedo evitar leerla desde mis propios intereses. Así, los elementos del cuento – lugar, fuego, oraciones, historia – se me aparecen como otros cuatro conceptos fundamentales del psicoanálisis, no ya para repensar los fundamentos teóricos de nuestra disciplina, sino las coordenadas de una lectura, contemporánea y situada.

Así, el *lugar* se revela no solo como ese espacio, virtual o real, y por lo general bastante sencillo, donde sucede la conversación analítica; sino también la localización geohistórica donde se practica. El *fuego* encarna la transferencia, sin la cual cualquier experiencia psicoanalítica se torna imposible.[2] Las *oraciones* remiten al ritual inherente a nuestro oficio, que no por haberse secularizado oculta su origen de ceremonial religioso. Finalmente, la *historia* es la estofa misma de la conversación analítica, tanto si la entendemos como disciplina de investigación sobre el pasado como si hacemos hincapié en su vertiente ficcional.[3]

En la sucesión de generaciones que el relato ofrece, cada personaje cada vez sabe menos lo que necesita saber para resolver un problema, se verifica entonces una progresiva, incremental, *pérdida*. Bien puede asimilársela a la pérdida de la experiencia denunciada por Walter Benjamin cien años atrás,[4] destrucción de la experiencia que el psicoanálisis, inventado en ese mismo momento, nace para restaurar.

Y es el relato lo que rescata algo de esa experiencia perdida. El relato precisa, para constituirse, no solo un narrador como tendemos a pensar, sino sobre todo un oyente. La crisis de la experiencia vino acompañada de la destrucción de la comunidad de oyentes. El psicoanalista adviene, transferencia mediante, a ese lugar de escucha, y al ofrecerse a la escucha, inventa y determina retroactivamente el relato que se le ofrece.

---

2 Y por eso el analista puede identificarse bien con el flogisto, que proviene de una palabra griega que designa lo inflamable. Charles Melman, afirmando la imposibilidad de que el analista se ubique como observador aséptico y externo a lo que sucede en el analizante, lo comparaba con ese ingrediente alquímico, esencial para que algo arda, consumido en la combustión. El analista, dice Melman, es el flogisto, él arde con su analizante. Pero, al mismo tiempo, mientras enciende con su fuego el fuego del analizante, desaparece en el mismo acto.

3 Agamben llama la atención sobre el uso de la misma palabra para referirse tanto al curso cronológico de las vicisitudes humanas como a lo que cuenta la literatura, al gesto del historiador y al del narrador.

4 Cuando verificaba que los soldados volvían de la cruenta Gran Guerra mudos, incapaces de poner en relato las atrocidades que habían experimentado.

II

El psicoanálisis es un discurso de una especificidad radical, distinto a cualquier otro. Al menos en mi perspectiva, tanto su especificidad como los resortes de su eficacia están anudados a su original dispositivo clínico, incluso más que a la miríada de teorías que intentan dar cuenta de lo que sucede dentro de él.[5] Al mismo tiempo, tal especificidad, que diferencia al psicoanálisis de cualquier otro abordaje de la mente, de cualquier otra práctica de las entendidas como terapéuticas, contrasta con una apertura envidiable hacia infinidad de disciplinas, se trate de ciencia o arte, de literatura o filosofía. Su porosidad, la insaturación de sus fronteras, incluso la falta de consensos básicos entre los practicantes, características todas que constituyen un problema ante la mirada neopositivista, se convierten en ventajas para un diálogo que concibe a las fronteras como zonas fértiles y a los conceptos como migrantes.

Esa paradoja del psicoanálisis – donde especificidad y apertura conviven sin conflicto – se replica a la hora de pensar en la relación entre el psicoanálisis como práctica clínica frente al psicoanálisis extramuros, entre el psicoanálisis en intensión y el psicoanálisis en extensión.

Si tenemos que pensar entonces en una figura que articule estas dimensiones bifrontes del psicoanálisis – especificidad y apertura; psicoanálisis intra y extramuros; y por qué no clínica y cultura – debemos apelar a una figura topológica como la Banda de Moebius, que no separa los distintos aspectos en compartimentos estancos, sino que los articula sin solución de continuidad, relevándolos continuamente sobre una misma superficie. Y este relevo constante, donde se deshacen pretendidos islotes de la pureza de una praxis que ha sido a veces mistificada, aparece con claridad en las experiencias reseñadas en este capítulo.

También teoría y praxis clínica pueden pensarse en la misma figura topológica, pues, aun cuando son experiencias las que convocan a la

5 Aunque sea imposible pensar tal dispositivo *sin* esas teorías.

reflexión en un segundo momento, luego de realizadas, el Segundo Acto ocurre lógicamente *antes* que el Primer Acto. La experiencia está formateada, no existe tal cosa como una experiencia cruda en psicoanálisis.

Siempre hay una teoría que infiltra nuestra lectura de los hechos, aun la que parezca más ingenua o rudimentaria. Solo que cuando nos adentramos – como estos testimonios muestran – en zonas menos confortables, en los márgenes de una experiencia codificada a lo largo del esfuerzo de más de un siglo de teorizaciones, el espacio de lo que no se sabe se hace más evidente. Es más sencillo caer presa de la ilusión de la comprensión y el control en un análisis más o menos estandarizado que en situaciones de frontera, como las que son exploradas a través de estos testimonios. Pero lo que nos enseñan estas experiencias no vale solo para ellas mismas, sino que funcionan también como un cuestionamiento que repercute como un *boomerang* en las vicisitudes clínicas de un *setting* más o menos convencional.

Clínica y cultura están tan en comunidad como en continuidad. La naturaleza de la especie, como demostró Claude Lévi-Strauss, es cultural, y es el lenguaje lo que nos hace humanos. Así, la cultura no es un ornamento más o menos sofisticado que pueda sentarle bien al analista o incluso prestigiarlo, sino que – a diferencia de otros oficios – es filigrana estructurante e inerva el corazón mismo de su práctica clínica. Quizás también tengamos que acostumbrarnos a que las intervenciones de los analistas en comunidad, necesariamente desprolijas y en construcción, merezcan otro calificativo de aquel habitual: "eso no es psicoanálisis". Quizás justamente cierto tipo de intervenciones que la ortodoxia hubiera descalificado décadas atrás, sean las que garanticen la supervivencia incluso de formas más tradicionales de práctica clínica psicoanalítica en los tiempos por venir.

Las discusiones más interesantes, decía Derrida, suceden en los márgenes, en los bordes de un territorio. Entonces el modo de pensar al psicoanálisis desde una región como Latinoamérica cuestiona y permite leer el psicoanálisis de las grandes metrópolis de otro modo. Siempre y cuando, claro, nos corramos de una posición de meros consumidores de un saber idealizado consumado fronteras afuera.

También existen márgenes del tiempo, y lo ocurrido en esta época de pandemia, guerras, desigualdades crecientes y amenaza de un cambio climático capaz de exterminar a la especie, debería servir para iluminar mejor lo que sucede en tiempos que imaginamos como normales.

El psicoanálisis nació como un cuestionamiento desde los márgenes hacia el centro: tanto por los fenómenos mentales que tomó, sueños y fallidos desatendidos por la ciencia, como por los pacientes de los que se hizo cargo, las histéricas repudiadas por la medicina. Fue desde ese lugar marginal que se constituyó, y solo desde ahí fue capaz de mirar – en verdad escuchar – más lejos.

Ese mismo mecanismo se activa aquí, cuando lo que se practica extramuros quizás cambie la práctica intramuros, pues en ningún tiempo ni lugar, mucho menos en una región como Latinoamérica y una época como la que nos toca, se puede permanecer impermeable frente a las zozobras y las preguntas de una época. Salvo que elijamos volvernos anacrónicos en el peor sentido, y sostener un monólogo que resulta poco interesante aun para nosotros mismos.

Que la teoría esté presente en las prácticas que incursionan fuera del consultorio tradicional obliga a una permanente apertura. En la clínica habitual también estamos obligados a esa puesta a prueba constante entre lo que pensamos y el *Zeitgeist*, pero se nota menos. Trabajando a cielo abierto, en la comunidad, las costuras se ven más fácilmente y cualquier ortodoxia, cualquier fanatismo, cualquier pensamiento inercial se vuelve obsoleto e inútil. En un espacio donde la transferencia no está asegurada, sino que hay que ganársela cada día como el pan, no hay lugar para teorías *ready made*, sean éstas de impronta francesa o inglesa o vienesa. Las filiaciones teóricas, las fidelidades de escuela, los reflejos técnicos que hemos adquirido se muestran ineficaces sin la apertura y el coraje necesarios para poner todo en cuestión, sometiéndolo a la prueba de la experiencia.

La realidad política y social, que permea siempre la clínica y las teorías, aparece con una intensidad mayor. La clínica se muestra una vez más como un observatorio privilegiado de lo social, donde la fragilidad del lazo se hace evidente. Hay un delicado equilibrio entre preservar la singularidad de una disciplina frágil como el psicoanálisis, siempre en amenaza de extinción y siempre también expuesto a su dilución, y mantenerlo abierto a su entorno. Una cerrazón absoluta, atenta a cuidar sus fundamentos, lo haría refractario a su época (a las coordenadas de tiempo y lugar que lo alojan y lo reclaman). Una apertura absoluta amenazaría con diluir justamente lo que el psicoanálisis aporta como diferencia frente a otros modos de escucha.

Pero veamos de qué se trata en estas experiencias, fraguadas en tiempos difíciles.

III

Si atendemos a lo que une a las cuatro experiencias relatadas, más que a lo que las diferencia, surgen algunas marcas en común: se trata mayoritariamente de dispositivos *grupales*; por momentos se incluye la *virtualización* de la asistencia; y en la mayoría de las situaciones, el trabajo del analista se ejerce no sobre los sujetos directamente afectados (pacientes, alumnos, clientes), sino sobre aquellos encargados de asistirlos, como médicos, docentes o integrantes de una empresa. Es decir, la tarea analítica se ejerce de modo mediato, *intermediado*, y de esa forma apunta a potenciar su eficacia asistiendo a quienes asisten. Otro rasgo común es la herramienta fundamental a la que apelan los analistas trabajando en un contexto comunitario: la *escucha*.

A la hora de pensar el trabajo de analistas en comunidad, algo para nada sencillo, por lo general aparece la idea, anhelada por Freud en 1918 de alcanzar una escala mayor en los beneficios de la tarea analítica, restringidos por el hecho de ser la nuestra una artesanía clínica, que opera de a uno en uno. Así, apelar al trabajo en grupo, o a las herramientas virtuales, o a trabajar con los que cuidan o enseñan a otros son modos de multiplicar los beneficios de nuestra escucha.

Porque es nuestra escucha lo que podemos ofrecer, ni más ni menos. Una escucha distinta a cualquier otra, una escucha inervada por complejas teorizaciones, pero radicalmente simple a la hora de desplegarse; una escucha abstinente y no caritativa, una escucha laica, llevada a cabo por personas entrenadas en cierta disciplina de escuchar, una escucha capaz de escuchar hasta lo insoportable de escuchar.

En las experiencias reseñadas, el modelo que sigue ese análisis en extensión pareciera ser el de la extensión de la escucha que practicamos en los consultorios, solo que menos constreñidos por nuestros estrictos *settings* y por los costos muchas veces excluyentes que implica una práctica artesanal como la analítica.

Cabe esperar, como decía antes, que esa apertura de la escucha analítica, que la necesaria flexibilidad que debe practicarse extramuros incida en lo que hacemos intramuros, haciendo más porosa y acogedora nuestra manera de oír, menos apremiada por ideales institucionales o cánones teóricos, más *situada* (tanto en términos históricos como geográficos), resistente a cualquier clase de ortodoxia.

Si algo distingue a las cuatro experiencias incluidas en este capítulo, si algo las hilvana, es la experiencia de la pérdida. Todas las experiencias fueron realizadas en medio de la pandemia de Covid-19, donde la fragilidad de nuestra especie se hizo evidente como nunca, al menos para quienes no vivimos directamente guerras o catástrofes naturales. Esa fragilidad – estructural en la especie pero velada hasta un momento donde se hizo imposible no advertirla – abrevaba en distintos hechos de pronto visibles: la incertidumbre; la intemperie de pronto compartida entre países poderosos y débiles, entre ricos y pobres, jóvenes y viejos; el retorno del aislamiento forzado como herramienta atávica pero eficaz de prevención del contagio; también en la contabilidad en tiempo real de hospitalizados y muertos; en las imágenes pavorosas de cadáveres sin lugar en los cementerios.

La experiencia de la pérdida, central en cualquier análisis individual llevado a sus últimas consecuencias, una experiencia que se vive en soledad, se tornó de pronto experiencia compartida. Y ello sucedía en un contexto donde se había perdido también la presencialidad. Tanto los analistas que escuchan como los médicos, los alumnos, los pacientes que participan de las experiencias relatadas, lo hacen desde un fondo donde es imposible desmentir – como hacemos habitualmente – la pérdida y la muerte.

Otra característica común de las experiencias reseñadas es el anhelo por los rituales perdidos, fundamentalmente los ritos funerarios o expiatorios, esos mecanismos simbólicos a través de los cuales los humanos aprendimos a conjurar la muerte, a hacerla soportable.

Al mismo tiempo, las cuatro experiencias proponen nuevos rituales, vicarios, para soportar esa pérdida que introduce lo real de la muerte, que la desaparición de los rituales tradicionales había amplificado hasta una potencia insoportable. Esos nuevos rituales, generalmente conversaciones periódicas grupales, funcionan como amortiguadores simbólicos que apelan a una narrativa, a la posibilidad de construir relatos.

Lacan, tras la pista de Freud y de Shakespeare, describió a través de Hamlet una estructura donde analiza distintos niveles: en primer lugar, el mundo. En segundo lugar, la escena sobre el mundo. Y luego, la escena sobre la escena. Podría pensarse así, seguramente de modo reduccionista y no del todo certero, en sus tres registros: el *real* del mundo, el *simbólico* de la escena que configura al mundo, el *imaginario* de la escena que se monta sobre aquella otra escena. Pero de pronto, una pandemia nos ubica en tanto especie en un escenario inesperado.

Habituados a movernos en una escena relativamente estable, nos encontramos de pronto a cielo abierto.

El mundo se trastoca, se conmueve, *el tiempo se sale de quicio*, como escribió Shakespeare, y el espacio se contrae. Tiempo y espacio entonces, las variables que organizan el mundo, se revelan ficciones en una vida encerrada en el tiempo y espacio inmóviles de la cuarentena. Y que Shakespeare haya escrito esas palabras más de cuatro siglos atrás nos debería advertir que lo que nos sucedió no fue un evento único e irrepetible, y no hay razones para pensar que no vuelva a suceder. Hay guerras, una catástrofe climática en ciernes, la distribución obscenamente injusta de la riqueza, entre otras preocupaciones virales contemporáneas que amenazan hasta las democracias mejor constituidas, que ofrecen oportunidad de imaginarlo. Esa conmoción del mundo, entonces, nos devuelve a la vieja *Hilflösigkeit*, el desamparo freudiano; como en el tiempo mítico del infante, somos arrojados, nuevamente y pese a la precaria protección de una cuarentena, a la más radical intemperie.

IV

Una digresión personal: durante un tiempo pensé que una disciplina como la nuestra, tan imprecisa y frágil, requería del recorte de todo lo que no le era imprescindible para su praxis clínica. En lo que ahora registro como una maniobra defensiva por mi parte, me ocupaba de deslindar el análisis – y mi escucha, y mis puntos de atención – no solo de cualquier deriva psicoterapéutica, sino de campos de reflexión donde se jugaran problemáticas ajenas al discurso psicoanalítico, se trate de la política, la historia o la ecología, entre tantas más.

Siempre he sido un lector curioso – de disciplinas y de realidades ajenas a la nuestra – pero mis lecturas debían – para satisfacer a ese animal voraz que es el superyo – atravesar el diafragma de "lo psicoanalítico". Hoy ya no pienso de ese modo.

Por un lado, quizás, debido a algún grado de madurez en mi identidad psicoanalítica – lo que fuera que signifique eso – que me permite preocuparme menos por sus límites. Por otro lado, porque la realidad – lo que fuera que signifique eso – entra de tal modo en nuestra consulta que no hacerle lugar sería entregarnos al ejercicio de una miopía preocupante. En el estado de cosas del mundo, no incluir algunos datos de la realidad en el corazón de la praxis analítica se convierte literalmente en una desmentida, cuando no en una completa forclusión, que nos dejaría a los analistas convertidos, más que en practicantes puros y responsables de una disciplina frágil, en seres escindidos, tan inútiles como interlocutores en la conversación social como incapaces de cualquier escucha analítica singular.

Sin incluir la peste, el cambio climático, la guerra, las migraciones y la exclusión en nuestras reflexiones, sin llevar estos puntos candentes al corazón de nuestra práctica y nuestras teorías para ver cómo se las arreglan allí, en la línea de fuego de un mundo siempre amenazado de disolución, nuestra disciplina corre el riesgo de convertirse apenas en una sofisticada esgrima intelectual, un tráfico de palabras y angustias amputado de sus referentes en el mundo.

Volviendo a lo que Lacan recordaba de Hamlet: si allí se trata de una escena, sobre otra escena, que a su vez está montada en un mundo, pretender la autonomía escénica sin incluir el mundo nos condenaría – creo hoy – a una merecida extinción.

Quizás el punto crucial aquí es desde qué lugar intervenimos los psicoanalistas. La abstinencia sigue siendo uno de nuestros principios rectores, que por ser pocos se convierten en inexcusables. Si excluimos entonces cualquier tipo de manipulación de nuestra tarea clínica, que tendría consecuencias desastrosas aun impulsadas por las mejores, las más caritativas y nobles razones, ¿qué nos queda? ¿Cómo intervenir en una conversación que atraviesa hoy a la sociedad, y hacerlo de un modo fértil?

Me refiero a cómo hacerlo *en tanto analistas*, pues cada uno de nosotros es también un ciudadano, y participamos de espacios múltiples en donde expresarnos y actuar. En tanto analistas, nuestra acción se modula siempre a través de la reflexión, nuestra práctica – que tiene efectos en la realidad – es intelectual. En tanto analistas, pensamos, escuchamos y hablamos, lo que a veces puede ser tan importante como servir comida o rescatar heridos en una catástrofe, como acoger refugiados o escribir manifiestos. Siempre y cuando, claro, nuestra escucha y lo que pensemos y hablemos tenga consecuencias, y esté alineado con lo que sucede dentro y fuera de nuestros consultorios, y no se quede en la repetición de consignas estériles y anacrónicas (para eso, mejor quedarnos callados).

Creo que una clave aquí bien podría ser la frase convertida en lema de las luchas contemporáneas llevadas a cabo por las mujeres o por ciertos colectivos de disidencia sexual o por minorías étnicas, de los que tanto tenemos por aprender. Estos movimientos han logrado que una idea antes marginal hoy tenga la fuerza de una evidencia: todo lo personal es político. En el campo de sus reivindicaciones, pequeños gestos domésticos, naturalizados desde hace generaciones encubren posiciones de poder, resabios patriarcales, efectos de un clasismo o racismo insidiosos. Entonces la lucha personal, de cada cual en su entorno – una mujer en su matrimonio, un negro frente a su supervisor blanco, un joven frente a sus padres conservadores – se convierte de pronto en una gesta política.

Pero también es cierto que puede invertirse esa frase, y decir que todo lo político es personal. Y allí, cuando irrumpe el factor personal de la ecuación, es donde nos es habilitada – en tanto psicoanalistas – una oportunidad de participar en la discusión.

Pues una guerra no es solo un *cocktail* de intereses geopolíticos, que lo es, sino también el modo en que un líder acorralado, acechado por sus fantasmas, como un animal herido, puede conducir a su manada a un holocausto. El deterioro de la habitabilidad del planeta no es solo explicable a partir de complejas mediciones de los gases de efecto invernadero, sino también a través de una pertinaz negación[6] que se convierte en desmentida tan masiva como catastrófica. Una pandemia no significa solo la exposición de la humanidad a un nuevo germen, sino el modo en que lidiamos como colectivo frente a él, cuando en vez de comportarnos como un rebaño capaz de proteger a los más débiles – por ejemplo, a través de una inmunización masiva – hay tantos que prefieren asirse a disparatadas conspiraciones imaginarias con tal de mantener sus precarios presupuestos. O como un desesperado intento de supervivencia, la reclusión hogareña a la que tuvimos que apelar cuando aún no había vacunas, se convierte en autorrestricción gozosa para muchos, que encuentran en una distancia social excesiva la racionalización de sus temores más atávicos. Podría seguir, *ad infinitum*, reseñando situaciones donde se hace evidente que, tratándose de humanos, todo lo político es también personal.

Antes pensaba que ciertas preocupaciones – por ejemplo, el cambio climático o la ecología – se convertían en una especie de *hobby* de analistas del primer mundo, donde algunas circunstancias sociales ya resueltas habilitaban angustias casi esotéricas para una región del mundo que aún no logra resolver el tema del hambre, la vivienda o el trabajo para buena parte de su población. Ahora no lo veo tan así, y quizás cuestionando nuestro propio nivel de negación – *Verneinung* – y desmentida – *Verleugnung* – podamos hacer algo con lo que hilvana muchas veces la actitud de los colectivos sociales cuando devienen masas, donde fenómenos de los que nosotros podemos decir bastante – la identificación a líderes mesiánicos, los puntos ciegos colectivos frente a una catástrofe en ciernes, la entrega al goce ciego de la destrucción, el rechazo de la diferencia o la simple equiparación de la realidad psíquica con la material, entre tantos más – campean de modo evidente por todos lados.

---

6 Como bien se muestra en la parodia *Don´t look up*.

V

Volviendo las experiencias que componen este capítulo, la tríada que rescato allí – pérdida, desritualización, re-ritualización a través de un dispositivo donde se trama un relato – permite volver a leer la historia que Agamben nos recuerda.

Solo que, ahí donde Agamben hablaba de fuego, podemos pensar aquí en términos de *incendio*. El fuego dejó de ser esa llama controlada, fuente de calor y de luz, germen de un hogar, para convertirse en metáfora de una destrucción radical: de los lazos, de la cotidianeidad, de la experiencia.

Si el fuego deviene incendio, la dimensión traumática se hace presente – tal como sucedió en las experiencias que resuenan tras los testimonios de esta sección – y nuestra escucha es convocada más en términos quirúrgicos que clínicos, obligados a ser más activos que receptivos, a abandonar la aséptica seguridad de nuestros consultorios – que por otra parte, a esta altura, no se sabe bien dónde quedan localizados – para reconocernos oyentes a cielo abierto, tan a la intemperie como aquellos a quienes escuchamos.

En los testimonios del trabajo analítico en extensión, lo que aparece no es la vocación de apagar un incendio, como podría suceder con una escucha caritativa, religiosa o incluso psicoterapéutica. No somos bomberos sino psicoanalistas, entonces no pretendemos liquidar conflictos sino ponerlos a trabajar, donde no anegamos con agua toda voz, pero ofrecemos cortafuegos, procuramos reducir el incendio, que arrasa toda trama simbólica, al fuego originario, acotado pero palpitante, a las brasas inconscientes que nos justifican en tanto sujetos.

Aún en tiempos donde todo parece ser arrasado, el trabajo que aquí se muestra, a través de una escucha que confía tanto en el inconsciente como en la eficacia del relato, hace posible la recuperación de la experiencia, restituyendo así al menos algo de todo lo que se ha roto.

Como coda, *last but not least*, quizás sea importante llamar la atención sobre un detalle: en el contrapunto entre experiencias y reflexión que se incluye en esta sección, las experiencias fueron realizadas en lengua portuguesa, y la reflexión en lengua castellana. Bien podría haber sido al revés, y seguramente hay ejemplos inversos. Pero lo que me interesa destacar es el contrapunto entre lenguas, que abreva en el bilingüismo latinoamericano[7] para abonar más la fertilidad de nuestro psicoanálisis. Pues no se trata de construir una *lengua franca*, mucho menos un portuñol psicoanalítico, sino hacer operar la lectura desde la diferencia, la *prueba de lo extranjero* que implica el pasaje de una lengua por el diafragma de otra, una operación que traduce y avanza un escalón más hacia la intelección teórica, como si se tratara de una máquina que digiere una gran cantidad de experiencias para destilar ideas, al menos rudimentos, gotas de ideas. La distancia necesaria para poner a prueba nuestros presupuestos, superados los obstáculos iniciales, se beneficia de esa extranjería que aparece aquí, quizás por una inteligencia inadvertida de las editoras, ubicada en un rango estructural.

Bibliografía

Agamben, G. (2016). *El fuego y el relato*. Madrid: Sexto Piso.

Benjamin, W. (2008). *El narrador.* Santiago de Chile: Metales Pesados.

Benjamin, W. (1933). *Experiencia y pobreza*. [https://semioticaenlamla.files.wordpress.com/2011/09/experienciabenj.pdf]

Berman, A. (2005). *La traducción como experiencia del/de lo extranjero,* Antioquia: Universidad de Antioquía.

Derrida, J. (1982). *La escritura y la diferencia, Anthropos.*

Freud, S. (1919). Nuevos caminos de la terapia psicoanalítica. Amorrortu editores. En S Freud. (1976) *Obras completas*. Tomo XVII.

7 Dejo de lado aquí al inglés, presente de modo muy minoritario en la región, y a las lenguas indígenas, para realzar el bilingüismo que nos constituye mayoritariamente.

Horenstein, M. (2020). *Brújula y diván. El psicoanálisis y su necesaria extranjería*, Córdoba Viento de Fondo.

Lacan, J. (2006). *El Seminario X*, La angustia (1962-63). Buenos Aires: Paidós.

***

VIOLINISTAS EN LAS SALINAS

Notas desde experiencias de atención psicoanalítica en la comunidad durante la pandemia de Covid-19

Pablo A. Dragotto
Asociación Psicoanalítica de Córdoba

Toda elección teórica es política.
Rita Segato

Este texto responde a la invitación formulada por la coordinación de Comunidad y Cultura de Fepal a reflexionar y comentar algunas de las experiencias de escucha, atención y contención a personas y grupos durante los períodos más dramáticos de la pandemia de Covid-19, implementadas desde las sociedades psicoanalíticas latinoamericanas. Forma parte de un proyecto amplio y sostenido en el tiempo que pretende visibilizar el trabajo de los y las analistas en y con la comunidad y, al mismo tiempo, ratificar la validez e importancia de dicho trabajo, contribuyendo a la producción de nuevas herramientas teóricas para dar cuenta del mismo.

En su novela *Alma partida* (2020), Akira Mizubayashi desarrolla la conmovedora historia de Rei, hijo del músico japonés Yu, quien se reúne regularmente a ensayar la sonata *Rosamunde*, de Schubert, junto a tres estudiantes chinos. La historia transcurre en el Japón de 1938, gobernado por una dictadura nacionalista. Tanto la afición por la música clásica occidental como – aún más – la compañía de ciudadanos chinos es considerada sospechosa por una patrulla militar que irrumpe en uno de los ensayos. Los músicos son maltratados, detenidos y transportados a un centro militar. Rei asiste a la escena desde el interior de un armario en el que su padre ha logrado esconderlo segundos antes. Aterrorizado, escucha los gritos del sargento a cargo, brutal e ignorante, humillando a su padre. La aparición de un teniente que demuestra sensibilidad musical logra mitigar el castigo en ese momento, aunque no evitar la detención y traslado de los cuatro músicos. Al cabo de minutos de silencio y zozobra, cuando está por salir de su escondite, Rei escucha pasos que vuelven al lugar donde está escondido y ve – aterrorizado – la silueta de un militar que se acerca y abre el armario. Se siente perdido. El teniente, en silencio, le entrega el violín de su padre, destrozado por la bota del sargento, y se retira. Rei es adoptado por una pareja francesa, quienes lo llevan a Francia, donde se convertirá en un destacado lutier, especializado en la calibración y restauración de violines. Durante toda su vida trabaja con minuciosa dedicación en la reconstrucción del violín de su padre. No solo el alma del violín había sido destrozada, sino todo su cuerpo. El alma y la historia de Rei se irán resignificando a lo largo de la novela, en búsquedas y encuentros en los que logrará reconstruir fragmentos perdidos y llevar a cabo actos reparatorios, a partir del encuentro azaroso con algunas personas, la escucha atenta y el acompañamiento de Hèlené. El contrapunto entre la delicada tarea de compositores, músicos y lutieres, sus excelsas producciones y, por otro lado, la brutalidad de los militares, se entrelaza en la novela, con la convulsionada marcha de la historia, los cambios sociales y el padecimiento de personas y poblaciones, en un relato sencillo y emocionante.

Al leer las breves descripciones de estas cuatro experiencias de trabajo de analistas de asociaciones latinoamericanas, en y con la comunidad, durante los primeros años de la pandemia derivada del Covid-19 se me presentaba una y otra vez la historia de *Alma partida*, quizás por el hecho que el protagonista encuentra refugio precario en medio de una situación traumática lo cual le permite sobrevivir, transitar los tiempos inmediatos y posteriores, de angustia, dolor y aturdimiento, para luego a lo largo de su vida, llevar a cabo el lento trabajo de elaboración. Siempre hay otros, pero el papel que juegan varía no solo por las circunstancias o por sus intenciones o capacidades, sino por el lugar posible en cada contexto. Haciendo una analogía con las experiencias descriptas en este capítulo, si las pensamos como practicas situadas (según sus coordenadas históricas, sociales, geográficas y subjetivas) ese lugar de refugio temporario y las funciones de *amparo*, *escucha* y *acompañamiento*[8] pueden pensarse como un *leit motiv* que aparece y desaparece en el transcurso de procesos amplios y diversos, tanto de las existencias de cada uno de los sujetos participantes, como de las instituciones implicadas. Estas iniciativas ofrecieron un refugio, un puente transitorio para sostenerse durante una crisis que implicó una ruptura de la trama de la vida cotidiana y del encuadre vital con la irrupción de ansiedad y angustia masiva casi imposible de ligar. Personas y grupos aislados, abandonados por terapeutas e instituciones, pudieron apoyarse en estos dispositivos que, *como un islote flotante* en medio de la inundación, destinado a desaparecer y a olvidarse pasada la emergencia, sostuvieron la vida en un apoyo fugaz.

Luego, la relectura del material se fue asociando en mí con otras imágenes e historias en las que personas, prácticas e instrumentos generados en un contexto histórico, social y geográfico migraron a otros contextos (lejanos, exóticos) en los que, no solo se adaptaron, sino que mostraron una potencia inusitada y abrieron nuevos campos. Quizás el ejemplo más conocido sea el del bandoneón, instrumento musical derivado del acordeón, creado en Alemania en el siglo XIX, pero que no había logrado una gran inserción en los círculos musicales europeos. El bandoneón vino a la Argentina en el equipaje de los inmigrantes

8 Como digo más adelante, ese acompañamiento debe entenderse como asimétrico, implicando el ejercicio ético de la abstinencia del lado del analista, diferenciándose de esta manera de otras prácticas de corte asistencialista, benéfico o filantrópico.

que llegaron a fines del siglo XIX y comienzos del XX y se convirtió en una pieza fundamental de un nuevo género musical: el tango, surgido en los arrabales populares de Buenos Aires. Aún más interesante me resulta otra historia, menos conocida, la de la chacarera santiagueña y el uso del violín. Sí, el mismo precioso instrumento clásico cuyo arte de construcción se refinó hasta la perfección en Europa en los siglos del renacimiento y posteriores, para ser ejecutado con maestría en teatros y salones de Francia, Italia y Austria, llegó a América traído por los colonizadores, más precisamente por los misioneros cristianos en su afán evangelizador. La colonización, ese acontecimiento disruptivo y fundante, cuyos efectos aún reverberan e inciden en nuestras realidades sociales y económicas, acontecimiento negado y renegado en sus determinaciones históricas por las elites, resignificado por el pensamiento latinoamericanista reciente (Segato). La chacarera santiagueña es un género folclórico muy popular, desarrollado principalmente en Santiago del Estero, provincia del noroeste argentino. Sus orígenes parecen remontarse a la Marinera Peruana y otros ritmos e instrumentos traídos por personas y grupos de origen africano, sometidos a la esclavitud, traídos por los colonizadores desde Perú. El violín,[9] en este contexto rural tan diferente es adoptado y utilizado con nuevas sonoridades y modos de ejecución brillantes y conmovedoras, por ejemplo, en artistas como Don Sixto Palavecino. Es tan impensable una chacarera sin violín como un tango sin bandoneón[10].

En otro lugar (Fepal, 2020) evocaba la escena de la orquesta del *Titanic* que seguía tocando en cubierta, como si nada pasara, en pleno naufragio, como alegoría de una posición denegatoria en la que las instituciones psicoanalíticas podrían quedar encerradas y desconectadas

9 https://razafolklorica.com/historia-del-violin-en-argentina-como-ingreso-en-el-folklore/amp/.

10 Agradezco a Marcelo Bartolomé y a Omar "Sapo" Estanciero la orientación y la información respecto de la chacarera y la historia del uso del violín en el folklore santiagueño.

de las realidades sociales y comunitarias en Latinoamérica. Esa posición podría compararse con la de quienes miraban con desprecio a los primeros tangueros o quienes consideraban poco menos que sacrílego que un violín se usara para interpretar una chacarera en un patio de tierra, en lugar de una sonata en el teatro Colón.

Algo de eso sucede con las experiencias psicoanalíticas en y con la comunidad. No es un tema nuevo. Hemos pasado por largos (demasiado largos) debates al respecto de qué es psicoanálisis y qué no lo es. ¿Cuándo es psicoanálisis y cuándo psicoterapia? Psicoanálisis y psicoanálisis aplicado. Extensos y muchas veces estériles debates que pueden interesarnos en tanto especialistas en nuestra disciplina, pero que están muy lejos de los problemas cotidianos de nuestras comunidades en Latinoamérica.

Las experiencias presentadas en esta sección del libro dan cuenta de la sensibilidad, el compromiso social y la maestría técnica de los y las psicoanalistas de las sociedades de Fepal al implementar dispositivos para mitigar los daños psíquicos, subjetivos y vinculares provocados por la situación social derivada de la pandemia del Covid-19. Los y las colegas de Brasil, al igual que cientos de psicoanalistas en toda la región, se organizaron para configurar o reconfigurar dispositivos de escucha, contención y elaboración a través del psicoanálisis que estuvieron disponibles, en tiempos donde los gobiernos priorizaron la atención de la salud en sus aspectos biológicos, soporte necesario para la vida, relegando las problemáticas subjetivas a un segundo o último plano de las prioridades a la hora de decidir acciones de política pública. Este libro reúne una muestra de las múltiples iniciativas llevadas a cabo durante la pandemia en las que participaron sociedades y analistas miembros de Fepal. Nos inscribimos así en una fecunda y solidaria tradición del psicoanálisis latinoamericano, de este psicoanálisis que procura no encapsularse sobre sí mismo, sino vibrar con el pulso convulsionado de la comunidad de la que formamos parte. El que reconoce las paredes de adobe y los techos de chapa que recubren el sueño de nuestros conciudadanos como la tierra a la que pertenecemos y el ámbito en el que nuestra tarea puede y debe realizarse.

Así las experiencias llevadas a cabo desde la Sociedad Brasilera de Psicoanálisis de São Paulo (SBPSP) muestran una variedad de dispositivos y ámbitos de trabajo en la que la escucha psicoanalítica ha estado disponible para distintos grupos en la comunidad. En el trabajo S.O.S. Brasil (Lisondo et al.) nos encontramos con un dispositivo de escucha analítica, acotado en su duración (3 a 8 sesiones) pero amplio en su disponibilidad, que recibe consultas desde distintos puntos del país. Este modelo de intervención pudimos observarlo en distintos países de la región con características comparables (conozco mejor los dispositivos de las sociedades argentinas, en particular la experiencia de APC Disponible realizada desde Córdoba, pero los hubo y los hay en toda la región).

En la experiencia relatada en esta oportunidad nos encontramos con una analista en São Paulo, que recibe la consulta de una mujer, estudiante de enfermería, residente en Manaus a más de 3000 kilómetros de distancia una de la otra. Ayra sufre insomnio, ansiedad, angustia (¿quién no por aquellos días?) y, además de las perdidas recientes vividas y presenciadas en otros, vio interrumpido el tratamiento psicoterapéutico que había iniciado unos meses antes. La falta de accesibilidad a los tratamientos en salud mental ha sido una constante en muchos países de la región durante la pandemia, como decíamos más arriba. Esto nos lleva a plantear la importancia de que nuestras sociedades psicoanalíticas incrementen su participación en los ámbitos en los que se discuten las políticas públicas y las acciones en salud pública con la finalidad de que la salud mental no sea dejada de lado en épocas en que la economía, la tecnología y los aspectos biológicos de la salud humana tienden a ser prioritarios en las agendas de gobierno.

Volviendo a Ayra y a su analista, nos encontramos con un recorte de una experiencia de escucha y encuentro, en la que a pesar de la distancia y del contexto de catástrofe, la analista logra generar un clima de intimidad y contención, como una tienda de campaña (tomando prestada la linda imagen que Roosevelt Cassorla utilizara en uno de los primeros *webinars* de IPA durante la pandemia) (IPA, 2020), una pequeña tienda iluminada en la noche, como la que hace un niño o niña asustado que enciende una linterna sentado en su cama y tapado con las sabanas. Si bien la analista capta rápidamente la reactivación de duelos tempranos en la historia de Ayra y señala aspectos relevantes que trabajan juntas, el contexto de la pandemia y lo acotado del encuadre disponible, necesariamente hará priorizar los elementos de contención más que las intervenciones de apertura como haríamos en otro contexto. Procurar la conexión con dispositivos locales que permitan una continuidad de la atención psicoterapéutica para aquellas personas que lo necesitan aparece como una prioridad en estas intervenciones breves. No obstante, la analista se sigue preguntando, y nosotros con ella, acerca del mundo psíquico de Ayra y también de los aspectos transferenciales desplegados en estas entrevistas. Durante la experiencia de APC Disponible, los y las analistas que participamos de la misma nos sorprendimos con la rapidez y la masividad del establecimiento de la transferencia en estos contextos de atención en la crisis. Le llamamos transferencia exprés a este fenómeno aún con escasa conceptualización. Nos dábamos cuenta de que era algo distinta a la transferencia masiva de tipo psicótico que se observa precisamente en crisis psicóticas de pacientes graves. Quizás más similar a la desesperada necesidad de Otro que aloje, escuche, entienda, este disponible, que podemos relacionar con el desamparo infantil. ¿Quién no se sintió así en mayor o menor medida, en esos tiempos? Pero para quienes participamos en estos dispositivos, era sorprendente el alivio que percibíamos en las personas a las que escuchamos, solo por estar ahí, disponibles, del otro lado del teléfono sin que nos hayamos visto las caras ni una vez. Solo una voz, una escucha, en un horario acordado previamente, por unas pocas veces. Pienso que, en estos contextos, las preguntas más o menos teóricas, más o menos técnicas, que como intervinientes nos hacemos, son muy útiles... principalmente para nosotros mismos. Nos ayuda a sostenernos en la tarea, una tarea difícil y angustiosa, en un momento donde nuestra propia división subjetiva estaba exacerbada, donde también nosotros sentíamos el piso abrirse bajo nuestros pies. Nos sostuvimos sosteniendo a otros. Pero no solos. Y aquí quiero resaltar otro aspecto que considero importante: los dispositivos no fueron iniciativas aisladas; fueron prácticas *sostenidas en un trabajo grupal y en una inscripción institucional.* Las instituciones psicoanalíticas salieron a la calle (aún virtualmente) cuando todos estábamos encerrados y asustados, estableciendo puentes y vías de comunicación para alojar el sufrimiento, el dolor y la angustia de miles de personas; reconociendo, habilitando y respaldando a sus miembros y equipos que decidieron sostener iniciativas en curso o implementar nuevas experiencias. Esto es destacable y le da sentido a nuestra pertenencia y permanencia institucional. Así lo entienden y lo afirman los colegas de S.O.S. Brasil en su testimonio.

Es muy bonito el proceso grupal del que da cuenta el material compartido por el equipo de *Psicoanalisis extramuros* de la SBPSP (Ditolvo et al.). Es impactante también constatar el alcance potencial de la intervención, dada la amplia cobertura de la institución con la que trabajan y la cantidad de alumnos a los que indirectamente pueden llegar. La función de la coordinadora, escuchando, resonando emocionalmente con el clima grupal, en temáticas de las que no estaba ajena, captando los emergentes, señalando a través de intervenciones que integran producciones culturales (una canción que es resignificada en el momento actual), subrayando necesidades comunes (rituales funerarios), permiten el desarrollo de identificaciones cruzadas en el grupo y el logro de una cohesión al reconocerse como semejantes aunados por una tarea común. El sufrimiento de cada uno, al ser puesto en palabra, escuchado y repetido en el grupo, produce alivio, sensación de pertenencia grupal, emergen otros temas y permite acotar la demanda superyoica de estar siempre a disposición de los demás. "Durante el proceso van construyendo, por medio de las redes asociativas, nuevas narrativas y se van dando cuenta de la importancia de poder hablar y ser escuchados" dicen los autores. En cada una de estas experiencias constatamos que la primera y fundamental intervención es el armado y sostenimiento del dispositivo mismo. La existencia de un espacio (en estas experiencias virtual) de encuentro con horario claro y estable, con un ritmo regular, donde hay disposición a la escucha, circulación de la palabra, registro en una memoria grupal. Eso sostiene y alivia. Rescata de la angustia sin fin del aislamiento y el terror en la pandemia. Sostener esos dispositivos ha sido promoción de la salud mental y prevención de enfermedades y actuaciones de todo tipo. Para sostener esas prácticas los analistas necesitamos nuestros espacios de sostén: reuniones de equipo, grupos de supervisión que estuvieron disponibles en muchas experiencias.

La experiencia de Salle y Piltcher de las Sociedad Psicoanalítica de Porto Alegre, trabajando con alumnos de la Universidad a fines de 2020, en un grupo "orientado a abordar las angustias y los sentimientos relacionados con la pandemia que *estábamos*[11] viviendo", nos muestra el proceso de elaboración que realiza el grupo en un trabajo psíquico y grupal de rememoración y añoranza de ámbitos y actividades suspendidos/perdidos durante la pandemia pero que imaginan restituidos en el futuro. Los recortes textuales del decir de los participantes muestran una alta valoración del espacio grupal como ámbito de encuentro, de compartir sentimientos, pensamientos, expectativas. Las perdidas propias y de otros aparecen mencionadas una y otra vez. Especialmente el temor a la pérdida del futuro imaginado, a la no concreción de los proyectos construidos y fantaseados. Los coordinadores se abstienen de interpretar cuestiones transferenciales, fomentan la circulación de la

11 El resaltado es nuestro, queriendo señalar la inclusión de los coordinadores en la misma situación que los otros miembros del grupo (eso nos sucedió a todos quienes trabajamos durante ese tiempo), así como el tiempo pasado de la formulación: no solo que fue en aquel entonces sino el deseo de que haya finalizado.

palabra y la identificación de situaciones comunes. La escalinata como lugar añorado, ese lugar donde se encontraban de cuerpo presente, que parece metaforizar algo de un espacio/tiempo de transición, de pasaje entre un tiempo y otro. Un tiempo/lugar de encuentro grupal de los estudiantes, que ahora se añora, pero parece replicarse en estos encuentros grupales por *Zoom*, donde pueden soñar juntos y elaborar sus pesadillas y miedos también. Resulta enigmática la última frase: "Todos se ponen muy contentos de que finalmente obtendrán el "contenedor" que quedará en el *campus*". Los autores la dejan así, como si fuera una línea suelta de un poema, o un fragmento del material de un sueño... un contenedor en el *campus* de la universidad ¿el grupo como depositario continente de algo que debe quedar allí para que la vida pueda volver a una "normalidad"? La necesidad de olvidar, de dejar allá lejos en el tiempo las vivencias angustiosas, disruptivas, acaecidas durante la pandemia es otro elemento a destacar como observable silencioso en los distintos ámbitos: en la vida cotidiana, en los trabajos, en las familias, en los tratamientos. Quizás por eso nos cuesta tanto volver a pensar lo realizado en esos meses: ¿Cómo reflexionar sobre lo hecho sin que vuelva la angustia, el dolor por las pérdidas, las muertes, la falta de despedidas y de encuentros, la soledad, el miedo? Aún estamos elaborando duelos mientras seguimos adelante.

Algo de esto se transmite de manera conmovedora en el texto de Cassorla (SBPSP) sobre una reunión virtual con miembros de grupo de atención a personas en duelo por Covid-19. Quizás por lo paradigmática de la situación que aparece como emergente en el grupo: "El médico residente relata dificultades con T., marido de una paciente que falleció hace dos semanas como consecuencia de la Covid-19", la paciente había sido internada por otros motivos y se contagió dentro del hospital. ¿Quién no ha escuchado un relato similar o vivido una situación parecida? De un lado o del otro: como personal de salud, como enfermo, como familiar de un enfermo, como deudo de alguien muerto por Covid-19... Nos identificamos desde algún lugar con las escenas del relato, tantas veces repetidas: la angustia, el dolor de enfermos y familiares, el agotamiento de los miembros de los equipos de salud (exigidos, aplaudidos, perseguidos, no reconocidos, padecientes también). El supervisor conduce el grupo, insta a hablar a los participantes. Emergen otros focos de angustia: medidas de protección, infección dentro del hospital, cobertura legal. Los enemigos se multiplican. La relación transferencial y de confianza entre el personal de salud y los asistidos se vuelve persecutoria y amenazante en medio de una situación de catástrofe y desbordante de angustia. El grupo trabaja como grupo operativo (Pichon-Rivière) centrado en la tarea, procesando las ansiedades a partir de los emergentes, que van apareciendo como asociación grupal del trabajo elaborativo (enojo, bronca, amenaza, culpa, indignación por las *fake news*) El grupo llega a una formulación que devine en un clima más tranquilo: "Debemos ayudar a la gente a separar lo real de lo imaginario". Esta formulación, que en lo manifiesto plantea una nueva tarea/mandato entendible quizás como "ayudar a que la gente vea la realidad y no se deje engañar por fantasías", la escucho como el reverso de algo más radical que es puesto en juego en el grupo y, sobre todo, en la cotidianeidad de la pandemia, especialmente en los hospitales: la irrupción descarnada de un real intolerable: los cuerpos humanos, de seres queridos, "tratados como residuos patológicos" como me dijo hace poco un paciente. Las vidas truncadas, tratadas como resumen de cuenta por los medios y las estadísticas de los sistemas de salud: 1 millón de infectados, 100 000 muertos. La deshumanización en el trato y en el tratamiento no solo de los datos sino, fundamentalmente, de las personas en cada momento de las interacciones: la ausencia de contención a través de un vínculo humano en los protocolos de actuación. ¿Cuántas personas no pudieron ni siquiera despedirse en una sala de espera? Familiares que entraron para realizarse una radiografía y no volvieron a verse nunca más, excepto por la iniciativa de alguna médica o algún enfermero que facilitaron la comunicación (no el contacto) a través de un celular o una *tablet*. Gestos humanos singulares, al margen de los protocolos. Eso real que (siguiendo a Lacan) es recubierto por el velo simbólico e imaginario que hace al fantasma singular de cada quien. Eso real irrumpe violentamente y arrasa con los diques de contención de la angustia. La apelación a separar lo real de lo imaginario que el grupo formula, es una apuesta a restaurar algo del entramado simbólico-imaginario que permita recuperar algo de "realidad" en el intercambio y en la cotidianeidad. El grupo se calma a partir de la explicitación de las ansiedades y el trabajo de elaboración centrado en la tarea. Y es precisamente el tema de la falta de rituales ante la muerte lo que emerge en el grupo, la ausencia de espacio tiempo para los rituales de nuestra cultura en el contexto de pandemia y la referencia a los rituales de duelo de tribus indígenas que ponen la causa de la muerte en un causante lejano. Tema que condensa y permite procesar tanto los sentimientos persecutorios, como la culpa y el dolor vividos y revividos en el día a día en este contexto traumático.

La producción de un trabajo científico *a posteriori* da cuenta del trabajo de elaboración grupal, de las ansiedades y vivencias y la recuperación de la capacidad de pensar y trabajar. Si bien las intervenciones del coordinador no están explicitas en el texto se nota la conducción experimentada en los procesos grupales.

En resumen, estas experiencias son una muestra elocuente de la fecunda tarea que realizan y pueden realizar los y las analistas en y con la comunidad en diferentes contextos, ofreciendo espacios que contribuyen a alojar la emergencia subjetiva, desde una ética de la hospitalidad (Derrida), con el instrumento entrenado y calibrado de la escucha analítica, armando dispositivos específicos para cada contexto. Los elementos que cada analista lleva consigo en su mochila seguramente serán diferentes, según su formación, sus preferencias, su historia, su propio análisis… Algunas coordenadas deberán aclararse en cada contexto. Otros elementos del dispositivo analítico, en mi opinión, tendrían que estar de una u otra manera: una ética, cierta redefinición de la noción de abstinencia, la escucha, el respeto por la singularidad. A modo de síntesis quiero resaltar algunos elementos que he observado en estas experiencias y en otras implementadas durante la pandemia por analistas de nuestras sociedades:

- *la disponibilidad* de las sociedades psicoanalíticas para brindar un servicio de contención, preventivo y asistencial en circunstancias sociales de catástrofe;
- la *implementación rápida y eficaz* de dispositivos individuales y grupales;
- la característica de ser dispositivos implementados por sociedades civiles no gubernamentales (aun cuando articularan su tarea en algunos casos con redes e instituciones del Estado), lo cual les *permitió funcionar desde un lugar de terceridad*, activando redes informales, pero *con referencia a una ética psicoanalítica*;
- la relevancia de *la institución como marco de pertenencia (identidad) y respaldo* a los psicoanalistas intervinientes (por ejemplo, con espacios de apoyo, coordinación y supervisión), para que éstos pudieran llevar a cabo su tarea específica y la articulación posterior con dispositivos que permitieran una continuidad de tratamiento una vez finalizada la intervención;
- la disponibilidad y el respaldo institucional se articuló con el empuje a "hacer algo" durante la cuarentena (la ansiedad y la angustia nos invadía también a los analistas), la vocación de servicio y *nuestro saber-hacer específico* como analistas para la conformación de una oferta asistencial en dispositivos diversos.

Algunas de nuestras herramientas habituales fueron de utilidad en esta nueva tarea: la escucha analítica, la capacidad de instrumentar lo que (se) nos ocurre mientras escuchamos, la capacidad de pensar, asociar, resonar, la disociación instrumental. Otras herramientas o acciones frecuentes en nuestra habitual tarea como analistas posiblemente fueron menos pertinentes o eficaces en este contexto: la interpretación, la búsqueda de aspectos de la historia del consultante, entre los que se me ocurren ahora…

Rita Segato, reflexionando acerca de la antropología, en particular, y de las ciencias sociales en general, propone la idea de una disciplina que funcione por demanda:

> *[…] supeditada a la demanda de los que anteriormente habían sido objeto de nuestra observación; una antropología atenta e interpelada por lo que esos sujetos nos solicitan como conocimiento valido que pueda servirles para acceder a un bienestar mayor, a recursos, y, sobre todo, a la comprensión de sus propios problemas (Segato, 2015).*

Nestor García Canclini (Fepal, 2022) en un seminario *web* organizado por la Dirección de Comunidad y Cultura de Fepal, señalaba recientemente que "no hay una teoría de los dolores contemporáneos" y que es necesario reflexionar sobre la perplejidad y la incertidumbre de los recursos de nuestras disciplinas. "Es allí que el saber psicoanalítico nos puede ayudar a no ser funcionales a la modalidad en que los medios convocan a los "expertos", para explicar lo que pasa. En el psicoanálisis lo primero es escuchar, sin apurarse a responder a la demanda de quien paga la consulta". Es cierto que los psicoanalistas nos formamos técnicamente para la escucha del padecimiento humano, discriminando la demanda y calibrando en qué medida respondemos o no a ésta, para promover el trabajo psíquico que, necesariamente, debe ser realizado por el analizante absteniéndose el/la analista de dar respuestas que obstaculicen dicho trabajo. Noción de abstinencia que no es sinónimo de neutralidad. Tan cierto como que el modelo explícito o implícito que funciona como referencia en la mayoría de las formaciones psicoanalíticas es el del tratamiento individual que se lleva a cabo en un consultorio privado. De allí se desprenden algunas de las dificultades para recalibrar las prácticas en y con la comunidad que se llevan a cabo como respuesta a demandas comunitarias. Prácticas que no pocas veces se nombran como *psicoanálisis extramuros*. Curiosa denominación. ¿De qué muros estamos hablando? ¿Acaso el psicoanálisis es una práctica encerrada o de encierro cuya definición implica estar en una habitación o en una institución? ¿O es uno de esos fenómenos de hábitos y costumbres (Segato) que ratifican y convalidan el *status-quo*? Ana María Fernández (2021) señala que en cualquier campo conceptual es crucial trabajar "desde un campo de problemas que opere en un entre muy específico: en la tensión ruptura-continuidad con saberes y dispositivos previos". Es tiempo de hacer lugar en la curricula formativa oficial de las instituciones psicoanalíticas a conceptos, autores, modelos, experiencias y dispositivos que permitan los y las analistas ejercer el oficio en contextos diferentes al consultorio.

El psicoanálisis nació en Viena, como los valses de Strauss, aunque no precisamente en ámbitos encumbrados. Somos psicoanalistas latinoamericanos, practicando el psicoanálisis en nuestras comunidades. Ya no perdemos el tiempo buscando el mejor ámbito, con la mejor acústica para ejecutar a la perfección una partitura clásica. Somos violinistas en las salinas. Nos toca hacer música en nuestra tierra y, así como don Sixto Palavecino tocaba la chacarera con su violín de monte, ejercemos nuestro oficio artesanal en terrenos diversos, allí donde alguna demanda comunitaria nos convoca o donde nuestro deseo hace surgir la demanda de escucha analítica.

Bibliografía

Fepal. (2020). [https://www.youtube.com/watch?v=nYBHcneOD_A&t=20s

Fepal. (2022). [https://www.youtube.com/watch?v=ooXtFrvZen4

Fernández, A.M. (2021). Morales incómodas: algunos impensados del psicoanálisis en lo social y lo político. En A.M. Fernández.

Psicoanálisis. De los lapsus fundacionales a los feminismos del siglo XXI. Buenos Aires: Paidós.

IPA. (2020). Obtenido de [https://www.youtube.com/watch?v=rqRiuOjK1e8]

Segato, R. (2015). *La crítica de la colonialidad en ocho ensayos*. Prometeo Libros.

***

REUNIÓN VIRTUAL CON COMPONENTES DEL GRUPO DE ATENCIÓN A PERSONAS EN DUELO POR COVID-19

Roosevelt Cassorla
Sociedad Brasileña de Psicoanálisis de São Paulo

El médico residente (MR) relata dificultades con T., marido de una paciente que falleció hace dos semanas a consecuencia de la Covid-19. La paciente había sido internada por un problema neurológico y se contagió dentro del hospital. MR recuerda que T., sin poder visitar a su esposa, logró al menos verla mediante imágenes en una *tablet*. El dispositivo fue utilizado por el grupo médico para facilitar la comunicación entre familiares y pacientes internados. MR cuenta que T. se sintió muy aliviado al ver el cuerpo de su esposa, entonces entubada.

MR nos relata su primer encuentro con T. Inicialmente, el joven fue receptivo, pero en el segundo encuentro comenzó a acusar y a responsabilizar al hospital por lo ocurrido. T. creía que el hospital no había implementado los cuidados necesarios para prevenir el contagio de su esposa. Se mostraba bastante agresivo en algunos momentos y más tranquilo en otros. MR utiliza el término "ambivalencia" para describir la actitud de T.

MR continúa: T. cuenta que se encontró con un amigo que desconocía la muerte de su esposa. Este amigo comentó que los médicos cobran plata por cada muerte de paciente con Covid-19 y que hacen el mismo diagnóstico en todos los casos para cobrar más.

MR nos cuenta que se sintió indignado con la acusación hacia los médicos y está muy irritado y cansado de las noticias falsas difundidas en las redes sociales. MR manifiesta su enfado mientras habla. Cuenta que, afortunadamente, se dio cuenta de la posibilidad de entrar en una confrontación con T. y pudo contenerse. No acuerda exactamente qué dijo, pero sabe que logró decirle, de manera calmada, que la noticia era falsa. T. estuvo de acuerdo, dijo: "Imagínate si los médicos hicieran eso..."

El supervisor sugiere que el grupo se manifieste. Se retoma la preocupación existente con la infección dentro del hospital y las medidas que se están implementando, aunque se reconoce que es imposible controlar la situación totalmente. Está en discusión un documento esclarecedor que deberá ser firmado por el paciente o por el familiar en el momento de la internación. Y se está evaluando el aspecto legal del documento.

Luego, el grupo analiza el tema de la culpa que sienten los familiares por haber llevado a los pacientes al hospital. MR recuerda que T. había expresado sentir esa culpa. El grupo recuerda una situación discutida anteriormente, donde otro paciente no quería estar internado y su hija insistió, sintiéndose luego muy culpable tras su muerte.

El grupo, indignado, retoma el tema de las *fake news* y del uso político de la pandemia. Los relatos minuciosos, subrayan la necesidad del grupo de compartir su rabia e impotencia. A continuación, se impone la pregunta: "¿Por qué las personas creen en esas cosas?".

El grupo hace una asociación con hombres abusivos y esposas que no sostienen denuncias judiciales no solo por miedo, sino porque están "convencidas" de la recuperación del marido. Surgen nuevos relatos en la misma dirección hasta que, en un dado momento, se plantea la cuestión: "¿Qué hacer en esas situaciones?"

Tras una intensa discusión, salpicada de nuevos ejemplos, el grupo llega a una formulación aproximada: "Debemos ayudar a la gente a separar lo real de lo imaginario".

El ambiente se volvió tranquilo y ahora el grupo pudo volverse hacia a sí mismo, constatando el hecho de que médicos y equipos de salud son los blancos preferentes para la proyección de culpas de pacientes, familiares y de la propia sociedad. Surge el recuerdo de un texto sobre los rituales del duelo entre los indígenas Sanöma (Guimarães, 2020). En esta tribu, siempre se considera que hay un culpable por la muerte de algún miembro. Esta culpa se atribuye a otra persona o a un grupo que vive en un local muy distante, lo que impide la venganza objetiva y promueve su sustitución por rituales.

El grupo recuerda que la culpa por la pandemia se atribuyó a los chinos, que viven en tierras lejanas. Se comenta cómo sería bueno si la culpa por las muertes se atribuyera a "alguien distante" (dios o el diablo), ¡y no a los médicos!

Luego surge la cuestión de la culpa de los sobrevivientes.

La sesión continúa, pero no hay espacio para describirla.

Posteriormente, el grupo produjo un trabajo científico a partir de los relatos de los pacientes en duelo (Dantas et al, 2020) en el cual se discuten temas relacionados con los rituales de despedida, el dolor de "no haber estado allí", lo contagio, la culpa y las múltiples pérdidas y factores relacionados con el contexto político.

***

PROYECTO S.O.S. BRASIL – ATELIER EIXO III – ADOLESCENTES

Alicia Lisondo, Patricia L. de Oliveira, Teresa Cristina Peixoto, Ivana Marino y Sancha M. Benvindo Lopes[12]
Sociedad Brasileña de Psicoanálisis de São Paulo

El proyecto S.O.S. Brasil fue creado con el objetivo de ofrecer atención psicológica de emergencia ante las situaciones de desamparo, angustia e incertidumbre que la pandemia de Covid-19 ha causado y sigue causando en las personas. El equipo de psicoanalistas y otros profesionales de salud ofrece de tres a ocho sesiones online, en un trabajo interdisciplinario cuyo enfoque es la atención gratuita a bebés, niños, adolescentes, mujeres embarazadas y cuidadores. El texto a continuación se refiere a una asistencia realizada en el contexto de este proyecto.

***

Algo tan inesperado irrumpe de manera catastrófica en nuestras vidas, dejándonos atónitos, sin rumbo. Si ya nos encontrábamos sufriendo por la pérdida de derechos políticos y sociales, de repente golpea esta pandemia viral, semejante a las peores han ocurrido en nuestro planeta. Llega de repente, arrebatando una cantidad alarmante de vidas y quitándonos, al mismo tiempo, la convivencia social y el equilibrio psíquico. En medio de todo eso, pronto pudimos constatar que experiencias traumáticas que parecían superadas retornan, muchas veces, de manera avasalladora.

En ese contexto de mucha angustia, desamparo y numerosas pérdidas, una colega ideó el proyecto S.O.S. Brasil, por un corto y determinado período, con el objetivo de acoger personas en sus sufrimientos y entender sus experiencias traumáticas en un enfoque psicoanalítico.

---

12 Analista de la paciente.

Recibo a la adolescente Ayra para una entrevista. Estudiante de enfermería, carente de recursos económicos, residente en Manaus-AM. Su principal queja es el insomnio, así como mucha preocupación por la llegada y el agravamiento de la pandemia. Me cuenta que, antes de la pandemia, debido al insomnio, había consultado a un psiquiatra, quien la medicó y la derivó a una psicóloga. Frecuentó algunas sesiones de terapia, empezó la pandemia y terminó perdiendo contacto con la psicóloga, que se mudó a otra ciudad. El medicamento se acaba, intenta una nueva consulta con el psiquiatra, no lo logra, y no lo busca más. Después de esta primera conversación, acordamos días, horarios y el periodo en que nos veríamos.

En la fecha acordada, entra a nuestra primera sesión hablando de la pandemia. Destaco acá algunos fragmentos de nuestra conversación.

> AYRA: – Esa pandemia es un horror. He sufriendo mucho. Hay tantas muertes. Hemos perdido a muchos amigos y conocidos. Mi abuelo estuvo muy mal, casi se muere. Mi tía también. Estuvo un mes en la UCI. ¡Qué tiempos difíciles! Y esta pandemia también me impide que encontre con mis compañeros y que tenga clases de laboratorio, que era mi sueño.
>
> ANALISTA: Todo esto está generando un sufrimiento excesivo, ¿no es así, Ayra? Son muchas pérdidas.

Ahora, Ayra está pudiendo compartir esos sentimientos conmigo. Agrega:

> AYRA: – Perdí a mi padre en un accidente de coche cuando tenía 11 años. Desde entonces me encerré. Soy hija única por parte de mi madre. Soy fruto de una relación extramatrimonial de mi padre. Él tiene otro hijo y dos hijas. Una de ellas me odia. Los demás me quieren, pero nunca me buscan.

¿Será que Ayra también odiaría a estos hermanos, por haber tenido padre y madre juntos?

Intervengo diciendo que a ella le gustaría que la relación con los hermanos fuera muy distinta. Y también que su nacimiento hubiera sido distinto y que pudiera haber tenido un padre por completo.

> AYRA: – Siempre viví con mi madre en la casa de mis abuelos. La relación con mi padre era muy buena. Nos quedábamos juntos los fines de semana. Él me llevaba a pasear. Íbamos al *shopping* y él me compraba todas las cositas que necesitaba. Era muy bueno. Con su muerte, mi madre entró en depresión. Ella lloró durante meses. Y quería que yo hablara de mis sentimientos. Pero yo no podía. Pensaba que tenía que preservarla. Y no decía nada de lo que sentía para que ella no sufriera más. Yo, que era extrovertida, habladora, me encerré.
>
> ANALISTA: – Tal vez, Ayra, te hayas quedado con miedo de quedarse sin padre y sin madre, porque tu madre ahora también estaba distinta y, quizás, en tu cabecita de 11 años, temías perderla de vez también.

Se emociona.

Ayra está amenazada, aterrorizada incluso, con miedo de perder a otros familiares por la pandemia. Pero ahora está pudiendo hablar, pues tiene una analista que la escucha, aunque sea por un número limitado de veces.

> AYRA: – En ese periodo fui muy cuidadosa con mi madre. Teníamos una relación muy buena, de amigas. Era una relación de madre, pero también de amiga. Fui muy cariñosa con ella. Con el tiempo, todo cambió. Las cosas fueron empeorando y surgieron muchos conflictos. Todo se convirtió en motivo de pelea. Cuando, de repente, la pandemia empeoró, estaba en la casa de mi novio. Recomendaron confinamiento. Me fui quedando allá y entonces decidimos vivir juntos.

Ayra siguió hablando y dijo algo que me llamó mucho mi atención. Me cuenta que, dos días después de nuestra primera entrevista, tuvo una crisis de pánico, algo que nunca había vivido antes.

> AYRA: – Hace dos días, creo que tuve una crisis de pánico. Por la noche, cuando me preparaba para dormir, vino un desespero muy grande, un sentimiento de que estaba atrapada, atrapada dentro de mi mente, y con esa extraña angustia quería salir corriendo, corriendo, para librarme de esa experiencia de horror. Fue desesperante. Mi novio estuvo ahí a mi lado, sosteniéndome, queriendo que hablara sobre lo que estaba sintiendo, pero yo no sabía hablar de aquello, pensaba que me estaba enlouqueciendo. Ahora tengo mucho miedo de sentir todo eso de nuevo.

Aún en esa sesión, Ayra cuenta cómo esperó, ansiosamente, por nuestro encuentro.

Los cambios provocados por la pandemia y sus peligros pueden haber traído a la superficie el duelo del padre. ¿El miedo al cual se refiere Ayra no sería el miedo relacionado a ese duelo aún sin elaboración? El pánico es un pedido de ayuda ante al terror. ¿Estaría ella atrapada en esos duelos, actualizados ahora en la transferencia? ¿Y qué significado tendría que Ayra, justo después de la entrevista, haya tenido una crisis de pánico? ¿No estaría mostrando indicios de una transferencia positiva inmediata? Ahora ella podría enloquecer y encontrar, junto de su analista, las palabras para hablar de su desespero y, quizás ¿poder transformarla en esperanza?

El proyecto S.O.S. Brasil está reafirmando la existencia de muchos puentes entre el psicoanálisis y la comunidad. Para mí, participar de un proyecto como este es mantener vivos la esperanza y el soñar. ¿Y qué importancia tendrá para la vida de Ayra?

***

PSICOANÁLISIS EXTRAMUROS – GRUPOS DE REFLEXIÓN PSICOANÁLISIS Y EDUCACIÓN

Heloisa Helena Sitrângulo Ditolvo, Maria Tereza Labate Mantovanini,
Raul Gorayeb y Silvia Martinelli Deroualle
Sociedad Brasileña de Psicoanálisis de São Paulo

Vamos presentar una experiencia con los grupos de educadores del Centro Paula Souza (CPS), durante el primero semestre de 2021. En ese semestre fueron realizados cinco grupos.

Esos encuentros se llevan a cabo de forma *online*, debido a la pandemia. Anteriormente todos eran presenciales, en la sede principal del CPS o la sede de la Sociedad Brasileña de Psicoanálisis de São Paulo.

Son ocho encuentros quincenales, con una duración de una hora y media, y se caracterizan por ser un espacio de escucha y reflexión, con cuestiones y temáticas que los educadores traen al grupo, de manera libre y espontánea. Estos grupos están conformados por directores, orientadores educativos y orientadores pedagógicos.

Se aclara que no se trata de terapia en grupo, aunque la experiencia, a lo largo del semestre, tiene un efecto terapéutico muy evidente. Se espera que la experiencia pueda ser diseminada, expandida por los profesionales que participaron en los encuentros, en sus unidades de enseñanza.

El Centro Paula Souza mantiene 221 Escuelas Técnicas Estaduales (Etecs), distribuidas en más de 163 municipios paulistas. Ofrecen más de 140 cursos orientados a los sectores industrial, agropecuario y de servicios. Cuentan con más de 290.000 alumnos matriculados en sus cursos de secundaria, técnico y técnico integrado a la educación secundaria y tecnológica.

A continuación, sigue el relato de la dinámica del tercer encuentro de uno de los grupos. En esta ocasión, temas como la muerte, el desamparo y el miedo ganan espacio y protagonismo.

La reunión se inicia con profesores relatando el substancial aumento de muertes, tanto de colegas como de padres de alumnos. Hablan del miedo y de la tristeza que se diseminan. Se sienten desanimados, sin iniciativa y con falta de perspectiva.

Se va constituyendo un clima de mucho sufrimiento y tristeza.

Fui inundada por una angustia de muerte, un cansancio: una casi impotencia me invadió. ¿Cómo enfrentar ese tema tan angustiante que no era solo de ellos? ¡Era mio también!

A continuación, la intervención de una educadora condensa la angustia del grupo: "*¿Cómo debo recibir a una alumna que perdió* a su madre por Covid-19? Me gustaría estar bien para ayudar a esa niña". Empieza a llorar mucho y relata la pérdida de seis amigos en las últimas semanas. Todos murieron debido al contagio por el virus del Covid-19.

> COORDINADOR: ¿Cómo crees que podrías ayudar a esta niña que perdió a su madre? ¿Qué considerás una ayuda?
>
> EDUCADORA: "Me gustaría estar bien... no flaquear, ser fuerte. Pero, en este momento, no puedo, ¡solo puedo llorar!"

Hay una gran identificación del grupo con este relato. Todos se movilizan para contenerla y ampararla en su dolor. Se agregan varios testimonios importantes:

> EDUCADORA: "En este momento de tantas pérdidas es imposible quedarse firme… ¿Cómo alguien puede no sensibilizarse?" "Con todas esas muertes no podemos huir de esta conversación que estamos teniendo". "Siento mucha inseguridad y miedo, estoy teniendo ansiedad y noches de insomnio. No puedo trabajar bien." "Las pérdidas son en todos lados; muerte de madre de alumna, asalto a un banco en nuestra ciudad que es noticia nacional. No podemos perder el ánimo, ya tuvimos siete profesores vacunados, lo que da un cierto aliento".

> COORDINADORA: Estás trayendo la necesidad de rescatar el deseo de vivir en medio a tanto duelo y tantas pérdidas. Recuerdo la canción "Apesar de você", de Chico Buarque de Holanda, que, lejos de ser negadora, trae un rumbo de esperanza: "Mañana ha de ser otro día".

La educadora retoma la palabra, ahora más calma y reflexiva:

> EDUCADORA: "Saben, lo peor es no haber podido despedirme; como eran muertes por Covid-19 no se hicieron velorio. Fue un entierro rápido solo con la familia. No pude hacer los homenajes que me gustarían... No sé si soy solo yo que extraño a los rituales. Murió, desapareció".
>
> COORDINADORA: "Este es un tema de la mayor importancia. No eres solos tú la que necesita a los rituales funerarios; cada cultura reserva un ritual que propicia el trabajo de duelo. Necesitamos enterrar nuestros muertos. Volviendo a tu alumna que perdió a la madre, me quedé pensando en lo importante que sería una conversación, una escucha, aunque sea virtual debido de la pandemia".

La educadora continúa:

> EDUCADORA: "Cómo hace falta abrazar y confortar a las personas. Poder hablarles y dar una palabra de apoyo, tanto a los amigos como a mi alumna".

Finalizamos ese encuentro denso y tan sufrido concluyendo que la escuela y los educadores terminan siendo otra línea de frente en esa pandemia. Están muy expuestos al dolor y al duelo.

"Hacer educación va mucho más allá de enseñar".

En los encuentros siguientes, ocurrió un movimiento importante: el grupo se volvió más cohesivo y se creó una mayor intimidad. En nuestros últimos encuentros, el grupo parecía caminar solo, casi prescindiendo de la presencia del coordinador.

Ese fue el relato del trabajo ocurrido en uno de los grupos, pero de forma ampliada observamos momentos similares en los cinco grupos. El caos ejemplifica lo que entendemos como un momento depresivo – o, en las palabras de Fédida, "depresividad". Ocurre una actividad creativa de pensamiento e ilusión. La experiencia de pérdida se constituye y posibilita la transformación de la vivencia interna. Se trata de un momento de "parada": parar de actuar, parar de funcionar todo el tiempo, parar de querer resolver todas las demandas, propiciando la apertura de un espacio de reflexión y de visión crítica sobre el propio modo de funcionamiento.

A continuación, se reflejan algunas intervenciones que ilustran ese movimiento:

> Si no estoy alerta, la paso respondiendo al WhatsApp 24 horas por día; no paran de llegar mensajes. ¡La demanda es infinita!
>
> Estamos condicionados a los excesos a los que nosotros mismos fuimos consintiendo. La regla empieza a tornarse una prisión. ¿Puedo cambiar la regla?
>
> Me siento culpable por no lograr responder a todas las demandas
>
> Las exigencias de la institución no cesan, tengo que hacer numerosos informes en tres días. Sé que no llego… todas las otras demandas continúan.
>
> Mi meta ahora es cumplir con mis horarios, nadie lo puede todo.

Es interesante notar cómo la "acción excesiva", el no poder parar, que inicialmente se asoció con "ser competente" y "ser eficiente", se va deconstruyendo.

En conclusión, nos gustaría relatar que estos educadores llegan a las reuniones sin saber muy bien qué esperar. Durante el proceso van construyendo, a través de las redes asociativas, nuevas narrativas y se van dando cuenta de la importancia de poder hablar y ser escuchados.

Se dan cuenta de que pasan por situaciones conflictivas muy similares. La condición colaborativa y de intercambios, en el grupo, hace que se encuentren nuevos caminos, nuevas perspectivas. Y los sujetos que participan en ellos se reconocen perteneciendo a un campo común a través de las identificaciones en su rol profesional.

***

TRABAJO CON ESTUDIANTES DE LA UNIVERSIDADE FEDERAL DO RIO GRANDE DO SUL, VINCULADOS AL INSTITUTO DE GEOCIENCIAS

Emílio Salle y Renato Piltcher
Sociedad Psicoanalítica de Porto Alegre

Primer acto

A fines de 2020, en medio al recrudecimiento de la pandemia, la Sociedad Psicoanalítica de Porto Alegre (SPPA) empezó un trabajo en grupo con alumnos de grado de la Universidade Federal do Rio Grande do Sul (UFRGS), vinculados al Instituto de Geociencias. Todos eran integrantes de una "empresa júnior",[13] la Petra Jr., vinculada a la Universidad Federal. La actividad involucraba reuniones mensuales, con una hora de duración, coordinadas por un miembro de la SPPA.

Se estableció como objetivo abordar las angustias y los sentimientos relacionados a la pandemia que estábamos viviendo.

Registros de fragmentos de reuniones del grupo:

13 N.T.: En Brasil se le dice "empresas júnior" a las empresas vinculadas a las universidades que, formadas por alumnos de grado, prestan servicios a clientes.

20 abril de 2021

E. habla en tono de lamento:

> "Che, cuánto extraño a la escalinata..."

> N.: "Es verdad... allá suceden, o sucedian, eh, un montón de cosas... creo que eso es encontrarse con alguien de verdad... Nos sentamos juntos, surgen opiniones sobre el profesor que no podemos perder, o cuando los de los últimos años nos cuentan que es mejor evitar a otro... hasta alguns romances empiezan allí... debates sobre exámenes, política de la universidad y de la ciudad".

A. dice que le da miedo que las clases y que ese tipo de experiencias no vuelvan nunca más. R. dice que

> "la escalinata me parecía genial, pero confieso que incluso prefiero las clases en línea... tiene el confort de casa, puedo volver a estar cerca de mis padres, ya que viven en el interior".

Otros participantes vuelven a destacar las pérdidas que sienten.

R. participa otra vez:

> "Tal vez sea porque soy un poco tímida que me combina más hacerlo por computadora...".

Varios hablan que encontrar las personas "acá" (virtualidad) no es lo mismo, que incluso un mensaje vía WhatsApp, de uno a uno, parece algo extraño, como si fuera necesario un objetivo en la conversación, en grupo entonces más aún, hablar con alguien sabiendo que otros están allí mirando la conversación... Se siente muy extraño.

Un integrante dice:

> "Menos mal que tenemos los proyectos y las reuniones de Petra, la gente en general parece mucho más perdida".

El analista piensa en los aspectos transferenciales involucrados, pero opta por no verbalizarlo, comentando sobre las ansiedades aumentadas por la incertidumbre de la duración que tendrá la cuarentena y sus repercusiones, y también señalando que la experiencia de estar allí en ese momento, buscando expresar sentimientos y pensamientos junto con él, era también algo nuevo y potencialmente una fuente de ansiedad.

18 mayo de 2021

El grupo aborda los temores sobre el impacto de la pandemia en el futuro. G. comenta:

> A menudo me pongo nervioso, ¿lograré tener una casita, un coche, mantener a una familia con hijos? Y esta pandemia parece que está empeorando todo, hay menos oportunidades de empleo... ya eran pocas, pero ahora peor... mis padres, aunque no están en muy buenas condiciones, dicen: no te angusties, te vamos a ayudar, ¡pero yo quiero poder sostenerme como ellos lo lograron!

17 agosto de 2021

Muchos comentan sobre el miedo que predominaba al inicio de la cuarentena y que, con el tiempo, se fueron adaptando... pero la pérdida existe, es difícil concentrarse en la clase *online* y aprender como se aprende en el aula. Tristeza por no encontrar "de verdad" a las personas. Surge la intervención de A. sobre la fuerza de la capacidad adaptativa de los humanos. Ella habla de sí misma, cómo estaba en marzo y cómo está ahora:

> Cuando vuelva totalmente lo presencial, y ojalá sea pronto, tendré que adaptarme de nuevo... Tomar una hora y media de autobús temprano por la mañana, ...quizás incluso necesitemos más a ese grupo que ahora...

Nadie tuvo pérdidas por muerte de un familiar, pero sí supieron de familiares de conocidos que sí. A esta altura, a veces reconocen arriesgarse un poco, nadie aguanta más no hacer cosas, no encontrarse con personas... B. logra "cambiar la llave" de la seriedad y formalidad que considera importantes en Petra a la soltura informal y divertida para la charla suelta. Hace terapia individual. El analista habla sobre el objetivo de apoyo emocional centrado en la pandemia.

R. piensa que, si tuvieran alguna dinámica de grupo, algún tema elegido para que hablar, dirigido, tal vez sería más productivo. J. habla que tiene dificultades para organizarse estando en casa, que sin la rutina de afuera se queda un poco perdido. Todos se ponen muy contentos de que finalmente se obtendrá el "contenedor" que se colocará en el *campus*.

Sobre los autores

Marcelo Viñar

Miembro titular y didacta de la Asociación Psicoanalítica del Uruguay, fue profesor de la Facultad de Medicina de la República desde 1968 hasta 1997 y presidente de la Fepal. Autor de libros y artículos en el área de psicoanálisis, con énfasis en temas de violencia, trauma, desigualdades y trabajo extramuros.

Alejandro Martín Beltrán Guerrero

Psicoanalista didacta; presidente de la Sociedad Psicoanalítica de México (2022). Realizó estudios de maestría y doctorado en psicoanálisis y es además sociólogo. Recibió el Premio Internacional Avelino González otorgado por la SPM y el Premio Niñez y Adolescentes por Fepal, entre otros. Tiene su clínica privada enfocada en niños, adolescentes y adultos.

Fernando Orduz

Psicoanalista. Miembro de la Sociedad Colombiana de Psicoanálisis (Socolpsi). Magíster en Comunicación y Cultura. Expresidente de la Federación Psicoanalítica de América Latina (Fepal) 2014-2016. Docente en la Universidad del Norte y en la Universidad Javeriana, Colombia. Miembro fundador de Aperturas en Psicoanálisis.

Ana Cristina Cintra
Psicóloga clínica, psicoanalista por el Instituto Sedes Sapientiae, maestra en psicología clínica por la PUC-SP, doctora en psicología escolar y del desarrollo humano por el IPUSP. Directora de los Institutos Acaia y Çarê.

Jorge Bruce
Miembro de la Sociedad Peruana de Psicoanálisis. Magíster por la Universidad de París. Autor de varios libros, siendo el más reciente la reedición de *Nos habíamos choleado tanto: psicoanálisis y racismo* (Penguin Random House).

Marion Minerbo
Psicoanalista, miembro efectivo de la Sociedad Brasileña de Psicoanálisis de São Paulo, doctora por la Unifesp, autora de artículos y libros como *Neurosis y no neurosis*, *Transferencia y contratransferencia*, *Diálogos sobre la clínica psicoanalítica*, *Nuevos diálogos sobre la clínica psicoanalítica*, *A posteriori*, un recorrido, todos publicados por Blucher. Ganadora del Premio Durval Marcondes en el XXV congreso brasileño de psicoanálisis en 2015.

Alberto César Cabral
Ex-Director del Instituto de Psicoanálisis APA (2013-2016). Autor de *Cuestiones en Psicoanálisis* (Letra Viva, 2000), *Lacan y el debate sobre la contratransferencia* (Letra Viva, 2010) y *El perdón y sus límites* (Teseo, 2020). Compilador junto con Abel Fainstein de *On training analysis – debates* (APA-Lugar, 2020). Coautor, entre otros, de *De fanatismos y carismas*, APA Editorial, 2022.

Carmen Rodriguez
Doctora en Educación. Licenciada en Psicología Socioanalista (Análisis Institucional), especialista en políticas públicas de infancia y adolescencia, consultora Unicef. Docente, investigadora y autora de diversas publicaciones en el área de infancia y adolescencia.

Magda Guimarães Khouri
Miembro asociado de la Sociedad Brasileña de Psicoanálisis de São Paulo. Directora de Cultura y Comunidad de la SBPSP (2007-2010). Directora de Comunidad y Cultura de la Fepal (2015-2016). Directora de Atención a la Comunidad de la SBPSP (2017-2020). Coorganizadora junto con Bernardo Tanis del libro *La psicoanálisis en las tramas de la ciudad*, Ed. Casa del Psicólogo (2009).

Maria Elizabeth Mori
Psicóloga, Maestra en Psicología y Doctoranda del Programa de Posgrado en Psicología Clínica y Cultura por la Universidad de Brasilia (UnB). Psicoanalista y Directora de Comunidad y Cultura (DCC) de la Sociedad de Psicoanálisis de Brasilia (SPBsb). Coordinadora del Observatorio Psicoanalítico (OP) de la Federación Brasileña de Psicoanálisis (Febrapsi).

Mariano Horenstein
Psicoanalista. Miembro de IPA*, Fepal, APC y grupo de investigación Geografías del psicoanálisis. Exeditor en jefe de Calibán-RLP. Exdirector del Instituto de Formación APC. Autor de *Psicoanálisis en lengua menor*, *Brújula y diván*, *La necesaria extranjería del psicoanálisis*, *Funambulistas* y *Conversaciones de diván*. Recibió, entre otros, los premios Lucian Freud, Fepal y Elise Hayman Award por estudiar el Holocausto y el genocidio. www.marianohorenstein.com.

Pablo Alberto Dragotto
Psicoanalista. Licenciado en psicología por la Universidad Nacional de Córdoba (Argentina). Miembro adherente y actual coordinador del departamento de Comunidad y Cultura de la Asociación Psicoanalítica de Córdoba (APC). Coautor del libro *Acompañantes. Experiencias y conceptualizaciones del acompañamiento terapéutico como dispositivo en el campo de la salud mental* (Ed. Brujas, Cordoba, 2012). Exdirector Nacional de Prevención de las Adicciones (Secretaria de Políticas Integrales en Materia de Drogas, Argentina). Docente del Departamento de Acompañamiento Terapéutico de la Facultad de Psicología de la Universidad Nacional de Córdoba.

GRÁFICA PAYM
Tel. [11] 4392-3344
paym@graficapaym.com.br